SARA KLATT

DAS LAND, DAS ICH DIR ZEIGEN WILL

ROMAN

Dieses Buch ist ein Roman.
Als literarisches Werk knüpft es in vielen Passagen an reale Geschehen und an Personen der Zeitgeschichte an.
Es verbindet Anklänge an tatsächliche Vorkommnisse mit künstlerisch gestalteten, fiktiven Schilderungen sowie fiktiven Personen.
Dies betrifft auch und insbesondere vermeintlich genaue Schilderungen von privaten Begebenheiten oder persönlichen Motiven und Überlegungen.

Penguin Random House Verlagsgruppe FSC® N001967

3. Auflage

Redaktion: Verena Simon
Umschlaggestaltung: Sabine Kwauka
Umschlagabbildung: © privat
Gesamtherstellung: GGP Media GmbH, Pößneck
Printed in Germany
ISBN 978-3-328-60331-3
www.penguin-verlag.de

Für meinen Großvater,
der mir Israel gezeigt hat.

Für meine Großmutter,
die mich Hebräisch gelehrt hat.

Für meinen Vater,
der mich das Mutigsein verstehen ließ.

Für meine Mutter,
die mir ihr Vertrauen schenkt,
über all das berichten zu dürfen.

»Und der Herr sprach zu Abram:
Gehe aus deinem Vaterlande und von deiner
Freundschaft und aus deines Vaters Hause
in ein Land, das ich dir zeigen will.«

1. Mose 12:1

Prolog – Ich trage den Namen einer Romni

»Lustig ist das Zigeunerleben.
Faria, faria, fum.
Brauchen dem Kaiser kein Zins zu geben,
Faria, faria, fum.
Lustig ist's in Buchenwald,
wo des Zigeuners Aufenthalt.
Faria, faria, faria, faria
Faria, faria, fum.«

DEUTSCHES VOLKSLIED
»LUSTIG IST DAS ZIGEUNERLEBEN«,
UMDICHTUNG DER NATIONALSOZIALISTEN

Ich trage den Namen einer Romni. Sie hatte dunkles Haar, und sie hatte keine Beine.

Heute gibt es keine Zigeuner mehr. Ich weiß nicht, ob *sie* noch da ist. Aber ich trage ihren Namen.

Mein Vater war ein Fahrender. Er fuhr von Deutschland nach Israel in seinem roten Käfer. Das war 1961.

Er fuhr nach Südamerika und ritt auf riesigen Schildkröten. Das war auf Galapagos.

Er fuhr nach Griechenland. Dort kaufte er einen Esel, er nannte ihn Aristoteles. Aristoteles trug seine Bücher, aber lesen konnte er sie nicht.

In Norwegen kaufte mein Vater einen Käse, der war größer als seine Hand. In dem Käse lebten Maden, aber das wusste mein Vater nicht. Er aß den Käse und die Maden, so schlimm war es nicht.

Mein Vater hatte ein Segelboot, das hieß Rona. Vor Schottland ging es unter. Er rettete sich auf ein Riff und machte ein Foto von Rona, bevor sie unterging. Das Foto stand auf seinem Schreibtisch. Er war noch sehr lange traurig.

In Jugoslawien trank mein Vater Slibowitz und aß Ćevapčići. Jugoslawien hatte er erfunden, denn es war auf der Karte nicht zu finden.

In Dänemark lernte er Dänisch, denn er liebte eine dänische Frau. Er liebte sie nicht sehr lang, denn sie rauchte im Schlaf und verbrannte dabei.

Dann hat er einen Schiffbrüchigen gerettet. Er hätte zwei gerettet, aber der zweite war schon ertrunken.

In Paris wurde mein Vater verhaftet. Er wurde verhaftet, weil man in Paris nicht auf Parkbänken übernachten durfte. Das wusste mein Vater und tat es trotzdem.

Er wusste viel, aber er scherte sich wenig.

Auf Mykonos aß er Trauben und sah einen Zentauren. Das war zum Teil gelogen. Er sah den Zentauren vom Wein.

In Russland schlief er im Schlafabteil in der Transsibirischen Eisenbahn und wurde ausgeraubt. Seine Bücher stahlen sie nicht, nur das Geld, und Geld konnte man sich neues kaufen. Daher war es nicht so schlimm.

In Moskau wollte er auf dem Roten Platz landen. Zwanzig Jahre später tat es ein anderer.

In Kanada hatte er einen Bruder. Ihn sah er lange nicht.

In Königsberg wurde mein Vater geboren. In einem grünen Haus in einer grünen *Ulitza,* von grünen Bäumen gesäumt. In Königsberg wurde ihm ein Kaninchen gestohlen. Er sagte, das war ein Unglück, denn damals gab es nichts zu essen. Königsberg war im Krieg.

Das Kaninchen hatte er sehr gern.

Er sagte, es sei gut, dass es gestohlen wurde, denn er hätte es ja doch nicht essen können.

So hat es ein anderer gegessen.

Auf das grüne Haus fiel eine Bombe, und es ging kaputt.

Königsberg gibt es heute nicht mehr. Das ist gut so, sagte mein Vater.

Und trotzdem hat er geweint.

In England hatte er einen Schlaganfall. Der brachte ihn noch nicht um.

Als ich ein Kind war, fragte ich ihn, was *Lebensgefahr* ist. Da konnte er viel erzählen.

Mein Vater hatte eine Mutter. Die hatte er lieb.

Und er hatte einen Vater. Der blieb im Krieg.

Mein Vater gab mir den Namen einer Romni.

Wir alle haben eine Geschichte.

Ich bin die Tochter meines Vaters.

Kapitel 1 –
Straßenkämpfe

»Nach ihrem Unfall wird S. für den Rest ihres Lebens körperbehindert bleiben. Unabhängig von ihrer schweren Verletzung macht S. auch sonst einen eher kränklichen Eindruck. Sie ist sehr blass, dünn und ganz sicher nicht besonders widerstandsfähig.

S. lebt mit zahlreichen anderen Familienmitgliedern auf etwa 20 qm. Zwei Zimmer, Küche, Bad, Korridor.

Alle Personen über fünfzehn rauchen, auch die Schwangeren.

In der drangvollen Enge stehen drei Farbfernseher, davon ist mindestens einer ständig in Betrieb. Weiterhin befinden sich in der Wohnung etwa zehn Radiorekorder und Kassettengeräte. Müll jeglicher Art landet im Treppenhaus. Kinder laufen bereits im April barfuß durch derart verschmutzte Treppenhäuser. Die menschliche Atmosphäre in der Wohnung ist eigentlich nicht unangenehm, auf jeden Fall aber gastfreundlich.
Stets wurde mir eine Tasse Tee und frisch gebackenes Brot angeboten.«

VATERS BERICHT AUS DEM ROMALAGER, 1987

Es regnet auf meinen ausgestreckten Arm.

Ich stehe auf einem israelischen Autobahnzubringer am Jerusalemer Stadtausgang und versuche, ein Auto anzuhalten.

Ich habe es selbst so gewollt.

Der Regen ist nicht sehr stark, aber beständig, und je mehr von ihm auf mich herabfällt, desto schwerer und langsamer werden meine Gedanken.

Wenn ich den Arm noch etwas höher halte, sieht es aus wie ein Hitlergruß. Da muss ich aufpassen.

Der Wind reißt an mir, doch mein Haar ist nass und klamm, sodass er nichts damit ausrichten kann. Er lässt dennoch nicht davon ab, und ich lege meinen schwarzen Schal darüber, ich will ihm nicht schutzlos ausgeliefert sein.

Mit nassen Haaren kann ich nicht nachdenken.

Wie ein *Hijab* bedeckt der Schal Kopf und Hals, er gibt meinen Gedanken eine schützende Hülle.

Neben mir ist eine Tankstelle, in der noch Tankwarte arbeiten. In ihren blauen Anzügen sind sie damit beschäftigt, Reifendruck zu prüfen, Autos zu betanken und Windschutzscheiben zu putzen.

Auf eine Art sind sie wie ich. Antiquiert stehen sie herum, wie aus der Zeit gefallen, und eigentlich schert sich niemand wirklich darum, ob sie da sind oder nicht.

Sie arbeiten stumm und beschweren sich nie. Ich kenne sie und sie kennen mich, und sie nicken mir jedes Mal zu, sobald ich an der Straße Position beziehe.

Ich habe schon oft hier gestanden.

Ich bin per Anhalter auf dem Weg nach Tel Aviv, bisher habe ich kein Glück.

Aber ich habe Zeit, um nachzudenken. Es gibt gerade nichts weiter zu tun.

Die Gedanken drehen sich im Kreis, der Hijab-Regenschal lässt sie nicht mehr aus meinem Kopf.

Ob der Koran Frauen verbieten würde, per Anhalter zu fahren?

Wie die Leute wohl auf eine Hijab tragende Muslima an der Straße reagieren würden?

Orthodoxe Juden trampen, auch orthodoxe Jüdinnen.

Ich bin nichts von alledem. Ich habe niemand, der mir sagt, was ich zu tun und zu lassen habe.

Niemand, der sich darum schert, dass ich hier stehe.

Tramper, und Leute, die Tramper mitnehmen, sind ohnehin selten geworden.

Ein cremefarbenes Auto mit einer Beule in der Seite hält an, etwa fünfzehn Meter von mir entfernt. Im Laufschritt nähere ich mich dem bremsenden Wagen.

Als er zum Stehen gekommen ist, versucht der Fahrer mit ausgestrecktem Arm, das Fenster auf meiner Seite zu öffnen. Es gelingt ihm nicht. Kurzerhand öffne ich die Beifahrertür und will meinen Kopf ins Innere des Wagens stecken. Sofort fällt mir ein riesiger Pappkarton vor die Füße, einen darauf liegenden schweren Ordner kann ich gerade noch auffangen.

Der Fahrer grinst mich entschuldigend an.

Er ist um die vierzig, hat dunkles Haar und trägt ein Polohemd. Aus dem Lautsprecher dröhnt Zohar Argov und am Rückspiegel hängt ein Lufterfrischer in Form einer Israelflagge.

»Sorry, hier ist *Balagan,* totales Chaos«, sagt er, während er auf den Rücksitz deutet. Weitere Kartons stapeln sich dort bis zur Wagendecke.

Mir ist unklar, wie ich in diesem Auto Platz finden soll.

»Ich muss nach Tel Aviv«, sage ich auf Hebräisch. »Fährst du dorthin?«

»Nein, *Motek.*« Er lacht kurz auf. »Viel zu weit. Es ist doch schon Abend, da fährt niemand mehr von Jerusalem nach Tel Aviv.«

»Wohin fährst du denn?«

»Mevaseret Zion. Willst du mit?«

Ich schüttle den Kopf.

»Bist du sicher?«, fragt er mit geheuchelt besorgter Stimme. »Es regnet.«

Das ist offensichtlich, denke ich.

»Ich bin aus Deutschland, ich bin an Regen gewöhnt.«

Ich versuche, ein Lächeln auf mein nasses Gesicht zu zaubern. Dann wünsche ich guten Abend und gute Fahrt und schließe die Autotür.

»Berlin?«, höre ich noch, bevor sie ins Schloss fällt. Ich schüttle den Kopf, drehe mich um und gehe die fünfzehn Meter zurück zu meinem ursprünglichen Platz. Dann richte ich meinen Arm wieder in Richtung Straße.

Im Nahen Osten streckt man beim Trampen den Daumen nicht nach oben wie in Europa. Man zeigt mit dem Zeigefinger auf die Straße. Mein Vater brachte mir das bei.

Er brachte mir auch bei, wie man »Baumwolle« oder »Sonnenhut« auf Hebräisch sagt. Wenn heute einer neben mir steht und »Baumwolle« oder »Sonnenhut« sagt, dann denke ich daran, wie mein Vater es sagte.

In unseren gemeinsamen Sommern in Israel lernte ich auch das Wort *hitchhiking* kennen.

»Ein wichtiges Wort«, sagte er. »Musst du dir merken.«

Wenn ich an das Israel meiner Kindheit denke, ist da dieses Wort, zusammen mit meinem Vater auf der Straße. Zu Hause in Hamburg blieb in mir nach jeder Rückkehr aus Israel das unbestimmte Gefühl von Heimweh. Dann träumte ich mich zurück in das Land, das nach Sonne roch und in dem mein Vater vierzig Jahre zuvor in fremde Autos gestiegen war.

»Wenn du die Menschen kennenlernen willst, dann musst du zu so vielen Fremden wie möglich ins Auto steigen«, sagte er. »Wenn du Israel verstehen willst, dann musst du das so machen.«

Er war nicht verrückt, mein Vater.

Ein Vater, der seine Tochter liebt und der sich um sie sorgt, der sagt ihr nicht so was, sagten andere Väter.

Mein Vater sagte es so. Und er liebte mich, jeden einzelnen Tag. Dreiundzwanzig Jahre lang.

Man kommt immer irgendwann irgendwo an, sagte er.

Wenn man die Zeit hat zu warten.

Ich habe Zeit zu warten.

Ich versuche mir einzureden, dass ich notfalls die ganze Nacht hier stehen und warten kann, bis mich jemand mitnimmt. Dass ich mich in meinem eigenen Körper ausruhen kann, von der langen Schicht in der Bar, von der durchtanzten Nacht im Club, von dem vielen Herumgelaufe an Shabbat, wenn in Jerusalem keine Busse fahren. Dass ich kein Bett zum Ruhen brauche und dass ich meinen Geist schlafen legen kann, wo auch immer ich gerade bin, während mein Körper wach bleibt. Der Geist ist müde, aber ich brauche nur meinen Körper und meine Augen, um aufrecht zu bleiben, um die fahrenden Autos zu verfolgen, die Lichter zu taxieren und zu reagieren, wenn eines vor mir zum Stehen kommt.

Ich brauche kein Heim, kein Bett, nicht all diesen Luxus-Tand, von dem die gewöhnlichen Großstadtmenschen denken, dass sie ihn brauchen, weil sie daran gewöhnt sind. Ich will meinen Geist überall schlafen legen können, auch auf der Autobahn.

Er fehlt mir, mein Vater.

Jetzt bin ich eine Fahrende, wie er. Ich bin frei. So frei, wie man nur sein kann.

»He!«, höre ich jemanden direkt hinter mir brüllen und bekomme einen Schreck.

Das cremefarbene Auto mit der Beule ist wieder da. Vielleicht war es auch nie fort, der Fahrer des Autos stört meine Gedanken. Offensichtlich war er nicht weitergefahren, sondern hatte die fünfzehn Meter zurückgesetzt, um abrupt vor mir anzuhalten.

»Ich hab's mir überlegt«, brüllt er durch die geschlossene Autotür. »Ich fahre vielleicht doch noch ein bisschen weiter.«

»Ein bisschen hilft mir nicht, ich muss nach Tel Aviv«, rufe ich zurück und mache eine abwinkende Geste. Wieder versucht er, das Fenster zu öffnen, und wieder misslingt es. Er stößt einen lauten Fluch aus und deutet mir an, die Tür zu öffnen.

Unwillig öffne ich sie zum zweiten Mal, kicke mit dem Knie den Karton zurück auf den Beifahrersitz und fange routiniert den Ordner auf. »*Kol hakavod*«, sagt er und nickt anerkennend. »Nicht schlecht. Du bist also Deutsche?«, fragt er zusammenhangslos. »Weshalb sprichst du *Iwrith*? Ich dachte erst, du bist von hier.«

Ich lege den Ordner zurück auf den Pappkarton und schließe die Autotür bis auf einen Spalt, um die Auftürmung zu stabilisieren.

»Lange Geschichte«, sage ich und fasse die lange Geschichte zusammen. »Ich habe jetzt keine Zeit zum Quatschen, ich will hier trampen.«

Er blinzelt zweimal.

»Aber es regnet.«

Wahrscheinlich saß er die letzte halbe Stunde in seinem trockenen Auto und hielt nach irgendwas Ausschau, das er mitnehmen könnte. Jetzt geht er mir auf die Nerven.

»Du kannst hier nicht trampen, es ist viel zu spät«, bekräftigt er.

Ich schaue auf die Uhr. Es ist achtzehn Uhr dreißig.

»Es ist achtzehn Uhr dreißig«, sage ich. »Das klappt schon noch.« Von Jerusalem nach Tel Aviv ist es etwa eine Dreiviertelstunde Fahrt.

»Ausgeschlossen«, insistiert er überzeugt und schüttelt eindringlich den Kopf. »Außerdem ist Trampen in Israel gefährlich. Wegen der Araber«, fügt er mit einer vielsagenden Geste hinzu.

Unwillkürlich zupfe ich an meinem Hijab-Regenschal.

Er schaut irritiert.

Diese Art von Dialog ist mir vertraut. Ich werde ihm erwidern, dass er sich keine Sorgen zu machen braucht, da ich die Strecke schon oft getrampt bin. Darauf wird er antworten, dass ich das gar nicht beurteilen könne, da ich ja eine Frau sei und außerdem nicht von hier und überhaupt, dass Männer, die Tramperinnen mitnehmen, nur kranke Gedanken im Kopf hätten. Er selbst als Mann könne das bestätigen.

»Krass«, sagt er stattdessen. »Eine Frau mit Eiern.«

Das ist neu. Die Formulierung kenne ich im Hebräischen nicht. Ich überlege kurz, ob er das mit den Eiern vielleicht wörtlich meinen könnte. Ich habe nur einen kleinen Rucksack und eine Plastiktüte mit einem gegrillten Huhn dabei, eher unwahrscheinlich, dass ich auch noch Eier transportieren würde. Aber auch nicht unmöglich.

»Ich hab's mir überlegt«, reißt er mich erneut aus meinen Gedanken. »Ich fahre dich nach Tel Aviv.«

»Was? Warum?«, frage ich misstrauisch. Der Regen ist inzwischen stärker geworden, ich brauche einen warmen, trockenen Ort, um mich auszuruhen.

»Du bist interessant, du bist nicht so wie die anderen.«

Er flirtet jetzt schamlos.

Sicher will er die Gelegenheit nutzen, um in Tel Aviv mit mir auszugehen.

»Und ich will die Gelegenheit nutzen, um in Tel Aviv mit dir auszugehen«, fügt er gönnerhaft hinzu.

Na also, denke ich.

»Was sagst du?«, drängt er und stößt mit einer energisch einladenden Geste gegen die Beifahrertür. Erneut stürzen mir Pappkarton und Ordner entgegen, der Ordner landet diesmal schmerzhaft mit einer Ecke auf meinem Fuß und hinterlässt eine Delle in meinem durchnässten Sneaker. Ich hebe ihn auf.

»Sorry, sorry«, sagt er und reicht mir entschuldigend eine Zigarette, die sofort nass wird und die ich dankend ablehne. Er steckt sie sich selbst an und bedeutet mir nun ungeduldig, einzusteigen.

»Nein, ich will nicht«, sage ich. »Du wolltest nach Mevaseret Zion. Das macht keinen Sinn.«

Er blinzelt.

»Du bist so *serious«,* sagt er dann. »Die deutschen Frauen sind so. So kontrolliert und ernsthaft. Das ist sexy. Kommst du wirklich nicht aus Berlin, Motek?«

Geduld ist eine Tugend der Esel, hätte mein Vater gesagt.

»Nicht alle Deutschen sind aus Berlin«, höre ich mich antworten.

»Nicht schlecht«, grinst er, »eine Deutsche mit Humor, *a funny German!«*

Er lacht jetzt laut und dröhnend. »Total abgefahren. Deutsche sind nicht lustig, Deutsche sind ernsthaft. Die können gar nicht anders, die sind einfach so, genetisch. Weißt du, die Deutschen haben alle lustigen Deutschen umgebracht, damals in der Shoah. Aber du, du bist lustig, das ist, weil du jüdisch bist. Bist du jüdisch?«

Ich drücke mit der Autotür gegen den Pappkarton, will sie schließen.

Deutsche haben keinen Humor. Mit ihrer Humorlosigkeit bauen sie deutsche Qualitätswaschmaschinen. Weil das ohne Humor besser geht.

Juden haben jüdischen Humor. Juden sind gerissen, listig und schlau. Und sie können mit Geld umgehen.

Zigeuner können in Kaffeesatz die Zukunft lesen. Dafür können sie nicht sesshaft werden, sie zahlen keine Steuern, denn sie sind ein fahrendes Volk. Sie haben bunt bemalte Wagen, mit denen sie stetig herumfahren, und sie spielen den ganzen Tag Akkordeon, denn sie sind heitere Leute.

Gypsy-Lifestyle. Vogelfrei. Faria, faria, fum.

Ich bin eine deutsch-jüdische Zigeunerin. Das hat sich so ergeben.

Mein Vater gab mir den Namen einer Romni. Sie kam von Jugoslawien nach Deutschland. In Jugoslawien war Krieg, und dort konnte sie nicht bleiben. Sie kam, als sie noch ein Kind war, und sie spielte gerne auf der Straße, wie Kinder es tun, Romakinder, deutsche Kinder und alle anderen.

Auf der Straße fuhr ihr im jugoslawischen Krieg ein Lastwagen über ihre Beine.

Mein Vater lernte sie nicht mehr mit Beinen kennen, denn sie mussten amputiert werden.

Er unterrichtete sie in einem Hamburger Lager für Geflüchtete, dort verbrachte er seine Nachmittage. Er brachte ihr Buntstifte, beim nächsten Besuch waren die Buntstifte kaputt. Da brachte er neue Buntstifte.

Viele Kinder lebten im Lager, doch *sie* konnte er nicht vergessen.

Er wollte sie nicht vergessen und so erzählte er mir von ihr.

Sie teilte sich mit ihren Eltern, sechs Geschwistern, Tanten und Cousinen zwei Zimmer.

Auf seiner Schreibmaschine schrieb mein Vater in seinen Bericht:

»Eine Episode verdient erwähnt zu werden: Ein älterer Bruder von S. berichtete mit gebrochenen deutschen Sprachkenntnissen, dass S. im Krankenhaus Bluttransfusionen erhalten habe. Er stellte die Behauptung auf, das Krankenhaus habe dafür Blut von ›bösen Deutschen‹ genommen und nun sei der Charakter seiner Schwester auch böse geworden. Er lehnte es ab, dass sie weiterhin deutsches Blut bekäme, sollte eine erneute Transfusion erforderlich sein.«

Das Mädchen hatte keine Urgroßeltern.

Die meisten Romnja hatten Urgroßeltern, viele von ihnen heirateten jung.

Sie hatte keine.

Porajmos, sagten die Eltern. Buchenwald.

Zigeunerblut und Judenblut war damals minderwertiges Blut. Das wurde so entschieden. Man sollte es nicht mit deutschem Blut vermischen.

Keine Urgroßeltern, keine Beine und keine Heimat.

Mein Vater konnte nicht viel für sie tun. Später gab er mir ihren Namen.

So bekam ich Zigeunerblut und Judenblut und deutsches Blut.

Blutrache, sozusagen.

Der Autofahrer ist immer noch da, er redet ohne Unterlass.

»Ich wollte schon immer mal nach Berlin, zum Feiern und so, schauen, wie die Leute so drauf sind. Warst du schon in Berlin feiern? Da gibt's keine Tabus. Komm, ich fahr dich jetzt nach Tel Aviv, dann können wir auf der Fahrt über Berlin sprechen, Motek.«

Mein Fuß beginnt allmählich taub zu werden. Ich versuche, die Zehen zu bewegen, aber ich bin nicht sicher, ob das geht. Ich bin müde und brauche ein Heim und ein Bett, einen Ort, an dem ich meinen vom Regen geschundenen Körper und von dieser Konversation geplagten Geist ausruhen kann.

»Du kennst ja die Deutschen schon, da brauchst du doch gar nicht mehr nach Berlin zu fahren, Motek.«

»Witzig, man hört jetzt, dass du doch nicht von hier bist. Motek, das sagen in Israel nur die Männer zu den Frauen.«

»Gute Nacht«, sage ich. »Und gute Fahrt nach Mevaseret Zion.«

Ich werfe die Autotür zu, bedeute ihm, loszufahren und Platz zu machen, damit andere anhalten können.

Er grinst und macht eine bedauernde Geste, hupt zweimal und zieht geschlagen, aber nicht im Geringsten entmutigt von dannen.

Ich schüttle den Kopf, atme den Regen. Die Müdigkeit lässt mich leicht zittern, meine Glieder bleiern zu Boden sinken. Als ich aufschaue, sehe ich durch den nassen Schleier die beiden Tankwarte belustigt zu mir herübergaffen.

»Motek«, ruft der eine mir zu und hebt seinen rechten Arm mit einer ausholenden Geste. Unwillkürlich fange ich auf, was er zu mir herüberwirft. Als ich meine Hand öffne, sehe ich darin einen *Mekupelet*-Schokoriegel liegen.

Ich werfe ihm eine Kusshand zu. Er winkt lachend ab, dreht sich um und geht wieder an die Arbeit.

Es gibt Gute und es gibt weniger Gute. Wirklich schlecht sind die wenigsten.

Als ich mich zur Straße umdrehe, um das nächste Auto anzuhalten, bemerke ich, dass ich noch immer den Ordner in meinem Arm halte.

Kapitel 2 –
Jitzchak, der Sohn eines Rabbiners

»Mein liebes Kind.
Heute sah ich im Briefkasten deine schöne Zeichnung mit dem Menorah-Leuchter, den Davidsternen und dem Dubi-Bär. Nun wünsche ich dir Mazal tov zu deinem Geburtstag. Ich hoffe, es geht dir gut. In einem Monat, so Gott will, werde ich wieder in Hamburg sein.
Grüße die guten Eltern und die lieben Großeltern.«

GEBURTSTAGSKARTE VON JITZCHAK,
DEM UNTERGRUNDKÄMPFER

Der gut aussehende junge Mann Mitte dreißig, zu dem ich schließlich ins Auto steige, stellt sich mir als Isaac vor. Er ist Sohn eines Rabbiners und eigentlich heißt er Jitzchak, aber er findet Isaac klingt moderner und nicht so konservativ wie Jitzchak Ich mag beide Namen.

Isaac, der Sohn Abrahams, der auf dem Berg Moriah geopfert werden soll, noch bevor er das Mannesalter erreicht. Rein und unschuldig. Eine verstörende Geschichte.

Abraham, der von Gott den Befehl erhält, seinen eigenen Sohn zu opfern, wird in der Bibel beispielhaft für seine Gottergebenheit belohnt.

Ich erzähle Jitzchak, dass mir mein Vater die Geschichte von Isaac vorlas, als ich noch ein Kind war. Mein Vater, der mir beibrachte, mich gegen alles Autoritäre zur Wehr zu setzen. Der mich lehrte, alles zu hinterfragen, nichts als gegeben hinzunehmen und meine eigene Sicht auf die Dinge zu entwickeln. Der niemals einer Regel blind folgte und gegen den Willen eines gerade neu gegründeten Deutschlands den Kriegsdienst verweigerte. Der stattdessen nach Israel ging, um in einem Kibbuz Schafe zu scheren. Und sich aus Trotz einen Bart wachsen ließ.

Mein Vater war alles andere als obrigkeitshörig oder einer, der solches Verhalten gebilligt hätte.

Als ich die Geschichte von Gott und Abraham das erste Mal hörte, regten sich in mir Unverständnis, Unmut und Angst.

Ich fragte ihn, ob er mich, seine einzige Tochter, auch opfern würde, falls Gott es ihm befahl.

An seine Antwort habe ich keine Erinnerung mehr.

»Warum vergisst man so wichtige Dinge?«, frage ich Jitzchak.

Ich will ihn an meinen Gedanken teilhaben lassen, denn er sieht aus wie einer, mit dem man sich gut unterhalten kann.

Er zuckt mit den Schultern.

»So ist es nun mal. Der Mensch ist ein fehlerhaftes Wesen«, sagt er.

Ich schaue ihn von der Seite an.

Vielleicht nimmt er wahr, dass ich zu ihm hinübersehe, aber er hält den Blick weiter fest auf die Straße gerichtet. Sein Haar bewegt sich leicht im Fahrtwind des spaltbreit geöffneten Fensters. Weizenblond. Die kantigen Gesichtszüge sind ernst und konzentriert. Große, braun gebrannte Hände umfassen ruhig und gelassen das Lenkrad.

Schöne braune und starke Kibbuz-Arbeiterhände und weizenblondes Haar. Was für ein arischer Typ.

Wahrscheinlich hat er blaue Augen. Ganz sicher hat er blaue Augen. Weizenblondes Haar und blaue Augen.

Er hätte sich ganz fantastisch auf einem *Kraft durch Freude*-Plakat ikonisieren lassen können. Jitzchak, der Sohn eines Rabbiners.

Ich sage ihm, dass ich mich entschlossen habe, ihn so zu nennen, obwohl er Isaac bevorzugt. Vielleicht mag ich diese Version seines Namens doch lieber. Sie hat etwas Unantastbares, Ehrerbietiges für mich. Etwas Schönes und Gestriges. Und sie erinnert mich an früher.

Mein Großvater hatte einen Freund mit dem Namen Jitzchak.

In meiner Kindheit waren wir oft zu Besuch bei ihm.

Jitzchak war ein Berliner Jude, hieß früher einmal Hans-Joachim und war Untergrundkämpfer gegen den Nationalsozialismus.

Anfang der fünfziger Jahre wanderte er nach Israel aus, wenige Jahre nach meinem Großvater.

In der neuen Heimat nahm er den Namen Jitzchak an und bezog ein winziges Kabuff auf einem Hausdach in der Hafenstadt Haifa. In seiner kleinen Wohnung, die praktisch nur aus einem einzigen Zimmer bestand, stapelten sich Bücher bis zur Decke. Die meiste Zeit verbrachten wir im Freien auf dem riesigen Dach, auf dem seine Behausung wie ein zufällig fallen gelassener, verlorener Würfel anmutete. Die Mittelmeersonne brannte den ganzen Tag, und wir hatten von oben ein wunderbares Panorama auf das Meer, das mit seinem erfrischenden Anblick beständig hin- und herwogte.

Wir waren damals sehr vergnügt.

Jitzchak liebte das kleine braun gebrannte Mädchen, das ich

war, und ich liebte den alten, klugen Mann, der im Geiste ein Kind sein konnte.

Wir tranken Limonade, und nichts war verboten. Wenn wir in seiner Wohnung Verstecken spielten und ich versehentlich einen Bücherstapel ins Wanken brachte, lachte er nur und setzte sich im Schneidersitz mit mir auf den Boden, um die Sache zu begutachten. Überhaupt saßen wir bei Jitzchak immer auf dem Boden. Ich glaube mich zu erinnern, dass er einen Schreibtisch besaß, aber das ist bei der Menge an Büchern im Nachhinein nicht sicher zu beurteilen. Jedenfalls weiß ich nicht, ob auch ein Stuhl da war.

Für mich war Jitzchak ein Spielkamerad in Gestalt eines alten Mannes.

Dass er auch Schriftsteller war und in Israel ein bekannter Intellektueller, wurde mir erst später bewusst, als mir ein von ihm verfasstes Buch in die Hände fiel, das vom *Untergrund* handelte.

Der *Untergrund*.

Eines dieser geheimnisvollen, mystischen Worte meiner Kindheit. Es wurde oft an der langen Tafel des Hamburger Esszimmers meiner Großeltern davon gesprochen, dass jemand »in den *Untergrund*« gegangen war.

Was das genau bedeutete, wusste ich nicht.

Ich jedenfalls hatte meinen eigenen Untergrund, denn unter dem massiv hölzernen Esstisch, den man ausziehen konnte, bot sich ein wunderbares Versteck. An Shabbat und zu Feiertagen legte meine Großmutter ein besticktes Tischtuch darauf, dann saß ich unter dem Tisch, im Untergrund, auf den schweren Perserteppichen meiner Großeltern und lauschte den dumpf klingenden Gesprächen der Obergründigen.

Meistens war ich allein im Untergrund, eine doch eher einsame Angelegenheit.

Ich war die Herrin meines Untergrundes und das hatte durchaus etwas Verwegenes, denn ich wusste Dinge, die die anderen nicht wussten. Wer seine Schuhe schlecht geputzt hatte, oder wer Löcher in den Strümpfen trug, zum Beispiel.

Solche Informationen waren nur denen vorbehalten, die in den Untergrund gingen, und eigentlich waren sie nicht besonders nützlich.

Hans-Joachim-Jitzchak kam jedenfalls irgendwie durch den Untergrund nach Israel.

Ich stellte mir damals vor, wie er unter einem unendlich langen *Shabbes*-Tisch, mit festlich gedeckter Tischdecke wie bei meinen Großeltern, auf allen Vieren langsam aber beständig vom Abendland ins Morgenland wanderte.

Ohne aufzufallen, versteht sich.

Das Auffallen war damals scheinbar so ein Problem.

Mein Senior-Spielkamerad von damals trug nie den gelben Stern. Anfang der dreißiger Jahre tauchte er unter, um eine jüdische Organisation in Nazideutschland zu gründen. Einige seiner Mitstreiter wurden später gefasst und zum Tode verurteilt. Sie verhalfen Jugendlichen zur Flucht nach Palästina. In sogenannten *Hachschara*-Kursen wurden sie auf das Leben in dem Gebiet vorbereitet, das später Israel heißen würde und das sie schützen sollte.

Die *Hachschara*-Kurse wurden in den *Jugend-Aliyah*-Schulen abgehalten. Dort wurde neben Hebräisch, zionistischer Geschichte und Palästinakunde vor allem Landwirtschaft und Handwerk unterrichtet.

Jitzchak erklärte mir, man lernte dort, wie man Tomaten in der Wüste überleben lässt. Das war zunächst am wichtigsten.

1938 wurden jüdische Schüler aus den deutschen Volksschulen entlassen. Als die Schulen *judenfrei* waren, wurden sie in »gesinnungsreine Volksschulen« umbenannt. Alles wurde umbenannt, damit auch die Sprache gesinnungsrein wurde, und jede noch so kleine Silbe, die mit einer Beschmutzung des Deutschseins in Verbindung zu bringen war, sollte gänzlich aus dem Sprachgebrauch verschwinden.

Das tausendjährige Reich begann zu erblühen, und die gesinnungsreine Sprache war die erste Knospe, die sich öffnete. Man bereitete sich auf eine gesinnungsreine Zukunft vor.

Die Hachschara-Kurse hießen nun auch nicht länger Hachschara-Kurse, sondern trugen den vielmehr sperrigen arischen Titel »Vorbereitungslehrgänge für schulentlassene jüdische Jugendliche«. Die Nationalsozialisten hatten zwar die Macht über das Wort, aber sie waren sich uneinig, wie dieses wohl am besten zu gebrauchen sei.

Im Herbst 1941 wurde der Unterricht an den *Jugend-Aliyah*-Schulen ganz verboten.

Jitzchak überlegte sich, wie man dennoch mit den Jugendlichen weiterarbeiten könnte. Ein Freund aus der Leitung der »Vorbereitungslehrgänge für schulentlassene jüdische Jugendliche«, die sich inzwischen einer weiteren Umbenennung unterziehen musste und jetzt »Abteilung Berufsvorbereitung der Reichsvereinigung« hieß, erzählte ihm von einer Villa mit einem großen dazugehörigen Grundstück am Wannsee, die die Gestapo beschlagnahmt hatte. Das Grundstück der Villa, in der eine SS-Besatzung hauste, sollte hergerichtet und bewirtschaftet werden.

Jitzchak, der ein Meister der Improvisation war, beschloss, seine verbliebene Schulklasse aus der »Abteilung Berufsvorbereitung der Reichsvereinigung«, kurzerhand in »Gartenbau

Umschulungsbetrieb der Reichsvereinigung Wannsee« umzubenennen. So durften sie das Grundstück bewirtschaften und in einem darauf befindlichen Gewächshaus weiter ihren Theorieunterricht abhalten.

Auch die Jugendlichen lernten die Wächter der gesinnungsreinen Sprache schnell zu durchschauen.

Wenn beim unerwarteten Aufkreuzen eines SS-Aufsehers gerade ein Thema aus der zionistischen Geschichte oder jüdischen Kultur behandelt wurde, stellten sie umgehend eine Frage zur Aufzucht der Tomaten.

Und so ging eine Weile lang alles seinen Gang.

Neben Jitzchak wohnte in seinem kleinen Kabuff damals noch Razi, ein junger schwarzhaariger *Druse* aus der nördlichen Peripherie Haifas. Meine Großeltern pflegten enge freundschaftliche Kontakte in der Gemeinschaft der Drusen, einer arabischen Minderheit in Israel.

Möglicherweise war die Beziehung zwischen Jitzchak und Razi mehr als freundschaftlich, beide liebten Männer.

Ich kann mich nicht daran erinnern, dass mir in meiner Kindheit jemand Homosexualität erklärt hat. Es war einfach nicht erwähnenswert. Meine Großeltern differenzierten nicht, entweder kam jemand mit seiner Frau oder seinem Mann, mit seinem Freund oder seiner Freundin, es lag schlicht keine Andersartigkeit darin.

Jitzchak war ein *Jecke*, wie auch mein Großvater einer war.

Selbst im heißesten Sommer trug er sein Jackett, das den deutschen Juden den Namen Jecke verlieh. Sie konnten es nicht lassen, ihre Anzüge zu tragen, denn so waren sie es aus Europa gewöhnt.

Nach dem Krieg wanderten Jitzchak und mein Großvater nach Israel aus, legten ihre deutschen Namen ab und bauten sich das Leben auf, dass ihnen Deutschland verwehrt hatte. Sie wurden zu Israelis und blieben doch Deutsche.

Beide zog es Jahrzehnte später wieder zurück in die alte Heimat – Deutschland. Jitzchak ging nach Berlin, mein Großvater nach Hamburg. Die deutsch-israelischen Freunde, die sie zurückließen und die keinen Fuß mehr auf deutschen Boden setzen wollten, erklärten sie für verrückt.

Seit seiner Rückkehr nach Berlin schickte ich Jitzchak aus Hamburg selbst gemalte Bilder zu seinem Geburtstag. Er schickte mir Postkarten zu meinem. Immer die gleiche Karte mit einem Motiv des *Berliner Bären*. Ich liebte seine Karten, und ich liebte ihre vordergründige Redundanz und Beständigkeit. Dennoch glich keine Karte der anderen, denn es lag immer ein Jahr gelebtes Leben zwischen ihnen, und ich wurde mit jeder von Jitzchaks Karten ein Jahr älter.

Jitzchak, mein Fahrer, dreht neben mir das Radio auf. Es läuft ein Song von Idan Raichel, den wir beide mögen. Er singt leise mit, und ich merke an, dass er eine schöne Stimme hat.

Er erzählt, dass das Singen an Shabbat ein wichtiges Ritual in seiner Kindheit war.

Sein Englisch hat einen feinen, kaum wahrnehmbaren britischen Akzent. Nicht den schweren, stockenden vieler Israelis.

Sein Vater ist Brite, erzählt er, zu Hause sprechen sie meistens Englisch. Jitzchaks Vater ist kein liberaler aber auch kein orthodoxer Rabbiner, etwas dazwischen, und er kam nach Israel, als er noch ein Kind war.

Jitzchak selbst hat die letzten Jahre in England verbracht, erst vor Kurzem ist er zurückgekehrt. Es ist seine erste Autofahrt nach Jahren des Linksverkehrs, und ich frage mich, ob er deswegen so konzentriert auf die Straße schaut.

»Du könntest den Engländern die Schuld geben, falls du uns versehentlich in einen Unfall verwickelst«, sage ich und sehe zum ersten Mal ein flüchtiges Lächeln über sein Gesicht huschen.

»Die Briten haben hier eine Menge Mist gebaut«, erwidert er.

Seine Stimme hat einen weichen Klang, und ich denke, dass ich ihn gern wiedersehen möchte.

Wir nähern uns Tel Aviv, in einiger Entfernung sehe ich bereits die Skyline aufleuchten. Jitzchak möchte jemanden besuchen, vielleicht hat er auch ein Date, ich frage nicht weiter nach.

Ich muss nach Givatayim, einem Vorort im Westen der Stadt, da sich dort meine Wohnung befindet.

Er lässt mich an einer roten Ampel an der LaGuardia-Auffahrt aussteigen.

»Kennst du dich hier aus?«

Ich kenne mich aus. Ich habe vor zehn Jahren schon in dieser Gegend gewohnt, im »Schwarzen Viertel« der *Weißen Stadt*, so nannte man es, denn früher wohnten hier auch die Asylsuchenden aus dem Sudan und aus Eritrea. Die Bauhaus-Wohnungen aus hellem Kalkstein, die Tel Aviv zur *Weißen Stadt* machten, ließ man über die Jahre grau werden.

Noch nicht alle verfallenen Häuser sind abgerissen, aber viele. Die Straßen sehen aufgeräumter aus, und manches Gebäude, in dem sich früher eine Fahrradwerkstatt oder ein Laden russischer oder äthiopischer Einwanderer befand, musste einem modernen Bau weichen. Das alte Arbeiterviertel wurde auf eine groteske Art herausgeputzt.

Die vielen Geflüchteten brachten eine beklemmende Stille in den Südteil der Stadt. »Illegale«, sagten die *Mizrachim*, die schon vor ihnen da waren. Sie kamen aus Marokko, Algerien oder dem Jemen und hatten selbst nicht viel.

Die »Neuen« kamen ohne Aufenthaltsgenehmigung ins Land, über Ägypten und den Sinai. Zu acht wohnten sie in schmutzigen Einzimmerwohnungen ohne Glas vor den Fenstern, sie schliefen auf dem nackten Boden nebeneinandergereiht, nie waren sie mit sich allein.

Viele schliefen draußen im Lewinsky Park. Abends sagten sie: »Wir gehen nach Hause.« Und meinten den Park.

Auf Tüchern verkauften sie geklautes Zeug, was hätten sie sonst verkaufen sollen. Wenn die Polizei eintraf, waren sie weg.

Ich ging zu ihnen, wenn ich geklautes Zeug brauchte, oder um Zeug wiederzufinden, das mir geklaut wurde.

Manchmal saß ich bei ihnen und trank ihren Guavensaft. Hartnäckig und ohne Erwartungen. Bis sie mir ihre Geschichten erzählten. Sie nahmen mich mit in ihre Zimmer, zeigten auf ihr karges Dasein, auf das, was noch davon übrig war. Viel hatten sie erlebt und besaßen doch nichts.

Alles, was sie hatten, war in ihrem Kopf.

Einige trugen tiefe Narben in der Haut. Als Erinnerung, sozusagen.

Einer nahm sich am Strand meinen Rucksack. Das wertlose Zeug darin schaffte es nicht auf die Tücher, denn die Polizei fasste den Dieb, bevor seine Füße den Sand verließen.

In einem grünen Bus brachten sie ihn zum Verhör. Die Polizisten besetzten alle Sitze, es waren keine weiteren Sitze mehr frei. Der Schwarze Mann kniete in Handschellen auf dem Boden, und seine Erniedrigung verspottete die Überlegenheit aller anderen. Einer schaute auf ihn herunter und schimpfte.

»Die Menschen gehen demonstrieren, damit ihr im Land bleiben könnt. Und was machst du? Du klaust Rucksäcke.«

Er sagte nichts.

Süd-Tel Aviv ist ein raues Viertel, sagen die Leute.

»Gib acht auf dich«, sagt Jitzchak.

Ich verspreche es.

Es bleibt nicht viel Zeit für eine Verabschiedung.

Er schaut kurz, lächelt still.

»Willst du nächsten Shabbat zu uns kommen? Wir feiern bei meinem Vater.«

Er entfaltet ein Stück Papier und schreibt seine Nummer darauf.

»Soll ich einen langen Rock anziehen?«, frage ich noch halb im Scherz, denn ich kann nicht wissen, ob sein Vater, der nicht liberale, aber auch nicht orthodoxe Rabbiner, Wert auf lange Röcke legt.

Die Ampel schaltet auf Grün, und das hinter uns stehende Auto fängt in der gleichen Sekunde an zu hupen. Ich öffne die Beifahrertür, und Jitzchak beantwortet meine Frage mit einem schnellen »Nicht nötig«. Dann ist er weg.

Ich laufe unter dem einsetzenden Geschimpfe des hupenden Autofahrers über die Straße auf einen bürgersteigartigen Asphaltstreifen.

Ein wenig fühlt es sich an wie früher.

Kapitel 3 –
Spaziergänger und Liebhaberei

Empfänger:
Die Kommune am Ende von Europa
z. H. Fräulein S.
6 772 091 Tel Aviv, ISRAEL.

GROSSMUTTERS POST NACH TEL AVIV

Ich bin froh, dass die letzten Stunden im Regen vorüber sind, und geschmeichelt, von der Stadt wie von einem eifersüchtigen Liebhaber empfangen zu werden, der mit allem, was er zu bieten hat, seinen alteingesessenen Nebenbuhler auszuschalten versucht.

Die Luft in Tel Aviv ist ganz anders als die Luft in Jerusalem. Das liegt am Höhenunterschied. In Tel Aviv ist sie salzig und mild, in Jerusalem unnachgiebig kalt, auch wenn zugleich die Sonne am Winterhimmel steht.

Obgleich beide Städte kaum siebzig Kilometer auseinanderliegen, sind sie nicht wie Bruder und Schwester, sie sind nicht einmal Cousin und Cousine.

Entfernte Verwandte könnte man sagen.

Wenn ich aus Jerusalem komme und in Tel Aviv aus einem

Auto steige, fühlt sich das erste Eintauchen in die Luft wie eine streichelnde Begrüßung an.

»Willkommen zurück, du Liebste! Ab jetzt halte ich dich warm umschlungen, du musst nicht mehr frieren. Bei mir ist es gut. Jerusalem ist zu kalt, zu konservativ, zu kompliziert. Hier, bei mir, ist es wärmer und das Leben leichter. Geh nicht zurück! Warum gehst du doch immer zurück? Was findest du dort, was du hier nicht findest?«

Auf diese Art umweht mich die Stadt. Sie schmeckt nach Salz und nach Meer, die Luft ist samtig, und ich kann mich hineinlegen, ausruhen, wie in einem Kokon.

Aus dem Ankommen in Tel Aviv habe ich ein Ritual gemacht. Es ist ein Dialog in meinem Kopf, für niemandes Ohren bestimmt.

In dem Jahr, in dem ich langsam erwachsen wurde, zog es mich zum ersten Mal alleine hierher. Eine Weile wohnte ich in einer Kommune. Mit mir wohnten eine Koreanerin, die mit spiritueller Hingabe koreanische Gedichte rezitieren konnte, zwei jüdische Amerikaner mit geschickten Fähigkeiten zur Herstellung von Baumhäusern, eine Französin mit kleinen spitzen Brüsten und nervtötendem Akzent, eine Mexikanerin mit einer Vorliebe für türkische Seifenopern, ein Italiener, der nach zwei abgebrochenen Ausbildungen mit dem Trinken anfing und gelegentlich mit dem Kruzifix über seinem Bett sprach, zwei Deutsche ohne besondere Attribute und eine äthiopisch-stämmige Israelin, die ein bisschen fromm war, aber nur ihrer Familie zuliebe, und die deswegen einen Militärersatzdienst ableisten durfte.

Unsere asketische Behausung befand sich im südlichen Tel Aviv in einer Straße namens *Yetsiat Eropa*. Auf Englisch übersetzt hieß sie *Exit from Europe*, benannt nach dem berühmten Flüchtlingsschiff *Exodus*.

Meine Hamburger Großmutter nannte die Straße »Das Ende von Europa«. Das erschien ihr passend, und mir dann auch.

Die Irrfahrt der Exodus from Europe 1947 führte von den Vereinigten Staaten über Gibraltar, Frankreich und Italien nach Palästina, dann zurück nach Frankreich und schließlich in den Hamburger Hafen, wo alle Passagiere von Bord mussten.

Die Päckchen, die meine Großmutter mir nach Israel schickte, gingen in etwa den umgekehrten Weg.

Sie wusste damals nicht recht, wie eine Kommune zu verstehen sei, aber als ich es ihr erklärte, fand sie es dann ganz vernünftig.

Ob jeder sein eigenes Handtuch hatte, wollte sie wissen. Sie war eine deutsche Großmutter.

Ich schrieb ihr Briefe, übte das Hebräisch, das sie mir beigebracht hatte, und schickte ihr bunte Polaroids, auf denen ich glücklich aussah, da ich glücklich war.

Moshe, der Hausmeister, war mein Korrekturleser.

Eigentlich war er kein richtiger Hausmeister, und er war auch nicht der Kompetenteste seiner Art. Er hatte jemanden verprügelt und ihm zwei Schneidezähne ausgeschlagen, dafür musste er Sozialstunden ableisten, und so kam er zur Hausmeisterei.

Moshe konnte Nägel in die Wand hämmern, Fahrräder reparieren und Korrekturlesen.

Man hätte andererseits sagen können, dass er für die Hausmeisterei sehr gut geeignet war.

Als Korrekturleser war er sehr gelassen. Großmüttern zu schreiben sei wichtig, sagte Moshe, der so hieß wie mein Großvater.

Teure Großmutter, *Safta yekara*. So begann ich, so schlug er es vor.

Meine Briefe, die seiner strengen Zensur unterlagen, blieben nicht lange unbeantwortet.

Die teure Großmutter schickte Päckchen mit Mozartkugeln, die in der israelischen Hitze zerschmolzen. Ihre hebräische Handschrift sah aus wie eine Kinderschrift.

Moshe und ich aßen die Mozartkugeln, er warf sie sich mit zwei schmutzigen Fingern in den Rachen, kaute zweimal und nickte zufrieden.

Im Juli stickte Großmutter die Namen von allen aus der Kommune auf kleine bunte Handtücher. Zehn Handtücher mit Namen in hebräischen und lateinischen Druckbuchstaben. Jeder bekam sein eigenes Handtuch. Handtücher besticken, das machte sie am liebsten, das konnte niemand so gut wie sie.

Die Handtücher gingen den umgekehrten Weg der *Exodus* von Hamburg nach Israel, und später verteilten sie sich in der ganzen Welt. Amerika, Korea, Frankreich, Mexiko, Italien, Deutschland.

Das hat ihr gefallen. Dinge solcher Art gefielen meiner Großmutter, Dinge solcher Art machten sie glücklich.

Heute ist sie auf dem Hamburger Friedhof und gleichzeitig ist sie überall sonst auf der Welt.

Mit einer ruckartigen Bewegung öffne ich den klemmenden Reißverschluss meiner schwarzen Lederjacke. Anders geht es nicht, denn sie ist alt und verschlissen und man muss rau mit ihr umgehen. So ist sie es gewohnt. Sie kommt von der Straße und weiß mit Sanftheit nichts anzufangen.

An einem Tag mit Nieselregen habe ich sie dort gefunden.

In Tel Aviv liegen an guten Tagen Unmengen von brauchbarem Zeug auf der Straße. Auf die Bänke vor den Häusern legen die Menschen die Dinge, deren Verwendungszweck sie vergessen haben.

Nach einer Weile kommt einer vorbei, der sich erinnert, und

nimmt sie mit. So kehren sie in den Kreislauf der Sinnhaftigkeit zurück.

Im Sommer findet man besonders viel.

Kleidung, Schuhe, Schmuck, Taschen, Bücher, Kinderspielzeug. Bilderrahmen, Bilder, goldene Blumenvasen, Blumen.

Das Geheimnis ist, dass man lange genug spazieren gehen muss. Man findet erst die Möbel. Sessel, Tische, Schränkchen. Dann die Dinge, die man in die Möbel hineinlegt oder daraufstellt. Man muss die Reihenfolge einhalten, sonst verzettelt man sich und es entsteht ein Durcheinander.

Ich brauche immer irgendetwas. Folgendes habe ich bereits gebraucht und gefunden: Ein deutsches Märchenbuch, eine riesige asiatische Vase, die aber beim Transport vom Fahrrad stürzte und in lauter kleine Teilchen zerbrach, ein Schüttelglas mit einer winzigen Winterlandschaft im Inneren, auf die es schneit, wenn man es schüttelt. Und eben die schwarze Lederjacke mit dem ausgefransten Reißverschluss.

Ich kann mich nicht beklagen.

In jenem Jahr, in dem ich schon ein bisschen erwachsen war, lud man mich in Tel Aviv zu einer Hochzeit ein.

Am Tag der *Chuppa* erschien mir nichts passend zum Anziehen, also ging ich spazieren. Nicht weit von der Kommune entfernt fand ich ein bunt geblümtes Sommerkleid.

Für die Schuhe musste ich meinen Radius erweitern und noch eine Runde gehen. Ich fand weiße, hochhackige Pumps aus einer vergangenen Modeepoche.

Für Schmuck, einen Hut, ein Tuch oder eine Handtasche ging ich in ein anderes Viertel, denn die Leute in meiner Gegend hatten so wie ich kein Geld und brauchten ihren Schmuck, ihre Hüte, Tücher und Handtaschen selbst.

Ich fand eine Brosche und eine zerrissene Perlenkette aus Kunstperlen, die man leicht reparieren konnte.

Zu Hause richtete ich das neue Ensemble her. Ich wusch das schöne Kleid mit etwas Kernseife in einem Eimer, wie früher, als es noch keine Waschmaschinen in den Wohnungen gab. Dann hängte ich es nach draußen auf das flache Dach und sah dabei zu, wie es in der Tel Aviver Spätsommersonne trocknete. Nach zwei Tassen Kaffee war es fast so weit.

Zu Rock-'n'-Roll-Songs von Bill Haley tanzte ich kleidlos die Schuhe ein, die Katzen im Hof und der alte russische Nachbar von gegenüber sahen zu mir hinauf, er war ein altmodischer Herr, und er hatte nur noch wenige Vergnügungen. Er war jung gewesen zu Zeiten von *Eis am Stiel* und hatte über die Jahre die Zeit verloren.

Mein Sommer war wild und nostalgisch in dieser Stadt, die mich beim Erwachsenwerden Vertrauen und Gelassenheit lehrte.

Das Kleid passte wie angegossen, es bedeckte wie eine Blumenwiese meine von der stetigen Sonne gebräunte Haut. Ich legte mein dunkles Haar darüber, schminkte meine Lippen rot, und zur Hochzeit kam ich etwas zu spät, wie man das so macht, wenn man noch ein Kleid finden muss.

Auch mein Großvater, der ein Professor an der Universität gewesen war, war auf der Straße ein Sachensucher.

Er war auch ein Sachenfinder, das hatte er in Berlin gelernt, wo er einer Arbeiterfamilie entstammte, in der das Geld knapp bemessen war.

Das Abitur in Berlin hatten ihm die Nazis gehörig verhagelt. Nach *Erez Israel* ging er ohne Geld und Habe, er lernte, studierte und arbeitete, und irgendwann gehörten zumindest die finanziellen Sorgen der Vergangenheit an.

Dreißig Jahre später wollten die Deutschen ihn wiederhaben. Die waren inzwischen alle entnazifiziert, nur noch Deutsche, alles neu in Deutschland.

Man hatte begonnen, die Schatten der Vergangenheit tief unter der Erde zu begraben.

Mein Großvater ging zurück.

Ein deutscher Jude bleibt ein deutscher Jude, sagte er und ging zurück.

In der alt-neuen Heimat musste er neue Sachen finden, denn die Hamburger Wohnung, in die er zog, war groß und schön und leer.

Seine Herkunft vergaß er nie.

Mein Großvater konnte alles reparieren. Reißverschlüsse, Wasserleitungen und Geschirrspüler ebenso wie Schuhe und Gürtel und offensichtlich auch die eigene Seele, denn sonst wäre er nicht zurückgekehrt, nicht nach Deutschland.

In einem Jahr, in dem ich noch weit entfernt vom Erwachsensein war, gingen meine Großeltern sonntags in Hamburg Hand in Hand spazieren.

Am Sperrmüll vorbei gingen sie in Richtung Park.

Mein Großvater blieb stirnrunzelnd stehen und kehrte um, vor zwei hölzernen Sesseln, mit grünem und braunem Stoff bespannt, hielt er inne.

»Die sind noch gut, die nehmen wir mit.«

Die Sessel verloren sich in den Weiten der großen Wohnung, sie mahnten stets zu Demut und Verzicht. Nicht, dass ihre neuen Besitzer es nötig gehabt hätten.

Mit ihnen bin ich erwachsen geworden.

Kapitel 4 –
Ameisen im Kaffee

»Erinnerst du dich an das Märchen vom süßen Brei? Im Lager warf mir einmal eine Frau ein Kilo Grieß über den Zaun. Ich habe den Grieß dann in der Baracke gekocht. Ich wusste gar nicht, wie man sowas zubereitet, und der Grieß hat gekocht und gekocht und gekocht, über den Topf und durch die Baracke. Da haben wir uns dann alle sattessen können, ganz wie im Märchen. An diesem gar nicht märchenhaften Ort.«

GROSSVATERS ERINNERUNGEN AN BUCHENWALD

Ich laufe zu Fuß durch das abendliche Tel Aviv zur *Tachana Merkazit.* Die Stadtbewohner nennen ihre Central Bus Station White Elephant. Wie ein verirrter, gigantisch schmutzig grauer Elefant ragt sie schon von Weitem sichtbar über der *Weißen Stadt* auf und weist den Weg in das Viertel Neve Sha'anan. Hier wohnen die, die nicht vom Leben privilegiert sind.

Der White Elephant ist ein architektonisches Monster. Stockwerk um Stockwerk stapeln sich sinnlos aufeinander, und viel zu viele Busse fahren aus ihnen in alle Richtungen des Landes.

Die Menschen haben hier die Gesichter von Bahnhofsmenschen. Sie schauen müde, laufen in Hast und scheinen doch ohne Ziel, wie Getriebene auf ihren unergründlichen Wegen irgendwohin.

Es gibt unzählige Eingänge in den Bahnhof hinein und ebenso viele Ausgänge wieder heraus. An jeder Tür stehen Soldaten Spalier, damit ja keiner auf die Idee kommt, sich im Bauch des Elefanten in die Luft zu sprengen.

Dutzende Bewohner des Viertels starben bei Anschlägen.

Nachts werden die meisten Ausgänge verschlossen, und es kann passieren, dass man eine ganze Weile keinen Ausweg mehr findet.

Früher stellte ich mir vor, dass sich die Verlaufenen über die Jahre in schicksalhaften Gruppen zusammengefunden haben, die tagein, tagaus durch die Central Bus Station irren, weil sie den Weg nach draußen nicht mehr finden.

Israel, ein Land, das so klein ist, dass man seinen Namen auf dem Globus ins Meer schreiben muss, hat die zweitgrößte Central Bus Station der Welt.

»Es gibt verrückte Leute hier«, sagen die Tel Aviver.

Und manche der Verrückten werden eben Architekten.

Der Weiße Elefant hat in seinem Inneren alles, was man zum Leben braucht. Es gibt zwielichtige Wettbüros und Synagogen, eine jiddische Bibliothek, Sexshops und schmutzige Cafés. Bäckereien, in deren Auslagen Bagel und Sandwiches liegen, an denen stündlich hunderte Menschen vorbeirennen, und billige Modeläden, in denen man Strumpfhosen, Schmuck und schlecht riechende Parfums kaufen kann.

Prostituierte und Bettler kommen hierher und gehen ihrem Gewerbe nach, Drogenabhängige lehnen bewegungslos an den Wänden oder starren mit leerem Blick die Vorbeieilenden an.

Im unterirdischen Stockwerk sind alle Läden bankrottgegangen. Inzwischen ist dort eine Fledermauskolonie ansässig, die sich die Räumlichkeiten mit Ratten und wer weiß wem sonst teilt. Der Verfall nimmt unabänderlich seinen Lauf.

Im sauerstoffarmen Erdgeschoss gibt es eine Zoohandlung. Dort sitzen Sittiche in kleinen bunten Käfigen unter Neonröhren und zwitschern sich die Seele aus dem Leib. Womöglich haben sie nie zuvor in ihrem kleinen Leben richtiges Tageslicht gesehen.

Mein Weg zum Bus Nummer sechzehn, welcher in den Tel Aviver Vorort Givatayim fährt, führt mich in die siebte Etage. Sie bildet zugleich das Dach des riesigen Gebäudes. Ich muss jedes Mal nach dem Bus suchen, auch wenn es inzwischen nur noch selten vorkommt, dass ich mich in den verschachtelten Gängen des Busbahnhofs verlaufe.

Als ich aus dem Gebäude auf die offene Fläche des Daches trete, stolpere ich fast über die Beine eines verwahrlost aussehenden Mannes mit einer leeren Bierflasche in der Hand. Seine Hände sind bläulich rot verfärbt und stark angeschwollen, er scheint in seinem Leben schon viel Alkohol getrunken zu haben.

»Alles in Ordnung?«, frage ich zögernd.

Er schaut nicht zu mir auf.

»Klar, habe aber keine Zeit zum Quatschen. Hast du was zu essen?«, brummt er und öffnet dabei kaum die Lippen. Die Augen hält er geschlossen.

Ich überlege kurz, dann erinnere ich mich an das gebratene Huhn in meiner Tüte.

»Ich habe ein Huhn, möchtest du etwas davon?«, frage ich, während ich mich abwartend über ihn beuge.

»Nein, danke«, erwidert er mit erschöpftem Entsetzen. »Ich esse vegan.«

»Ach so«, sage ich. »Verzeihung.«

In der Zwischenzeit habe ich in einiger Entfernung meinen Bus entdeckt und will hinübergehen.

»Hast du was zu rauchen? Was Grünes?«

Ich habe nichts und schüttle den Kopf. »Scheiße, Mann, kein Erbarmen die Leute …«, murmelt er.

Die Bierflasche gleitet aus seiner Hand und rollt in Richtung der stehenden Busse.

Es ist außer mir kaum ein Mensch zu sehen. Alle anderen haben sich wahrscheinlich verlaufen.

Ich gehe hinüber zur Nummer sechzehn. Der Busfahrer feixt. Er hat die Situation verfolgt und schaut mich tadelnd an.

»Dem ist nicht mehr zu helfen«, meint er und nimmt einen Zug von seiner Zigarette. »Das sieht man doch.«

Ich zucke die Schultern und will in den Bus steigen.

»Keine Tiere«, sagt er plötzlich laut hinter meinem Rücken.

»Was?«, frage ich irritiert und drehe mich zu ihm um. Er deutet auf meinen Rucksack.

»Das Huhn.«

»Ach so«, erwidere ich. »Das ist schon tot.«

Er winkt grinsend ab und drückt seine Zigarette am Bus aus.

»Willst du was von dem Huhn?«, kommt es mir in den Sinn, nachzufragen. Es ist ohnehin viel zu viel für mich allein. »Oder isst du auch vegan?«

Er nimmt mit der rechten Hand seine Kippa vom Kopf und deutet damit nach oben in den dunklen Abendhimmel, zu Gott, oder sonst wem.

»Nur koscher.« Entschuldigend lächelnd hebt er die Schultern.

Dann steigt er mit mir in den Bus, um sich hinter dem Lenkrad einzurichten.

Wie kommt er darauf, dass mein Huhn nicht koscher sein könnte?

Ich setze mich auf den Sitz direkt hinter ihm und bitte ihn, mich in Givatayim zu wecken. Dann lehne ich meinen Kopf an die Scheibe und döse sofort ein.

Eine Weile später höre ich seine Stimme.

»Du bist zu Hause, Lady«, singt er. »Home sweet home.«

Ich bedanke mich, wünsche *shavua tov* und stolpere schlaftrunken aus dem Bus. Er schaut mir hinterher und gackert wie ein Huhn. Dann fährt er ruckartig an.

Ich schleppe mich und das Huhn, das streng genommen tatsächlich nicht koscher ist, nach Hause.

Es fängt an zu nieseln, als ich die gebogene *Rambam Street* erreiche. Sie ist, wie viele Straßen in Israel, nach einem Gelehrten benannt. Außerdem ist sie unendlich lang. Möglicherweise, da ihrem Namensgeber Rabbi Mosche Ben Maimon ein langes Leben beschert war. Oder er der Menschheit unendliche Dienste erwiesen hat.

Vor meiner Wohnung kämpfe ich mich durch den verwilderten Garten, ducke mich unter den Zweigen des Zitronenbaums hindurch, an denen ich stets hängen bleibe, wenn ich mein Haar offen trage.

Wenn das Haar so lang ist, dass es im Zitronenbaum hängen bleibt, muss es ab, hätte mein Vater gesagt.

Heute Abend passiert nichts, mein Haar ist zu nass und fliegt nicht im Wind.

Ich schließe die dunkelbraune Eingangstür zu der Wohnung auf, die ich mit meinem Mitbewohner Aviv teile, und werde von einem säuerlichen Gestank empfangen. Wahrscheinlich ist die ganze Woche kein einziges Mal gelüftet worden. Es ist stockdunkel. Ich schiebe mich durch den Flur, der gleichzeitig auch als Esszimmer dient, zum Lichtschalter. Ich stelle meinen Rucksack auf den Boden und spüre erleichtert, wie das Gewicht von meinen Schultern weicht. Die Küche riecht noch unangenehmer als der Rest der Wohnung. Ich schalte das Licht ein und öffne das Fenster, soweit das bei den hölzernen verzogenen Fensterläden möglich ist. Neben der Spüle stapelt sich schmutziges Geschirr, wahrscheinlich weil sich in der Spüle eine zerbrochene Glasschale mit verdorbenen Essensresten befindet. Auf der Anrichte steht ein undefinierbares Plastikgefäß mit verschimmeltem Hummus. Daneben zwei leere Bierflaschen.

Auf dem Boden sehe ich die tote Kakerlake, die auch vor einer Woche, als ich die Wohnung verlassen habe, schon genau dort lag.

Seufzend schiebe ich sie mit der Spitze meines Schuhs in Richtung der Plastiktüte, die uns als Mülleimer dient. Sie hängt an der Türklinke einer Tür, von der ich auch nach einigen Monaten in dieser Wohnung nicht weiß, was sich dahinter befindet, da sie klemmt und sich nicht mehr öffnen lässt.

Ich sammle mich einen Augenblick, dann hole ich tief Luft.

»Aviv!«, brülle ich in die Stille hinein.

Einen Moment lang ist es ruhig.

»Aquarium«, tönt es einige Augenblicke später gequält aus dem anderen Ende der Wohnung.

»Komm raus aus dem Aquarium, du weißt genau, warum!«, rufe ich zurück.

Etwa eine halbe Minute später höre ich ein Rascheln, und er kommt mit schlurfenden Schritten in meine Richtung.

Aviv ist Schauspieler, und möglicherweise ist er ein bisschen irre. Sein Zimmer nennt er Aquarium, da es in unserer Wohnung bis auf die Haustür und die Tür, von der wir nicht wissen, was sich dahinter befindet, keine Türen gibt. Also hat er Duschvorhänge vor unsere beiden Zimmer gehängt. Auf seinem tummeln sich bunte Fische zwischen Algen vor einem dunkelblauen Hintergrund, genau wie in einem Aquarium. Meiner ist einfach nur transparent. Das macht überhaupt keinen Sinn.

Jetzt steht er mit hängenden Schultern vor mir und schaut mich schuldbewusst an. Seine wilden Locken fallen ihm ins Gesicht. Dunkle Ringe zeichnen sich um seine Augen, sein Hemd ist falsch geknöpft und die tief sitzende Jogginghose hat Flecken.

»Ist das dein Ernst, dieser Mist hier?«, frage ich ihn.

»Hat sich irgendwie so ergeben«, murmelt er beschämt und ohne mich anzusehen.

Aviv sieht aus wie die Personifizierung des Wortes »kaputt«. Seine Augen haben einen glasigen Schleier und sind meist halb geschlossen, seine Bewegungen sind langsam und scheinen oft kein wirkliches Ziel zu verfolgen. Augenringe hat er immer, außer wenn er irgendwelche Werbespots dreht. Dann werden sie wegretuschiert. Ich habe nie verstanden, wie er mit seinem Aussehen an solche Jobs kommt.

Er könnte ein Kiffer sein, aber paradoxerweise scheint er der Einzige hier zu sein, der nicht kifft.

Ich weiß nicht genau, was bei ihm schiefgelaufen ist. Er meidet einfach das Tageslicht wie eine Fledermaus. Oder wie ein Vampir. Meistens bin ich gleichermaßen genervt und in Sorge um ihn.

»Hast du mit der Kakerlake um die Wette gesoffen, oder wie hat sich das hier irgendwie so ergeben?«, frage ich müde.

»Ja, genau.«

Er nickt einsichtig und scheint erleichtert, keine weitere Erklärung abgeben zu müssen.

»Ich hab gewonnen«, fügt er noch verlegen grinsend hinzu und deutet mit dem Kopf in Richtung der regungslosen Kakerlake auf dem Boden.

Er bemüht sich, die kaputten Scherben aus der Spüle zu sammeln, während ich die Kakerlake an einem ihrer starren Beine fasse und sie mit spitzen Fingern in die Mülltüte werfe.

Kurz überkommt mich der Gedanke, dass Aviv in meiner Abwesenheit ohne die Kakerlake vielleicht sehr einsam sein könnte. Aber ich bin jetzt da, wir brauchen sie nicht mehr.

Ich reiche ihm die Tüte, damit er die Teile der zerbrochenen Schüssel hineinwerfen kann.

Dann gehe ich ins Badezimmer, wasche mir die Hände und schalte den Boiler ein. Ich schaue auf die Uhr, in etwa vierzig Minuten wird genug Wasser aufgewärmt sein, damit ich meine Haare waschen kann.

Zurück in der Küche frage ich Aviv, ob er schon gegessen hat.

»Mmhm, glaube schon«, murmelt er. Dann fällt sein Blick auf die Schale mit dem verschimmelten Hummus. Nachdenklich hält er kurz inne, runzelt die Stirn und fügt dann hinzu: »Vielleicht aber auch noch nicht.«

Ich öffne meinen Rucksack, nehme das in Alufolie eingeschlagene Huhn heraus und lege es in den kleinen Elektro-Ofen.

Aus zwei Tomaten und einer Gurke mache ich einen Salat.

In der Essigflasche schwimmt eine tote Fliege, der Essig ist ihr scheinbar nicht bekommen. Ich versuche, ihn so in das Olivenöl zu geben, dass die Fliege nicht mit hineinfließt.

Das Huhn ist inzwischen aufgewärmt. Ich nehme es aus dem Ofen, stelle es auf den Esstisch und sehe, dass Aviv einen deutlich wacheren Gesichtsausdruck hat, als er sich zu mir setzt.

Wir essen schweigend. Nur sein Kiefer knackt, so als würde er dem Huhn die Knochen brechen.

Ich schalte das verstaubte Radio auf dem Küchentisch ein, es empfängt nur einen arabischen Sender mit starkem Rauschen. Müde drehe ich am Empfangsregler herum und schalte es schließlich wieder aus. Aviv zuckt nur mit den Schultern.

Mein Blick fällt auf eine angebrochene Tüte Couscous auf dem schief hängenden Holzregal, das halb aus der Wand gebrochen ist. Als ich sie berühre, fliegt eine Motte heraus. Ich schaue hinein, zähle weitere Motten, die im Inneren der Tüte rasten. Sie nehmen keine Notiz von mir. Vielleicht schlafen sie, oder sie haben sich totgegessen.

Abhärtung ist gut. Abstumpfung noch besser. Totale Unterwerfung in die Gleichgültigkeit wäre in dieser Wohnung am besten.

»Was ist das?«, frage ich Aviv und halte ihm die Tüte unter die Nase. Er schaut hinein.

»Motten mit Couscous«, sagt er verständnislos und fixiert mich durch seine Locken. Manchmal hat er diesen irren, bewegungslosen Blick.

»Das kannst du nicht mehr essen«, sage ich und stelle die Tüte zurück.

»Warum?«, fragt er irritiert, und macht eine Kopfbewegung in Richtung des Huhns. »Du isst doch auch Tiere.«

Das stimmt. Seit ich mit Aviv zusammenwohne, habe ich mich an Ameisen in meinem Kaffee gewöhnt.

Der Mensch gewöhnt sich an alles, sagte mein Großvater. An das allermeiste wahrscheinlich.

Als er 1948 nach Israel auswanderte, lagen drei Jahre zwischen Buchenwald und meinem Großvater. In den israelischen Häusern gab es kaum Klimaanlagen. Die neuen europäischen Einwanderer, die mit der starken Hitze nicht zurechtkamen, schliefen auf den flachen Dächern ihrer Häuser und legten sich nachts feuchte Tücher auf den Körper, um sich abzukühlen.

Außerdem wütete der israelische Unabhängigkeitskrieg, mein Großvater wurde Soldat und im Krieg zählt die Hitze nicht.

Eine Mörsergranate zerfetzte ihm das rechte Trommelfell, das Ohr wurde taub und er wurde Invalide. Buchenwald war nicht genug.

Ameisen im Kaffee hatten sie damals alle.

Ich gehe ins Bad, ziehe mich rasch aus, denn es wird kalt in nasser Kleidung, wenn man zur Ruhe kommt. Nackt und frierend stehe ich unter dem Rohr, das das Wasser in die uralte Badewanne gießt und versuche, die Wassertemperatur zu regulieren. Meine Haut hat sich zusammengezogen, die Kälte wird darauf sichtbar. Das Wasser ist entweder kochend heiß oder eiskalt. Duschen kann ein Abenteuer sein, wenn man sich keinen Handwerker leisten kann.

Das Badezimmerfenster ist zerbrochen. Der kühle Nachtwind weht herein, das Quecksilberthermometer zeigt zwölf Grad Celsius und drinnen ist es so kalt wie draußen.

Ich bin vom Frieren erschöpft, das heiße Wasser gießt sich in kurzer Erholung über meinen Körper.

Es dauert eine Weile, bis ich mich nach dem Waschen unter den Decken in meinem Bett aufgewärmt habe. Der Schlaf kommt nur langsam, wenn es kalt ist.

Bis ich einschlafe, höre ich auf den Regen.

Tel Aviver Winterregen ist kraftvoll und ausdauernd, stärker, als ich den Regen aus Deutschland gewohnt bin. Er prasselt auf den wilden Zitronenbaum, der im Garten immer nach meinen Haaren greift. Es geschieht ihm recht.

Wenn die Tropfen auf den vermoderten Holzverschlag neben meinem Fenster schlagen, klingen sie wie ein Xylophon.

Seit Tagen hat es fast jede Nacht gewittert. Wenn es draußen stürmt, werde ich im Inneren ganz ruhig. Ich weiß nicht, warum das so ist. Die große Unruhe da draußen lässt meinen Geist still werden, der Sturm wechselt sich ab.

Er kann nicht überall zugleich sein.

Mein Vater erklärte mir die unterschiedlichen Formen des Regens. Er hatte den Regen studiert.

Da gibt es den Platzregen. Wie bei einem Gewitter kommt er gewaltig und unerwartet. Der Platzregen ist die Ermahnung Gottes auf das Spiel mit den Mächten. Sein Ziel ist es, Ordnung zu schaffen in der Welt, die Erde zu durchnässen, bis ganz tief unter die Wurzeln der Bäume. Und schließlich Ruhe einkehren zu lassen.

Wenn eine Kaltfront auf eine Hitzefront trifft, dann geraten sie mitunter in Streit darüber, wer mächtiger ist, sagte mein Vater.

Den Platzregen gibt es, damit die Menschen nicht größenwahnsinnig werden. Der Himmel zeigt ihnen: *Ich kann, wenn ich will.* Mäßigt euch! Seid vernünftig.

Der Nieselregen hingegen ist konstant und berechenbar. Je länger man ihm ausgesetzt ist, desto nasser wird man. *Steter Tropfen höhlt den Stein.*

Der Nieselregen will die Menschen erinnern, viel leiser, als der Platzregen es tut.

Er ist nicht ausreichend, um die Pflanzen zu nähren, aber dennoch in der Lage, in langsamer Beständigkeit einen Eimer zu füllen.

Es gibt viele Arten von Regen.

Warmen Regen und Eisregen, Monsunregen, Tropenregen, Starkregen, Frontregen. Es gibt sauren Regen und basischen Regen.

In Deutschland ist mir der Landregen am liebsten. Landregen macht die Vögel nass, aber es scheint ihnen nichts auszumachen, ganz im Gegenteil. Die Amseln singen gerne frühmorgens bei Landregen, die großen Tropfen perlen an ihrem Gefieder ab. Es scheint ihnen zu gefallen. Landregen mit Amseln ist ein schöner Klang.

Die Amsel ist ein wortgewandter Vogel, sagte mein Vater. Ein assimilierter Vogel. Sie hat ihre eigene Sprache, aber orientiert sich an der Sprache der anderen Vögel. Und sie passt sich dem Landregen an.

Der Landregen will niemanden mahnen oder bestimmen. Er fällt auf das Land, auf die Menschen und die Amseln, und macht alles gleichmäßig nass.

Bei Landregen denke ich an meinen Vater.

In Israel gibt es keinen gemütlichen Landregen, hier regnet es ganz anders als in Deutschland.

Alles verhält sich in Extremen.

Kapitel 5 –
Tschernichowski Street

»Liebe Elsa,
wir trauern mit dir über den unbegreiflichen Tod von Lior. Er hatte sein Leben noch nicht gelebt. Er hat es anders gewollt. Gott hat es anders gewollt. Wir werden nie erfahren, warum.«

KONDOLENZ AN ELSA

Als ich am nächsten Morgen mit meiner Kaffeetasse in den Garten gehe, treffe ich Denis, meine türkisch-israelische Nachbarin.

Ihre Wohnungstür steht offen, im Flur riecht es angenehm nach Kardamom und Kaffee.

Wir wärmen uns im Freien auf. Der nächtliche Sturm hat den Zitronenbaum übel zugerichtet, und Denis steht mit kritischem Blick davor, um den Schaden zu begutachten.

Der Baum ist verwundet. Wie ein Veteran steht er da, mitten im Garten, mit hoch erhobenem Haupt, und tut so, als könnte ihm nichts etwas anhaben.

Jedoch liegt ein Ast auf dem Boden, und so lässt sich seine Niederlage nicht mehr verbergen. Zwei Zitronen hängen noch daran, gelb und dem Tode geweiht, da sie nicht mehr mit ihrem Ernährer verbunden sind.

Denis hebt sie auf, während sie in einer Hand zwischen rot lackierten Fingernägeln eine Slim-Zigarette hält.

»Machen wir Zitronenkuchen?«, frage ich.

Sie nickt und reicht mir die Zitronen.

Der Baum bleibt stumm. Er ist zu stolz und beschämt, um von letzter Nacht zu berichten und leuchtet jetzt trotzig gegen den Sonnenschein.

Ich benutze ihren Ofen zum Backen, da unserer nichts taugt, und ich wasche meine Wäsche in ihrer Waschmaschine, da wir keine haben. Aviv hält Backen und Waschen für überflüssig, und im fünfzehn Minuten entfernten Waschsalon kommt die Wäsche aus den alten Maschinen beinahe schmutziger heraus, als sie vorher war.

»Ich will dich niemals heimlich dort erwischen«, tadelte mich Denis. Seitdem wasche ich bei ihr, zögere den Waschvorgang jedes Mal lange hinaus und klopfe schließlich schuldbewusst an ihre Tür.

Denis lacht dann nur ihr umwerfendes Lachen und sagt: »Komm sooft du willst, komm jeden Tag. Ich mag es, wenn du da bist.«

Ich mag Denis.

Denis sprich bruchstückhaft Hebräisch. In ihrer Heimatstadt Istanbul wuchs sie in einer liberalen jüdischen Familie auf. Inzwischen ist sie Israelin. Nir, ihr Verlobter, kommt aus Ra'anana, nicht weit von Tel Aviv, und spricht so schlecht Englisch, dass Denis schon nach kurzer Zeit die Geduld verliert.

Sie kann wunderschön mit den Augen rollen.

Nir und Denis streiten oft und vergessen darüber den Grund.

Um nicht mehr zu streiten, machen sie Liebe, bis sie sich erschöpft in den Armen liegen und nach einer Weile erneut streiten. Ich weiß, dass es so ist, denn mich trennen nur eine dünne Wand und ein Schrank von ihrem Zank und Liebesspiel.

Ich glaube, Denis ist sich ihrer Schönheit bewusst. Sie hat das Lachen eines Mädchens und die Anmut einer Frau. Sie ist einen halben Kopf größer als Nir, und wenn sie sich die Lippen schminkt, muss sie lange malen, denn sie sind voll wie eine schöne reife Frucht.

»Was für eine Braut!«, sagt Nir, wenn sich Denis vor dem Spiegel hin und her dreht.

Sie lacht und nennt ihn einen Dummkopf.

Bald ist sie *seine* Braut.

Aviv sitzt im gleichen Hemd von gestern Abend in der Küche und starrt an die Wand.

»Hast du gut geschlafen?«, frage ich.

»Der Sturm war so laut.«

»Ja, ich weiß, er hat die Zitronen vom Baum vor dem Haus geweht«, sage ich und lege die Zitronen auf den Küchentisch.

Er schaut mich verständnislos an.

»Wir haben Zitronen vor dem Haus?«

»Ja.«

»Richtige Zitronen?«

»Nee, nur Plastikzitronen«, entgegne ich genervt. »Geh vielleicht mal vor die Tür.«

Als ich zur Bushaltestelle laufe, biegt der Bus bereits in unsere Straße ein. Ich muss das letzte Stück rennen und steige atemlos ein.

»*Le'at, le'at.* Langsam, Mädchen«, sagt der Busfahrer und mäßigt mich zur Ruhe. Manchmal habe ich Glück.

Ich atme immer noch schwer, als der Bus anfährt.

Eine Frau mit einem seltsam aussehenden Hund auf dem Schoß lächelt mich verständnisvoll an. Sie trägt ein Kleid mit einem Muster aus bunten Vögeln, Lidschatten in Türkis mit einem Hauch von Glitzer in den Augenwinkeln, knallroten Lippenstift und einen lila Hut. Ihr Hund, der die Farbe eines Straßenköters hat, trägt stolz ein grünes Regenjäckchen mit weißen Pudeln darauf.

Ihr Lächeln ist warm, neugierig und extravagant, ein Tel Aviver Lächeln.

Mit meinem gleichmäßigeren Atem kommt langsam meine Ruhe zurück.

Einen Augenblick später fragt mich ein Schirmmütze tragender Typ von der Seite, wo ich meine Mütze gekauft habe. So eine Mütze würde ihm noch fehlen. Er nimmt sich seine eigene Kopfbedeckung ab und dreht sie zerknirscht in den tätowierten Händen.

Ich habe selten meine Ruhe.

In der Nähe des *Carmel Market* steige ich aus dem Bus. Im Winter ist der Markt ein anderer Markt als im Sommer.

Keine Straßenmusiker, keine Streunerkatzen und kein Geschrei.

Die Stadt liegt im Schlaf, denn Tel Aviver wissen mit dem Winter nichts anzufangen.

Sie frieren, sie werden melancholisch und kochen Suppe, alles ist ihnen unerträglich und zuwider.

Ich habe entschieden, so zu sein wie sie, denn es ist gut, wenn man weiß, warum man melancholisch ist.

Vorbei an weißen Bauhaus-Häuserreihen und Cafés, in denen heute nur wenige Menschen ihre Zeitung lesen, biege ich in die Tschernichowski Street ein, die nach dem russisch-jüdischen Dichter Saul Tschernichowski benannt ist.

Sein Porträt ist auf dem Fünfzig-Schekel-Schein abgebildet und das missfällt den orthodoxen Rabbinern, denn Frau Tschernichowski war keine Jüdin. Sie betete sonntags in der Kirche, und sie tat es gern.

Zu viel Assimilation, meinen die orthodoxen Rabbiner, er muss fort vom Fünfzig-Schekel-Schein, aber in Tel Aviv haben sie nicht das Sagen, und so wurde eine Straße nach Herrn Tschernichowski benannt.

Mein Weg zur Arbeit verläuft immer nach dem gleichen Ritual.

Ich grüße Haile, der in einem winzigen Supermarkt am Anfang der Straße arbeitet. Wenn ich etwas Geld habe, kaufe ich Kaffee oder Apfelsinen bei ihm. Die Apfelsinen sind nicht für mich, aber das weiß Haile nicht. In der kleinen Obst- und Gemüseauslage vor dem Geschäft sucht er mir die schönsten aus.

Haile kommt aus Eritrea und heißt Haile, weil die Eritreer ihre Söhne so nennen. Er wollte immer schon in einem Supermarkt arbeiten, denn in Eritrea gab es von nichts genug. Er konnte oft vor Hunger nachts nicht schlafen, und so fing er an zu träumen. In einem Supermarkt gibt es alles, wie im Paradies, wo könnte es besser sein als in einem Supermarkt, dachte Haile.

Er machte sich auf den Weg, als es dunkel war. Er ging zu Fuß, fuhr mit Lastwagen, ging wieder zu Fuß. Durch Eritrea, durch den Sudan, durch Ägypten, durch den Sinai.

Er kam an, als es dunkel war.

In Asmara hat Haile als Anwalt gearbeitet. In der Tschernichowski Street arbeitet er im Supermarkt. Beklagt hat er sich nie. Er ist einer der wenigen Eritreer, die hier Arbeit haben.

Es ist nur ein ganz kleiner Supermarkt, mehr ein größerer Kiosk, und es gibt von allem höchstens zwei Sorten. Es gibt *Bamba, Mekupelet,* gezuckertes Popcorn, Mangosaft, Apfelsinen.

Haile sieht auf den ersten Blick, welche die süßesten Früchte sind.

Sonst weiß ich nichts über ihn. Haile weiß nichts über mich, außer dass ich Kaffee trinke und Apfelsinen esse.

Einmal habe ich ihm meinen Namen gesagt. Er hat ihn nie benutzt.

Haile ist immer da. Er ist ein Teil der Tschernichowski Street. Wäre er irgendwann weg, würde sich alles verschieben.

Ein paar Meter vor einem Geschäft für Haustierbedarf sitzt die rote Katze auf einer kleinen Steinmauer. Sie sitzt immer dort. Wahrscheinlich wird sie vom Besitzer des Ladens gefüttert, oder sie weiß sonst nicht wohin mit sich. Sie ist sich sicher zu eitel und zu schön, um Mäuse zu fangen. Ich wäre auch gerne so.

Die Rote weiß, dass ich komme, und hält mir ihr Fell entgegen, das sie vorher in der Sonne aufgewärmt hat.

Sie sitzt dort nie, wenn ich nachmittags wieder nach Hause gehe. Immer nur morgens, wahrscheinlich ist ihr der Platz später zu schattig. Auch Katzen haben ihre Rituale.

Schräg gegenüber der Katzenmauer hat Lior sein Café. Eigentlich ist es nicht sein Café, und es ist eigentlich auch kein Café, aber wir nennen es so. Es ist mehr ein Kiosk, der Kaffee verkauft, aber keine Bestuhlung zum Kaffeetrinken hat. Typisch für Tel Aviv, so wie Hailes Miniatur-Supermarkt.

Lior arbeitet an den meisten Tagen. Viele Stunden lang verkauft er Kaffee und vergisst darüber die Zeit.

Jeden Morgen bereitet er Sandwiches mit Thunfisch oder Omelett zu. Mit dem *Mediterranean Sandwich* läuft es nicht so gut. Vielleicht ist es den Israelis zu mediterran. Die Menschen wollen bekanntlich immer das, was sie nicht schon im Überfluss haben.

Lior hebt mir das Sandwich häufig unter der Ladentheke auf.

»Landet eh im Müll«, sagt er, wenn ich ihn abends besuche und er es mir in den Rucksack steckt. Ob das stimmt, weiß ich nicht. Vielleicht ist es auch nur ein sehr hartnäckiger Versuch, mich für sich zu gewinnen. Ich habe bei Lior noch nie für irgendwas bezahlt, sicher ist er ein sehr schlechter Geschäftsmann.

Bevor ich mich nach der Arbeit auf den Weg nach Hause mache, trinken wir gelegentlich Kaffee auf der Bank hinter dem Café-Kiosk. Dort hängt ein Poster von einem himmelblauen VW-Bus. So einen müsste man haben, sagt Lior dann.

Unter dem Poster raucht Lior seine Joints, mir dreht er Zigaretten. Lior hat Pech, denn er hat eine seltene Form von Epilepsie. Und er hat Glück, weil er deswegen Gras rauchen darf. Er bekommt es sogar auf Rezept.

Lior träumt eigentlich davon, Rapper zu sein.

Im Café-Kiosk will er nur so lange bleiben, bis er genug Geld für sich und seine Tochter Zoe verdient hat. Dann will er ihr im himmelblauen VW-Bus die Welt zeigen.

Natürlich ist das Unsinn, denn mit einem himmelblauen VW-Bus kommt man in Israel nicht weit.

Im Norden ist der Libanon. Dort sieht man israelische VW-Busse nicht gern, sie lassen sie gar nicht hinein.

Daneben ist Syrien, das geht auch nicht.

Im Westjordanland kann es vorkommen, dass Juden in himmelblauen VW-Bussen umgebracht werden.

Lior ist frustriert.

Ein Roadtrip durch Jordanien, das ginge. Oder durch den Sinai. Man könnte auch einfach nur in der Mitte des Landes im Kreis fahren, sagt er. Zoe würde es womöglich gar nicht merken.

Er würde so gern mit ihr fahren.

Lior will weg. Weg von dieser eingeschränkten Landkarte, weg aus dem Café-Kiosk, weg aus seinem Leben und weg aus seinem Kopf.

Nach Zypern vielleicht. Da könnte man den Bus rüber schiffen. Und von dort aufs europäische Festland. Vielleicht müsste man irgendwann nicht mehr im Kreis fahren.

Wenn ich bei ihm sitze, spielt er mir selbst zusammengeschnittene Videos vor, in denen er rappt. Es geht um Liebe oder das Gegenteil von Liebe. Er weiß selbst nicht genau, was das ist. Anti-Liebe vielleicht. Wenn er rappt, bewegt Lior seinen Körper im Takt, reißt seine Augen auf und wird enthusiastisch.

Manchmal zeigt er mir auch Bilder von Zoe auf seinem Handy. Sie ist ein hübsches fünfjähriges Mädchen mit hellen Locken und einem unbeschwerten Lachen. Zoe lebt bei ihrer Mutter. Ihren Vater hat sie seit Jahren nicht gesehen.

Er wird ganz still, wenn er von ihr erzählt, nimmt lange Züge von seinem Joint und hält seine Augen geschlossen.

1949, ein Jahr nach der israelischen Staatsgründung, heiratete mein Großvater Elsa.

Elsa war eine deutsche Jüdin, die nicht meine Großmutter wurde. Sie wurde auch keine glückliche Frau.

Auf dem Auswandererschiff nach Haifa lernte sie den Mann kennen, der später mein Großvater wurde. Sie hätten sich schon vorher kennenlernen können, denn sie lebten ein Jahr lang hinter dem gleichen Zaun, aber das ergab sich eben nicht. Dort, im Mittelmeer, versuchte Elsa die Erinnerung an ihren Mann zu ertränken, der wenige Jahre zuvor in Buchenwald erst seinen Verstand und dann sein Leben verlor.

Mein Großvater war auch in Buchenwald gewesen, aber sein Verstand war noch da. Zumindest glaube ich das.

Elsa hatte ihren kleinen Sohn bei sich, dem mein Großvater ein Vater sein wollte. Der Sohn war zum ersten Mal in seinem kleinen Leben auf einem Schiff. Damals stand er an der Reling und warf Brotkrumen für die Vögel ins Wasser, denn es gab wieder genug Brotkrumen für Menschen und Vögel.

Nach wenigen Jahren war die Ehe auserzählt.

Lior, der Sohn, erhängte sich während seiner Armeezeit.

Mein Großvater sprach nicht darüber. Es gab zu vieles, das nicht mehr zu retten war.

In seinem Hamburger Arbeitszimmer hing später ein schwarzweißes Porträt von Lior. Ein ernster, schöner junger Mann, neunzehn oder zwanzig Jahre alt. Große dunkle Augen, schüchterne Lippen, ein hoher Haaransatz und eine Spur von einem dunklen Bartflaum auf der Oberlippe.

Als Kind saß ich oft vor diesem Porträt und überlegte mir, wie Lior wohl inzwischen aussehen würde, wäre seine Vergangenheit aushaltbar gewesen.

Heute Vormittag ist Lior nicht im Café, eine blond gelockte Frau ist an seiner Stelle da. Vielleicht kommt er heute Nachmittag, sagt sie.

Einige Häuser weiter rieche ich die Wäscherei. Wer an ihr vorbeiläuft, wird für einige Meter vom Duft frisch gewaschener Wäsche umhüllt. Menschen und Katzen mögen diesen Duft, sie können nicht genau erklären, warum. Es sitzen immer Katzen davor.

Neben der Wäscherei ist der Falafel-Laden, der damit wirbt, schon seit den fünfziger Jahren glutenfreie und vegane Falafel zu verkaufen. Die ausgehungerten neuen Einwanderer müssen begeistert gewesen sein.

Einen Steinwurf entfernt befindet sich Pinchas' Buchladen.

Es ist mehr ein Antiquariat als ein Buchladen, eine Art Kuriositäten-Kabinett.

Pinchas ist uralt, er weiß selbst nicht genau, wie alt er ist. Älter als der Staat Israel selbst, so viel ist sicher. Seit fast vierzig Jahren führt er seinen Laden, in dem die Regale mit Büchern in sechzehn verschiedenen Sprachen vollgestopft sind. Die Regalbretter halten die Bücher, und die Bücher halten die Regale, es ist ein ausgewogenes System.

Ob es wirklich sechzehn Sprachen sind, kann ich nicht sagen, aber ich glaube es ihm.

Wenn ein Kunde in den Laden kommt, fragt Pinchas, in welcher Sprache er lesen möchte. Nach der Muttersprache fragt er nicht.

Pinchas selbst spricht drei Sprachen, Hebräisch, Arabisch und Französisch.

Er ist ein arabischer Jude, seine Familie stammt aus Aleppo und gehörte dort der jüdischen Minderheit an. 1947 flüchteten sie vor den Pogromen gegen die Juden in Syrien nach Israel.

Pinchas sagt, Aleppo war eine schöne Stadt. Auch das glaube ich ihm.

Er weiß, welche Bücher ich mag und in welcher Sprache ich lese. Mit Aleppo, Menschen und Büchern kennt er sich aus.

Einmal suchte er nach mir in den schmalen Gängen seines Geschäfts, die so eng sind, dass man sich dort kaum umdrehen kann, ohne einen Stapel Bücher umzureißen.

Ob er mir eine Frage stellen dürfte, fragte er.

Pinchas ist immer höflich. In seiner Gegenwart werden sogar die Unhöflichen höflich.

»Natürlich«, entgegnete ich, worauf er mir ein Buch mit blauem Einband reichte, dessen Titel, wie mir schien, eine Inschrift in einer skandinavischen Sprache trug.

»Was ist das für eine Sprache?«, fragte er.

Ich schaute ihn überrascht an. Ich wusste nicht, dass es Bücher gab, die er nicht verstand. Er schaute stirnrunzelnd mit unwillig resigniertem Blick auf das Buch. Ich öffnete es und schaute ins Impressum.

»Finnisch.«

»Aha, Finnisch«, brummte er verächtlich, als entlarvte er einen Störenfried. »Dieses Buch ist mir ein Ärgernis. Niemand kann es lesen. Niemand will es kaufen.«

Er wurde kurz nachdenklich, ließ seine Hand über dem Buch verweilen und seinen Blick ins Leere gleiten.

»Willst du es haben? Ich schenke es dir«, sagte er dann.

Ich wollte es nicht.

»Ich verstehe leider kein Finnisch«, antwortete ich.

»Dann wirst du es eben lernen!«, sagte er, eine Spur von Unverständnis in der Stimme.

Für ein finnisches Buch hatte ich keine Zeit. Ich wählte ein anderes, ich weiß nicht mehr genau, welches.

Pinchas steckte es in eine Plastiktüte, und wie immer verabschiedete er mich mit Handschlag.

Am gleichen Abend setzte ich mich zum Zitronenbaum, der ein guter Zuhörer war, um in meinem neuen Buch zu lesen. Ich fand es in der Tüte, zusammen mit dem finnischen Buch.

Pinchas, dachte ich, ist ein alter Fuchs.

Kapitel 6 –
Nachbarn in Pelzen

»Jede Propaganda hat volkstümlich zu sein und ihr geistiges Niveau einzustellen nach der Aufnahmefähigkeit des Beschränktesten. Damit wird ihre rein geistige Höhe um so tiefer zu stellen sein, je größer die zu erfassende Menge der Menschen sein soll. Handelt es sich aber, wie bei der Propaganda für das Durchhalten eines Krieges, darum, ein ganzes Volk in ihren Wirkungsbereich zu ziehen, so kann die Vorsicht bei der Vermeidung zu hoher geistiger Voraussetzungen gar nicht groß genug sein. Die Aufnahmefähigkeit der großen Masse ist nur sehr beschränkt, das Verständnis klein, dafür jedoch die Vergeßlichkeit groß.«

ADOLF HITLER, »Mein Kampf«

Als ich die Tür zum Laden öffnen will, bemerke ich das Schild mit der Aufschrift »Bin gleich zurück«. Ich krame in meiner Tasche nach dem Schlüssel und lasse mich selbst hinein. Drinnen brennt nur die Schreibtischlampe auf dem hölzernen Arbeitstisch.

Ich schalte das Deckenlicht ein, um den Staub besser sehen zu können. Er ist überall und über allem. Im winzigen Schaufenster stehen altmodische und unnütze Kameras, die nicht minder altmodische und wunderlich aus der Zeit gefallene Kundschaft anlocken. Die Modelle aus den zwanziger, dreißiger und vierziger Jahren sind gleichermaßen verstaubt. Staub geht nicht chronologisch vor. Die Schaufensterscheibe ist beinahe erblindet, sie muss dringend geputzt werden, denke ich.

Ich hänge meine Jacke an den Haken neben dem Bild von David Ben Gurion, der am Strand Kopfstand macht, gehe die schmale wendeltreppenartige Stiege nach oben und setze Wasser in dem alten weißen Topf auf, der uns als Wasserkocher dient.

Alles ist hier älter als anderswo. Die Straße ist alt, die Häuser sind alt, ihre Fenster und Fußböden sowie die Menschen, die hier vorbeikommen. Der Putz bröckelt von der äußeren Fassade und innen von der Decke, und er bröckelt auch in den Gehirnen der Nachbarn, die vergessen haben, wie es hier früher war.

Die Mieten hier sind unerträglich hoch, auch für den Laden, der kaum Gewinn einbringt.

Unten befinden sich Werkstatt und Verkaufsraum. Dort arbeitet Juri. Oben befindet sich ein kleines Archiv, in dem ich die Tage unter der Woche verbringe. Mit dem Sortieren von Bildern und historischen Schriftstücken verdiene ich gerade genug Geld, um meine Miete in Avivs heruntergekommener Bruchbude bezahlen zu können.

Fotografien aus dem vergangenen Jahrhundert stapeln sich hier, von denen niemand mehr weiß, wer sie aufgenommen hat, oder zu welchem Zweck.

In den Zwanzigern war Israel eine Idee. Der Traum zionistischer Spinner. In den Dreißigern war es in Berlin nicht mehr gut. Palästina wurde Hoffnung der Verfolgten. Die Vierziger brachten eine Entscheidung, die Spinner behielten recht und die Träumer auch.

Die Schubladen und Holzkisten sind voll mit Ausschnitten aus jüdischen und jüdisch-zionistischen Zeitungen. Magazine aus Europa, Berichte aus dem Britischen Mandatsgebiet Palästina, Bilder aus dem jungen israelischen Staat.

Meine Tage spielen in der Vergangenheit. Die Menschen aus der Gegenwart verirren sich selten hierher. Kunsthistoriker, Sammler oder Schriftsteller heißen sie, wenn sie kommen. Oder Journalisten.

Manchmal kommen einsam Suchende mit der Hoffnung, über ein Zeugnis ihrer Eltern, Großeltern oder Urgroßeltern zu stolpern. Ewiggestrige, die wissen wollen, wie ihr Elternhaus in den dreißiger oder vierziger Jahren aussah. Weil sie Sentimentalisten und Melancholiker sind. Oder weil sie nachts nicht mehr schlafen können, weil niemand mehr da ist, den sie fragen könnten. Scheinbar kommen die Menschen erst dann zur Ruhe, wenn sie wissen, woraus sie entstanden sind.

Die obere Etage hat einen Holzboden. Die Dielen knarren, wenn man darüber läuft, so machen es Dielen überall. In einigen wohnen Holzwürmer. Irgendwann werden mehr Holzwürmer als Dielen da sein.

Unten höre ich die Ladentür aufgehen.

»Juri?«, frage ich, da ich nicht sehen kann, wer es ist. Ich höre nichts. Wahrscheinlich hat er mit dem Kopf genickt und vergessen, dass ich ihn nicht sehen kann. Juri ist so einer.

Ich nehme das kochende Wasser von der einzigen Herdplatte und setze den Kaffee auf. Dann gehe ich nach unten, um Juri zu begrüßen. Draußen ist es grau und es fällt feiner Nieselregen.

Juris Haar ist auch grau und ein bisschen nass, das kommt vom Nieselregen. Es klebt jetzt an seiner Stirn. Er zieht seinen blauen Anorak aus und hängt ihn zwischen Ben Gurion und meine Lederjacke.

Aus seinem Leinenbeutel nimmt er nacheinander drei Bananen, drei Mandarinen und eine Avocado, die größer ist als seine Hand. Ich weiß nicht, wo er die immer findet.

Juri isst nur rohes Obst und Gemüse. Die Tel Aviver sagen zu Leuten wie Juri »Frutarier«. Er selbst nennt es »gesund essen«. Vielleicht ist er der einzige russische Frutarier oder Gesundesser, den es gibt. Jedenfalls kenne ich keinen anderen.

Tel Aviv macht was mit den Leuten, sagt Juri. Als er vor dreißig Jahren aus der Ostukraine in die Stadt am Meer kam, aß er manchmal noch Fisch, auch den aß er roh.

Einmal hatte Juri einen Herzinfarkt. Es war kein besonders schwerer Herzinfarkt, aber vorsichtshalber ließ er auch das mit dem Fisch sein. Seitdem ist alles gut, sagt er.

Juri trinkt keinen Alkohol, keinen Kaffee und hat eine Ehefrau. Er ist ein Mensch ohne Laster.

Er redet selten mehr als notwendig, und er missbilligt mich nie.

Jetzt ist er Anfang sechzig, wirkt aber jünger. Wahrscheinlich ist es das rohe Gemüse.

In der Ukraine war Juri Kameramann für einen Nachrichtenkanal. Er hat nur einmal davon erzählt, es hat ihn traurig gemacht.

»So viel Propaganda überall«, hat er gesagt, und dann hat er lange den Kopf geschüttelt.

»Propaganda ist nicht gut. Da nimmt einem einer das Denken ab. Das ist gefährlich.«

Heute repariert er alte Kameras. Niemand kann das so gut wie Juri.

Juris Frau heißt Galina. In der Sowjetunion war sie Pianistin. Sie studierte am Konservatorium, spielte Konzerte in kleinen Sälen, gab Klavierunterricht für begabte Kinder. Viele haben für Galina geklatscht.

In Israel arbeitet sie in einer Wäscherei. Nicht in unserer Wäscherei in der Tschernichowski Street. Galina arbeitet in irgendeiner Wäscherei. Alle Wäschereien gleichen einander und haben keine besonderen Merkmale.

Juri hat mir von ihrem Klavier erzählt. Es ist in der Ukraine geblieben, denn sie hatten kein Geld, um es mitzunehmen. Außerdem gehört ein Klavier auch nicht auf ein Schiff, meint Juri. Man kann nicht alles umsiedeln. Manches muss man zurücklassen.

Ich war traurig wegen Galinas Klavier.

Juri sagt, er würde ihr ja ein neues kaufen, aber das sei zu teuer. Vielleicht will er sie beschwichtigen oder mich, oder uns beide.

In einer Anzeige fand ich ein altes Klavier für Galina, doch Juri wollte es nicht.

»Sicher wird es die Nachbarn stören«, sagte er.

»Es wird sie nicht stören. Bestimmt werden sie Galina gerne zuhören«, versuchte ich, ihn zu überreden.

Juri antwortete mir mit einem russischen Sprichwort:

»Den Nackten friert dann am meisten, wenn er die Nachbarn in Pelzen sieht.«

Ich habe eine Weile darüber nachgedacht.

Ganz so sicher bin ich mir nicht, ob er recht hat.

Seine Nachbarn in Tel Aviv sind andere Nachbarn als damals in der Sowjetunion. Aber ein russischer Jude bleibt ein russischer Jude.

Galina kenne ich nicht, aber in meiner Vorstellung habe ich ein ziemlich genaues Bild von ihr.

Ich weiß, dass sie gerne Klaviermusik hört und dass sie feine Tassen mit Blumenmuster und Goldrand schätzt. Juri sucht jeden Donnerstag auf dem Flohmarkt für sie nach Tassen mit Blumenmuster und Goldrand. Anschließend bringt er sie in den Laden und ruft leise nach mir. Ganz so, als ob die Tassen von lautem Rufen zerspringen könnten.

»Das ist ein schönes Modell, oder? Es ist ein britisches Design. Das Gold ist noch gar nicht abgenutzt. Glaubst du, sie wird es mögen?«

Juris Tassen sind immer schön. Sie sind edel und fein, als hätte er sie der Queen persönlich von der Teetafel gestohlen. Filigran und elegant sehen sie aus, nach unnützem Genuss, verhaltenem Prunk und gehobener Spielerei.

Er packt sie sehr sorgfältig in Papier ein, bis sie ganz davon bedeckt sind. Die Nachbarn werden sie gar nicht erst zu Gesicht bekommen.

Galina wird sie ganz allein auswickeln und sich ganz allein freuen. Sie wird wissen, dass Juri sie lieb hat und sehen, dass das Gold noch nicht abgenutzt ist. Auch wenn die Dinge so sind, wie sie sind.

Die alte Glocke über der Ladentür kündigt einen Kunden an. Es ist der ältere russischsprachige Herr mit dem Schnauzbart, der vor etwa einer Woche das erste Mal kam.

Juri restauriert gelegentlich alte Fotografien, und der Schnauzbart brachte einen interessanten Auftrag. Es ist ein Bild aus dem Ersten Weltkrieg, sein Großvater ist darauf zu sehen, der Soldat in der Roten Garde war.

Etwa ein gutes Dutzend Soldaten sind auf der Fotografie um einen langen Tisch versammelt. Ihre Gesichter blicken ernst in die Kamera. Ernst war damals Mode im Weltkrieg. Die Uniformen sehen aus wie gemalt.

Das Besondere ist, erzählte uns der ältere Herr, dass einige der Männer ihre Uniformmütze tragen. Der Großteil der Männer trägt keine Kopfbedeckung. Daran könne man die jüdischen von den christlichen Soldaten unterscheiden, klärte er uns auf. Das Bild sei an einem Vorabend des Shabbat aufgenommen worden, und an *Erev Shabbat* tragen die Juden, auch die, die gar nicht gläubig sind, ihre Kippa. Diese dort befanden sich im Krieg, und im Krieg und in der Liebe ist bekanntlich alles erlaubt, also tragen sie irgendetwas auf dem Kopf. Hauptsache, der Kopf ist bedeckt an Shabbat, sagte er ernst und strich sich über den Schnauzbart.

Das Bild war in keinem besonders guten Zustand, nicht ungewöhnlich nach einem überstandenen Jahrhundert. Es hatte einige große Knicke und Risse, und an der linken Ecke fehlte ein Stück Papier. Auch waren einige Gesichter zerkratzt oder verblichen und nicht mehr gut erkennbar.

Juri zog sich einige Tage lang zurück, um sich in ein grafisches Militärlazarett zu verwandeln. Er transplantierte Ohren, Augen und Nasen von einem Soldaten zum anderen, geschickt schnitt er mit seinem virtuellen Skalpell hier etwas ab und setzte es dort wieder an. Obgleich er so gut arbeitete, wie die technischen Möglichkeiten es zuließen, sah die Soldatengruppe beim genaueren Hinsehen schließlich aus wie eine Inzest-Familie. Sie hatten fast alle die gleiche Nase und das gleiche linke Ohr. Einige schielten. Als er mir das vollendete Werk zeigte, musste ich lachen und konnte lange nicht damit aufhören. Erst war er entsetzt, dann lachte er mit.

Wir finden, es ist dennoch ganz gut geworden.

Auch der ältere Herr mit dem Schnauzbart ist zufrieden, als Juri es ihm heute zeigt. Die beiden unterhalten sich noch eine ganze Weile auf Russisch. Worüber weiß ich nicht, offensichtlich haben sie einiges zu bereden.

Ich verziehe mich nach oben und begebe mich in den täglichen Kampf gegen den Staub, gegen das Chaos und das Vergessen. Ich mag die Einsamkeit meiner Arbeit, und ich mag, dass es niemanden gibt, der mir dabei auf die Finger schaut. Ich bin froh über Juris Anwesenheit und über das leise Klappern seines Werkzeugs, wenn er damit die Schrauben von kaputten Kameragehäusen löst, um sich souverän ihrem Innenleben zuzuwenden.

In den letzten Wochen habe ich in den Kisten viele Bilder von Kibbuz-Arbeitern in der Negev Wüste gefunden. Bilder, die schon sehr lange existieren. Über die Jahrzehnte sind sie durcheinandergeraten. Schöne, braun gebrannte junge Männer, die mit aufgeknöpften Hemden auf Baumwollfeldern arbeiten. Manche mit freiem Oberkörper. Dünn sind sie, aber kräftig.

Die Frauen tragen lange geflochtene Zöpfe. Sie haben lockere Tücher darüber gebunden, um sich vor der Sonne zu schützen. Sicher waren die Tücher einmal bunt, aber auf den Bildern sind sie es nicht. Die Männer arbeiten auf den Feldern und die Frauen auch, und sie haben sonnenverbrannte Oberarme und kräftige Unterarme.

Manche haben eine Nummer, manche nicht. Einen Namen haben sie alle.

Ein junges Mädchen, an der Schwelle zur Frau, pflückt Baumwollquasten mit schönen Händen. Sie lächelt besonnen, wissend, dass sie fotografiert wird. Hinter ihr steht, wie ein Schatten, ein junger dunkelhaariger Mann mit gerader Körperhaltung. Wie ein schlanker Baum ragt er hinter ihr auf und schaut ernst und behutsam in ihre Richtung.

Kräftig gebaut wie ein Feldarbeiter ist er nicht. Eher wie jemand, der den ganzen Tag Bücher liest, obwohl er doch auf dem Feld arbeiten müsste.

Auf eine schlichte Art ist etwas Elegantes an ihm.

Sein Hemd ist zu weiß, seine Hände zu sanft und seine Intellektuellenbrille aus dünnem Drahtgestell passt nicht ins Bild.

Sind sie ein Paar? Waren sie eines?

Hat er sie auf den Baumwollfeldern zum ersten Mal gesehen und sich unter der brennenden Sonne in sie verliebt?

Vielleicht war sie die Quelle, seine Hitze zu ertränken.

Vielleicht hat sie ihn um sie werben lassen. Oder sie wollte ihn vom ersten Augenblick an. Vielleicht hat sie ihn für eine Weile vergessen lassen.

Waren sie glücklich?

War ihre Liebe sanft und selbstverständlich? Oder berauschend unbeständig? Fanden sie ein Zuhause im Kibbuz oder zogen sie bald in die Stadt?

Waren sie Einwanderer? Oder *Sabres*? Hatten sie ihre Familien mitgebracht oder waren sie ganz allein?

Hatten sie Konzentrationslager selbst erlebt oder kannten sie diese nur aus Erzählungen?

Hatten sie Kinder?

Hatten sie Mütter, die ihnen erklärten, wie man Babys wickelt und wie man für sie sorgt? Hatten sie Väter, die ihnen halfen, ein Haus zu bauen?

Hatten sie Großeltern, denen sie ihre Kinder anvertrauen konnten, während sie auf den Feldern arbeiteten? Die ihnen Geschichten erzählten, wie nur Großeltern es tun?

Wussten sie, wie es ist, eine Vergangenheit zu haben?

Vielleicht gehörten sie zu den glücklichen Unglücklichen, die überlebt hatten, aber niemanden mehr die Ihren nennen konnten.

Ist die dunkelhaarige Kassiererin im Supermarkt in der Katzenelson Street in der Nähe meiner Wohnung vielleicht ihre Enkelin? Oder ist der tätowierte Typ, der mir im Bus neulich meinen Regenschirm hinterhergebracht hat, ihr Enkel?

Die Finder alter Fotos haben keine Antworten, keine Gewissheit, keine Befriedigung ihrer Gedanken. Nur die Fantasie, die sich verworrene Geschichten ausdenkt, um den Raum der eigenen Ahnungslosigkeit mit irgendetwas zu füllen, das sinnvoll erscheint. Und um sich schließlich ganz darin zu verlieren.

Vielleicht waren sie nie ein Paar. Vielleicht haben sie nie geheiratet. Vielleicht hatten sie nie Kinder oder Enkel. Vielleicht gibt es heute niemanden mehr, der über sie nachdenkt. Niemanden außer mir.

Man könnte sagen, sie waren Pioniere in einem neuen Land mit hoffnungsvoller Zukunft. Oder das kaputte Produkt einer Welt, die sich im Faschismus verrannt hat?

Das Leben geht weiter.

Es reiht erbarmungslos Jahr an Jahr, Ereignis an Ereignis, Generation an Generation.

Als hätte es kein Gewissen.

Ich sortiere Bilder in Kisten und schaue mir die Gesichter der Fotografierten ganz genau an. Die Kibbuz-Arbeiter müssen noch sehr jung gewesen sein, ich schätze sie auf kaum zwanzig. Ich weiß nichts über sie. Nicht, woher sie gekommen sind und was aus ihnen geworden ist.

Sie könnten heute noch leben. Vielleicht haben sie den Anfang einer neuen Geschichte geschrieben.

Das Leben geht weiter.

Bis heute hat der Satz etwas Abstoßendes für mich.

Nach dem Holocaust fehlten sechs Millionen. Sechs Millionen, die sich verliebt und gestritten hatten, die ihren Kindern Geschichten erzählten, die Träume, Ziele, Wünsche hatten und die gute oder weniger gute Menschen geworden wären. Manche von ihnen waren glücklich, andere eher nicht. Die ganze Welt hätte sich anders zusammengesetzt, wäre heute anders verbunden, hätte es den Holocaust nicht gegeben.

Am Vorabend des Zweiten Weltkriegs lebten 475 000 Juden im Britischen Mandatsgebiet Palästina. Der Krieg brachte weitere Einwanderungswellen, und als mein Großvater im Geburtsjahr des jungen Staates 1948 ins Land kam, war die jüdische Bevölkerung bereits auf 650 000 angewachsen.

Heute leben etwa 6,5 Millionen Juden im Land. Diese Zahlen sind bekannt, sie sind offiziell. Man kann sie nachlesen.

Was man nicht nachlesen kann, ist die Zahl der Suizide, die begangen wurden, als die Welt in einen Abgrund fiel. In der Zeit, die man in Deutschland »Nachkriegszeit« nennt. In Israel war sie eine Kriegszeit.

Gezählt werden am Ende nur die Ermordeten und die Überlebenden.

Eine Statistik, die nur zwei Gruppen kennt.

Das Leben geht weiter?

Unter den Überlebenden gab es die Alten. Die hatten gelebt, und am Ende war es nicht mehr gut.

Es gab die, die noch nicht alt waren, aber auch nicht mehr jung. Sie hätten einen Neuanfang wagen können. Sie wussten nicht mehr, womit.

Und dann gab es die, die jung waren. Die waren noch ganz am Anfang. Sie hatten nie erfahren, dass Propaganda nicht die Wirklichkeit ist.

Auf dem Friedhof in Berlin-Weißensee gibt es ein besonderes Feld mit besonderen Gräbern. Viele von ihnen tragen dasselbe Datum, jeweils wenige Tage vor Transporten. Dort liegen die, die aufgegeben hatten, bevor ihre Geschichte hätte weitergehen können.

Womöglich hätten sie auch aufgegeben, hätten sie überlebt. Weil es nach dem Holocaust einfach keinen Sinn mehr gemacht hätte. Enkel haben sie heute keine.

Das Wort »Holocaust« kommt aus dem Griechischen und bedeutet »vollständig verbrannt«. Nach vollständig verbrannt ist gar nichts mehr da.

Der letzte deutsche Propagandafilm trägt den Titel *Das Leben geht weiter.*

Seit Kriegsende sind die Filmrollen verschollen.

Das Leben geht weiter. Manches findet irgendwann ein Ende.

Kapitel 7 –
Von Geltungsjuden und Ehrenariern

> *»Christentum und Judentum stellen einen Antagonismus dar. Darum kann ich mit dem Begriff des christlich-jüdischen Abendlands nichts anfangen.«*
>
> BJÖRN HÖCKE, AFD

»Devushka«, höre ich Juri sanft von unten rufen. Er nennt mich Mädchen auf Russisch.

Nie ruft er mich bei meinem richtigen Namen.

»Es ist Zeit«, sagt er.

Ich schaue auf die Uhr, es ist schon sechs. Ich stelle die Kiste mit den Bildern zurück auf den Tisch und lege mein Notizbuch darauf. Dann wasche ich meine Kaffeetasse ab und stelle alles wieder zurück an seinen Platz. Ich spüre keinen Hunger. Meistens merke ich erst bei der Rückkehr nach draußen in die Gegenwart, dass ich müde bin.

Der Laden, besonders der winzige Raum in der oberen Etage, ist wie das Tor zu einer anderen Welt, inmitten einer lauten, modernen Stadt, die sich weigert, eine Vergangenheit zu haben. Tel Aviv sieht jedes Jahr anders aus. Mit jedem Jahr wird gewaltsam ein neues Stück Vergangenes abgeschüttelt. Alte Häuser werden abgerissen, stattdessen entstehen neue Luxuslofts. Alteingesessene Cafés wandern, verschwinden schließlich ganz. Neue moderne Orte entstehen, ganz aus Glas, aus kaltem, ödem Stein, aus Beton. Charakterlose Orte. Solche, die noch keine Geschichte haben.

Die Stadt verliert ihre Erinnerung, sie gleitet in eine Amnesie. Das macht mich unruhig, ich weiß nicht genau, warum.

In den Fünfzigern baute man ein Delfinarium am Strand. Delfine schwammen darin im Kreis. Später, als die Delfine zu alt waren, um im Kreis zu schwimmen, wurde aus dem Delfinarium eine Diskothek, und aus der Diskothek wurde eine Ruine, als sich dort ein Selbstmordattentäter in die Luft sprengte.

Die Ruine stand lange dort, denn die Leute waren erstarrt vor Schreck, und sie waren müde vom Krieg, sie waren zu erschöpft, um sie abzureißen. Sie gingen am Strand spazieren und standen davor und dachten an Julia und Jelena, an Mariana, an Ania und an Irena. Metallteile, Schrauben und Nägel hatten ihre Körper in Stücke gerissen, da waren sie noch keine achtzehn Jahre alt.

Die Leute dachten auch an den Palästinenser Saïd al-Hutari, der zweiundzwanzig war, als er seinen Sprengstoffgürtel zündete.

Saïd bedeutet *glücklich* im Arabischen. Das Porträt von Saïd dem Glücklichen hängt jetzt neben dem anderer Märtyrer in palästinensischen Straßen. Ein heller Bart bedeckt seine Oberlippe, und ein Maschinengewehr wurde in seine Arme gephotoshopt. Im Hintergrund, auf dem Muster einer Kufiya, sieht man den Felsendom. Der Rahmen ist aus Rosen. Die Farben Palästinas, Rot, Schwarz, Grün, Weiß, bilden dazu einen harten Kontrast.

Jetzt ist die Ruine weg. Abgerissen. Als hätte es sie nie gegeben.

Würde man alle Kriegsruinen stehen lassen, dann wäre die ganze Stadt voller Ruinen, sagen die Leute. Das ganze Land wäre voller Ruinen.

Erinnerung hat viele Gesichter.

Tel Aviv rennt. Irgendwohin.

Tel Aviv kennt die Zukunft nicht.

Tel Aviv will nicht mehr an die Vergangenheit erinnert werden.

1933 war das deutsche Jahr der Umbenennung.

In meiner Familie gab es vor meiner Zeit eine Reihe ordentlicher Leute. Sie waren Juden und Christen und Atheisten oder etwas in der Art, aber vor 1933 war das nicht so wichtig, denn sie waren eher gewöhnliche Menschen. Nach 1933 musste man sie voneinander trennen, denn das Blutschutzgesetz trat in Kraft. Sie wurden in Teile zerstückelt, kleinste Teilchen, die sich voneinander fernhalten sollten, wie man sich von einem wütenden Bienenstock fernhält.

Volljuden, Dreivierteljuden, Halbjuden, Vierteljuden, Geltungsjuden, Mischlinge ersten Grades und Mischlinge zweiten Grades. Das waren die jüdisch Versippten.

Dann gab es die Arier. Die Deutschblütigen, die Artverwandten. Das war die Herrenrasse.

Und es gab die Ehrenarier. Die durften von der ersten Gruppe in die zweite wechseln. Welch Freude.

Die Unterteilungen waren von äußerster Relevanz.

Von den jüdisch Versippten wurde in meiner Familie niemand ehrenarisiert. Dafür stehen ihre Namen heute auf goldenen Steinen vor Berliner Hauseingängen. Man kann ja auch nicht sicher sein, welche Ehre ihnen lieber gewesen wäre.

Mitte des 19. Jahrhunderts wurde in Hamburg der Rathausmarkt angelegt. Etwa achtzig Jahre später – man schrieb das

Umbenennungsjahr 1933 – wurde er in den Adolf-Hitler-Platz umbenannt. Alles wurde umbenannt, denn etwas Großes, Größenwahnsinniges rollte durchs Land.

Im gleichen Jahr erklärte man Adolf Hitler zum Ehrenbürger der Stadt Hamburg. Da war mein Großvater sieben Jahre alt.

Im Jahr 1945, zwölf Jahre später, hieß der Adolf-Hitler-Platz wieder Rathausplatz. Hitler war nicht mehr Ehrenbürger, es war überhaupt vorbei mit der Hitlerei, und alles wurde zurückbenannt.

»War ein Irrtum«, sagten die Leute, blickten stumm zu Boden und zuckten mit den Schultern. »Irren ist menschlich. Oder nicht?«

Die Stadt lag in Trümmern, auch der Rathausmarkt, und es sollte wieder Ruhe einkehren auf deutschem Boden. Man gewöhnte sich schnell daran.

1945 war mein Großvater neunzehn Jahre alt.

Alt genug, um über die Deutschen den Kopf zu schütteln.

Mein Großvater hat zweimal geheiratet. Erst eine Frau, von der die Nazis sagten, sie sei eine Jüdin. Dann eine, von der sie gesagt hätten, sie sei keine Jüdin.

Er hat sie nacheinander geheiratet, nicht gleichzeitig.

Er hatte einen Freund, der war arabischer Israeli, und der hatte zwei Ehefrauen zur gleichen Zeit. So unterschiedlich sind eben die Leben, sagte mein Großvater.

Er heiratete also nacheinander zwei Frauen, und die zweite Frau, die er heiratete, wurde meine Großmutter.

Sie gab seinem Deutschsein einen neuen Anfang, und so blieb er in Hamburg.

Sie hatte eine Tochter, die vaterlos war, und die später meine Mutter wurde. So wurde er mein Großvater.

Er wollte ein besserer Vater werden als beim ersten Mal, und sie liebte ihn als ihren Vater, und sie war sein Kind. Denn Blut ist dicker als Wasser, und Liebe ist dicker als Blut.

Meine Großmutter zündete an Shabbat die Kerzen an und putzte zu Pessach das Haus.

Mein Großvater kaufte ihr an Weihnachten einen Tannenbaum.

Sie hängte kleine goldene Davidsterne daran. Sie nannten es Weihnukka. Manch deutscher Politiker wird darüber verwirrt sein.

Mein Großvater ging mit ihr zum Weihnachtsmarkt auf dem Platz, der nicht mehr Adolf-Hitler-Platz hieß.

Sie machte *Latkes* zu Chanukkah und Hühnersuppe an Shabbat.

Er aß mit ihr Krabbenbrötchen auf dem Hamburger Fischmarkt. Er sagte: »Krabben sind nicht koscher, aber sehr schmackhaft.«

Sie lehrte mich das *Aleph Beth.* Mit Engelsgeduld schrieb sie es mir in den Sand am Strand von Haifa, bis ich es konnte.

In der deutschen Grundschule sagte ich es auf.

Aleph, Beth, Gimmel, Dalet…

Das Kind ist ganz durcheinander, sagten die Lehrer.

Er korrigierte meine Deutschaufsätze.

Sie stickte auf Hebräisch mit Glitzergarn unsere Namen auf unsere Handtücher. Er hörte sie sonntags im Kirchenchor singen, und sie sang mit ihm an Shabbat in der Synagoge.

Irgendwann erfuhr ich, dass es anderswo nicht so war.

Da war ich durcheinander.

Meine Großmutter brachte mich zum Hebräischunterricht. Sie selbst sprach wie eine *Jeksche,* hatte es über die Jahre gelernt.

Sie sagte zu mir: »Man muss immer was lernen.« Auf dem Weg steckte sie ihre Nase in jede Rose, und zu den Rosen sagte sie: »*Shoshana*, du bist so schön!«

Als mein Großvater starb, sprach sie das *Kaddish* und weinte viele Tränen auf sein Grab.

Auf dem jüdischen Friedhof liegt sie heute neben ihm, sie waren immer zusammen, sie wollten immer zusammen sein.

Dort wachsen Rosen aus der Erde, dort liegen Steine auf den Gräbern. So hat sie es gewollt.

Sie glaubte an Gott. An einen, der so war wie sie. So war wie wir.

Das mit der Identifikation haben sie mir gehörig versaut.

Und dafür danke ich ihnen.

Ich gehe hinunter zu Juri. Er steht schon im Anorak mit dem Schlüssel in der Hand vor der Tür. Nachdem er den Laden abgeschlossen hat, gehen wir gemeinsam im Regen die Straße hinauf. Juri hat einen Regenschirm und muss nur einige Minuten zu Fuß bis zu seiner Wohnung laufen. Er will mir den Schirm geben, aber ich lehne ab. Ich winke ihm zum Abschied zu. Ein Stück weiter bin ich schon an der Bushaltestelle, von der ich den Bus nach Givatayim nehme. Unter ihrem Dach bin ich vor dem Regen geschützt.

Abends habe ich Zeit, um bei Denis Zitronenkuchen zu backen. Nir hat einen winzig kleinen elektrischen Kamin gekauft, in dem ein kleines Plastikfeuer vor sich hin lodert, sobald man den Stecker in die Steckdose steckt. Er sondert sogar mechanisch surrend etwas Wärme ab. Nir hat ein Bier getrunken, liegt auf der Couch vor seinem neuen Kamin und döst. Aviv kommt dazu, als der Kuchen fertig ist, weigert sich aber, davon zu essen.

»Es könnte auch etwas Giftiges sein«, sagt er. »Manche Zitronen sehen vielleicht nur aus wie Zitronen.«

»Iss deinen Kuchen!«, beendet Nir schließlich die Diskussion. »Du hast in deinem Leben schon so viele Insekten gegessen, da bringt dich eine Zitrone, die vielleicht gar keine ist, nicht um. Wie hältst du das nur jeden Tag aus?«, fragt er dann augenrollend an mich gewandt.

Ich grinse, nehme Aviv mit nach draußen und zeige ihm den Zitronenbaum. Staunend steht er einige Momente davor.

»Wie kommt es, dass du den Baum nie bemerkt hast?«, frage ich ihn.

Er lässt sich überreden, ein Stück Kuchen zu probieren, und klärt uns dabei auf, woran man Vergiftungssymptome am Menschen erkennt.

Eine halbe Stunde lang beobachten wir uns gegenseitig auf krampfende Gliedmaßen, Schaum vor dem Mund, Schweißausbrüche, verwaschene Sprache oder Anzeichen von Wahnsinn.

Es passiert nichts.

Der Plastikkamin geht seiner Arbeit nach und legt ein beruhigendes Knistern über alles. Schließlich dösen wir im Schein des falschen Feuers.

Die Woche vergeht, und es bleibt Winter. Ich verbringe die Nachmittage mit Juri im Laden, die Abende allein oder mit Denis, Nir und Aviv. Die Wohnung ist kalt, niemand repariert das kaputte Badezimmerfenster, und für jede tote Kakerlake ziehen zwei neue ein. Der Plastikkamin wärmt abends ein wenig, und das Zusammensein hilft gegen die Einsamkeit.

Wenn der Kamin eingeschaltet ist und man gleichzeitig ein

weiteres elektrisches Gerät benutzt, gibt es Stromausfall. Als der Strom zum ersten Mal ausfällt, föhne ich mir gerade die Haare.

Ich frage Aviv nach dem Sicherungskasten, und er zieht die Stirn in Falten. »Die sind meistens im Keller«, kontempliert er.

Wir haben keinen Keller, also muss es eine andere Möglichkeit geben.

Bei Stromausfall, sagte mein Vater, ist die Gelegenheit günstig für ein Bad mit Föhn. Ich will lieber den Sicherungskasten finden, denn wir haben nicht genug Wasser für ein Bad. Wir sind von Wüste umgeben.

Ich klopfe bei Nir und Denis. Nir öffnet die Tür. Er zuckt mit den Schultern. »Vielleicht im Keller?«

Ich verdrehe die Augen.

Aus dem Inneren der Wohnung höre ich Denis geräuschvoll aufseufzen, bevor sie mit verachtendem Blick an Nir vorbeistampft. Er hält sich hilflos an der Türklinke fest. Sie nimmt mich an der Hand und führt mich durch den dunklen Vorraum zwischen unseren beiden Wohnungen nach draußen ins Freie. Vor der Tür stolpern wir fast über die Streunerkatze, die immer dort sitzt und hineinwill, aber nicht darf. Ein paar Meter weiter lässt sie meine Hand los und deutet auf einen kleinen braun gestrichenen Kasten an der Hauswand.

»Da«, sagt sie, »ist die Quelle.«

Als ich zurück in die Wohnung gehe, höre ich sie schimpfen. Sie schimpft laut und schön. Er schweigt.

Das wieder einsetzende Geräusch des Föhns verschluckt den Streit abrupt. Mein Körper entspannt sich mit der Wärme auf der Haut, und ich koste es aus, denn ich weiß, es wird wieder kalt werden, sobald der Föhn ausgeht. Kurz bevor das Haar trocken ist, gibt es wieder Stromausfall.

Mein Vater hätte sich lustig gemacht. *Hast nichts dazugelernt, Prinzessin?*

Als die Stromzufuhr unterbricht, verstummt der Schall des Föhns und geht nach einigen Momenten in eine Stille über, die jetzt wie ein klingendes Geräusch im Zimmer hängt. Von drüben höre ich Stöhnen, mein Schrank vibriert in rhythmischen Stößen.

Kapitel 8 – Ein Monster mit sieben Mägen

»Hier gehe ich leise dahin
Und ich erinnere mich an jeden einzelnen von ihnen
Hier haben wir zusammen an Klippen und
Felsbrocken gekämpft,
Und wurden zu einer Familie.
Bab al Wad
Erinnert euch immer an unsere Namen,
Als die Konvois die Stadt durchbrachen
Am Straßenrand lagen unsere Toten
Die eisernen Wracks so still wie mein Kamerad.«

LIEDTEXT »BAB EL WAD« VON HAIM GOURI

Am frühen Donnerstagabend fahre ich nach Jerusalem. Ich habe keine Zeit, per Anhalter zu fahren, um neun fängt meine Schicht in der Bar an. Beim Trampen kann man Glück haben, man kann aber auch kein Glück haben, und dann kommt man später an, als man will.

Rafi mag es gar nicht, wenn ich zu spät komme. Er wird furchtbar wütend und schimpft die halbe Nacht lang, denn ihm gehört die Bar, und wenn ich zu spät komme, werden die Kerzen auf den Tischen zu spät angezündet, und die Blumen in den

Vasen bekommen zu spät Wasser und lassen ihre Köpfe hängen. Und dann sind die Gäste weniger glücklich und trinken weniger Bier, und alles nimmt kein gutes Ende.

Das ist mir zu anstrengend. Da komme ich lieber pünktlich, obwohl ich sonst lieber zu spät komme. Rafi übertreibt. Aber man muss es ihm nachsehen, denn er hat sich entschieden, sich wie ein alter Jecke zu benehmen, obwohl er aus Marokko kommt und eigentlich gar keiner sein kann.

Für eine Arbeit im Nachtleben von Tel Aviv nach Jerusalem zu fahren, macht keinen Sinn, da sind sich alle einig.

Das Nachtleben ist eigentlich überall. Nur in Jerusalem fühlt es sich nicht sicher. Dort wird es von *G'tt* beobachtet.

Früher bin ich in Tel Aviv ausgegangen.

Ich trank Bier und fuhr mit dem Fahrrad auf der lauten *Allenby Street*, nahm die Hände vom Lenker, streckte die Arme aus wie ein Vogel, denn ich dachte, ich könnte fliegen, und ich konnte es auch ein bisschen. Ganz leicht war das.

Ich trank Wein, den ich nicht bezahlt hatte, und küsste in der Hitze der Nacht eine Fremde. Das war schön, denn sie war danach keine Fremde mehr.

Ich trank Arak, denn Arak tranken die Bewohner des Hauses, auf dessen Dach ich tanzte. Nackt und trunken vor Glück badeten wir im Meer, während die Stadt schlief.

Im Meer fühlte ich mich frei, voller Kraft und mit allem verbunden, und ich dachte, so würde es immer bleiben. Ich hatte vor nichts in der Welt Angst, und nichts in der Welt erschien mir unbesiegbar.

Dann trank ich Tubi, das war wie Absinth und Teufelszeug.

Heute trinke ich Bier in Jerusalem.

Tel Aviv ist mir zu abwechslungsreich, ich brauche Beständigkeit.

In Jerusalem muss ich mich nicht zwischen Fetischclubs, Rooftop-Partys, Straßenraves, Festivals oder Nature-Partys entscheiden. In Jerusalem verläuft alles nach immer gleichbleibenden Ritualen und dient der Rückkehr zum eigenen Ursprung.

Anderswo geschehen die Dinge zur Erweiterung des eigenen Ursprungs: Auf dem Ista-Festival in der Negev-Wüste werden unter der brennenden Sonne Kabbalah und freie Liebe gelehrt. *Spiritual transmission through sexual shamanism.*

In der Wüste geht es am besten, denn es ist dort so heiß, dass sich jede Art von Kleidung unnatürlich anfühlt.

In einem Zelt, das sie »den Tempel« nennen, werden nackte Körper erkundet, und es wird gezeichnet, getanzt und Liebe gemacht.

Die Nature-Partys finden immer an verschiedenen Orten statt, die erst kurz zuvor bekannt gegeben werden, um ein frühzeitiges Einschreiten der Polizei zu verhindern.

Am Metzoke Dragot Beach am Toten Meer tanzen nackte Hippies zu Goa-Musik unter freiem Himmel mit Blick auf Jordanien. Sie sind so high, dass sie das Tote Meer wieder zum Leben erwecken. Das erfüllt die jordanischen Hippies mit Neid, denn sie wären auch gerne nackt und high, aber das sieht man in Jordanien nicht gern.

Jerusalem ist züchtig wie eine Jungfrau. Man trinkt Bier, streitet über Religion und lässt sich zu späterer Stunde im Techno-Club das Hirn zerschreddern. Um jeden Zentimeter Freizügigkeit wird gekämpft. Nackte Hippies gibt es im Aktzeichenkurs, Aharon steht Modell, aber das wissen nur die, die ihn zeichnen.

Das genügt in Jerusalem.

Meine Donnerstage verlaufen immer nach dem gleichen Ritual und enden gelegentlich im Dunkeln.

Um sieben treffe ich Aharon in der Central Bus Station. Anfangs vergeudeten wir immer etwas Zeit auf der Suche nach dem Bus in dem unübersichtlichen Gebäude. Aharon nennt es nicht White Elephant, er sagt, es ist ein Monster mit sieben Mägen und acht Gehirnen.

Wir treffen uns im achten Gehirn, Plattform 7, Westseite, und steigen zusammen in den Bus.

Aharon ist ein *Yirushalmi*. Er entstammt einer konservativen, frommen Jerusalemer Familie und ist erst vor einigen Monaten nach Tel Aviv gezogen. Inzwischen wohnt er in Jaffa, das früher eine eigenständige arabische Hafenstadt war. Seit den 1940er-Jahren ist sie ein Teil von Tel Aviv, und Aharon gefällt es dort.

Aharons Eltern sind von Jerusalem nach *Judäa & Samaria* gezogen. Das kam so, weil Gott auf einen Berg stieg und zu Abraham sagte: *Das ist das Land, das ich dir und deinen Nachfahren gebe. Für immer.*

Aharon sagt, Gott habe seine Rechnung ohne die gemacht, die es nicht teilen wollen. Seine Eltern sagen, es ist nicht das Land der Araber. Ihre arabischen Nachbarn sagen, es ist nicht das Land der Juden. Sie werfen Steine und Molotowcocktails auf ihre Siedlung.

In Jaffa trinkt Aharon Kaffee und raucht Zigaretten mit Mahmoud, seinem arabischen Nachbarn. Vor einiger Zeit hat Mahmoud ihm geholfen, ein Rohr in seiner Küche zu reparieren. Dann schickte Aharon die Polizei ein paar Straßen weiter, als sie nach Mahmoud suchte, der auf seinem Balkon Marihuana anpflanzt. Er erzählt Mahmoud nicht, wo seine Eltern wohnen. Das würde ihm nicht gefallen.

Aharon trinkt auch Kaffee mit seinen Eltern, aber er erzählt ihnen nicht von Mahmoud. Das würde ihnen nicht gefallen.

Was er ihnen auch nicht erzählt, ist, dass er manchmal im Aktzeichenkurs Modell steht, oder dass er in ihrer Siedlung als Einziger die *Vereinigte Liste* gewählt hat. Bei den Stimmenauszählungen gab es eine Stimme für die arabische Partei.

Ein Fehler, munkelte man, ein Skandal, Manipulation, ein schlechter Scherz, ein Spion, ein arabischer Eindringling? Man sprach lange davon.

Aharon behält seine Geheimnisse für sich.

Rafis Bar ist Aharons Stammkneipe.

Heute kommt er etwas zu spät zu unserem Treffpunkt. Ich sehe ihn durch den schmutzigen Gang der Central Bus Station hetzen, den Rucksack halb auf dem Rücken, ein Buch unter dem Arm. Er arbeitet in einem Buchladen und hat immer ein Buch unter dem Arm. Und er hat immer offene Schnürsenkel. Seine halblangen, dunkelblonden Locken trägt er in einem Pferdeschwanz zusammengebunden, darüber seinen karierten Lieblingshut. Er ist gerade mal dreiundzwanzig und hat schon einen Gang wie ein alter Mann. Sein Oberkörper ist immer leicht nach vorne gebeugt, als quälte ihn eine schwere Last auf seinem Rücken.

Schriftsteller will er werden. Oder Drehbuchautor. Jedenfalls hat er immer sein kleines grünes Notizheft in der Hosentasche, in dem er wild herumkritzelt, wenn er abends bei mir an der Bar sitzt. Ein bisschen wie ein Detektiv ist er dann, er schreibt auf, wer alles da ist und wer was trinkt und wer vielleicht mit wem nach Hause geht. Das gefällt mir.

Aharon liebt Tel Aviv, er wollte schon immer dort leben.

An Jerusalem vermisst er die Ruhe am Shabbat. Die gibt es nirgendwo sonst, sagt er.

Heute ist er guter Stimmung, das sehe ich schon von Weitem.

»Was gibt es Neues?«, frage ich ihn, als wir nebeneinander im Bus sitzen.

Er erzählt, dass er heute Morgen Onkel geworden ist. Er hat bereits drei Nichten und vier Neffen. Ich beglückwünsche ihn.

»Das schönste Baby der Welt«, sagt er und verdreht schwärmerisch die Augen.

»Junge oder Mädchen?«

»Junge.«

»Und deine Schwester? Ist sie gesund?«

»Ja. Sie ist sehr glücklich.«

Ruckartig fährt der Bus an. Über eine lange Rampe rollt er aus dem achten Gehirn des Monsters heraus, von ganz oben durch den Magen bis über den Nabel nach ganz unten auf die Hauptstraße. Man kann die Dächer der Stadt sehen, von den heruntergekommenen Balkons in die ärmlichen Wohnungen des Viertels schauen. Lange Wäscheleinen mit bunter Wäsche, unter denen sich Frauen in bunten Kittelschürzen schreiend unterhalten, spannen sich von einem zum anderen.

»Weißt du schon, wie er heißen wird?«, frage ich.

»Nein, erst nach der *Brit Mila.*«

Der Name des Jungen ist bis zur Beschneidung geheim. Danach wird er allen bekannt gegeben.

Wir schauen uns Fotos des neuen Babys auf Aharons Handy an. Seine Schwester hält es im Arm. Sie ist jung, etwa in meinem Alter, drei ihrer Töchter stehen an ihrem Bett. Die Geburt hat sie erschöpft, doch sie scheint glücklich über das Baby. Erschöpfung und den Stolz einer Mutter, das sieht man in ihrem Gesicht.

In weiteren sieben Tagen wird sie es an den *Mohel* übergeben, der die Beschneidung durchführt. Sie wird ihr Kind während der Zeremonie nicht halten, das ist in religiösen Kreisen den

Männern vorbehalten. Hinter einem Paravent wird sie mit den anderen Frauen stehen, getrennt von ihrem Baby wird sie nur zusehen. Die anderen Frauen werden sie trösten, wenn sie nicht hinsehen kann. Werden sie halten, wenn sie ihr Baby vermisst.

Aharon sagt, der Prophet Elia nimmt nach der *Brit Mila* die Vorhaut mit und macht damit, was er will. Der beschnittene Sohn wird somit Teil des Bundes zwischen Gott und dem jüdischen Volk. Seine Mundwinkel zucken dabei.

Den letzten Teil der knapp fünfzigminütigen Fahrt döse ich ein wenig mit an die Scheibe gelehntem Kopf. Ich werde die ganze Nacht wach bleiben und muss meine Kräfte einteilen.

Durch meine halb geöffneten Augen sehe ich draußen die Landschaft vorüberziehen. Weite halb dürre Flächen, Palmen, vereinzelte Ortschaften, Vögel, die darüber fliegen. Der Himmel ist dunkler geworden, die Dinge stehen in schemenhafter Ungläubigkeit an der Straße, man kann sich nicht mehr ganz sicher sein, was man sieht.

Die Busfahrt lässt sie monoton werden, und ich betrachte sie gerne. Sie erinnern mich an früher, sind mir vertraut. Ich bin schon so oft an ihnen vorbeigezogen. Wenn ich sie sehe, habe ich ein Lied im Kopf, das vom Krieg handelt, davon wusste ich damals schon. Und ich muss auch heute wieder daran denken.

Wir fahren auf der road number 1 an der Teilstrecke Bab El Wad vorbei. Am Rand der Straße erscheinen Konvois aus ausgebrannten, gepanzerten Lastkraftwagen. Wie eine erschöpfte Karawane stehen sie in der einsetzenden Abendstimmung.

Im israelischen Unabhängigkeitskrieges 1948 waren sie dazu bestimmt, die 100 000 in Jerusalem verbliebenen Juden während der Blockade durch die Araber mit Waffen und dem Nötigsten an Lebensmitteln zu versorgen. Insgesamt erreichten nur fünf der unzähligen Konvois die Stadt, die anderen wurden von den arabischen Truppen überfallen, beschossen und verbrannt. Zahlreiche Menschen bezahlten mit ihrem Leben.

Die ausgebrannten Konvois stehen bis heute hier. Sie sind über die Jahre zu einem Mahnmal geworden.

Mein Vater zeigte mir die Konvois, als ich noch ein Kind war. Er erklärte mir auch, was ein Mahnmal ist.

Jedes Mal, wenn ich mit ihm auf dieser Strecke fuhr, zeigte er darauf und fragte mich:

»Weißt du, was hier passiert ist? Weißt du, warum das hier steht?«

Ja, ich wusste.

Mein Großvater war zu der Zeit im Land, als die Konvois gerade noch kein Mahnmal waren. Er war selbst eine Art Mahnmal, denn er konnte davon *erzählen.*

»Weißt du«, sagte er, »die Konvois stehen hier, damit die Alten mit den Jungen darüber reden. In diesem Krieg starben Tausende, deswegen steht das da. Manch einer wird darüber verrückt. Manch einer erinnert sich an den Frieden.«

Seit mir mein Vater das erste Mal von Bab El Wad erzählte, sind über zwanzig Jahre vergangen. Ich muss ungefähr acht Jahre alt gewesen sein, das war fünfzig Jahre nach der Blockade.

»Sprechende Steine sind womöglich ganz gut«, sagte mein Großvater. »Aber sprechende Menschen sind besser. Wer nur noch sprechenden Steinen zuhört, ist nicht zu retten.«

Weißt du, was hier passiert ist? Weißt du, warum das hier steht?

Auch siebzig Jahre nach der Blockade sprechen ihre Stimmen in meinem Kopf. In der Geborgenheit ihres vertrauten Klanges ruht mein Kopf an dieser gewohnten Stelle.

Kapitel 9 –
Fremde Nachbarn

*»Geliebte Tochter,
du wirst aufbrechen nach Königsberg/Kaliningrad.
Ich bin stolz auf dich, daß deine Reiselust ungebrochen ist und du meine Heimat Ostpreußen und Königsberg kennenlernen wirst. Ich glaube, Königsberg ist vor dem Krieg eine der schönsten deutschen Städte gewesen, aber schau du selbst. Du bist kritisch und urteilsfähig und wirst selbst herausfinden, wie es die Russen in fünfzig Jahren Nachkriegsarbeit gemacht haben. Auf deine Berichte warte ich mit Spannung! Der kleine Reiseführer soll dein Begleiter sein. Khoroshey poyezdki, gute Reise.«*

LETZTER BRIEF VOM VATER

Als ich meine Augen wieder öffne, fährt der Bus gerade an dem dreisprachigen Schild vorbei, das den Eintritt in die Hauptstadt markiert.

Jerusalem auf Hebräisch, Jerusalem auf Arabisch und Jerusalem in lateinischen Buchstaben. Es sagt willkommen, und es meint alle. Am meisten meint es die Juden, sagen die Araber. Mein Vater kam hierher, als ihm das Deutschsein unerträglich wurde.

Mein Vater wusste alles.

Wenn er etwas nicht wusste, sagte er: »Ich muss darüber nachdenken.«

Er dachte oft stundenlang nach, manchmal tagelang, und vergaß darüber die Frage. Wenn man ihn daran erinnerte, dachte er noch. Alles, was er auch nach dem Nachdenken nicht wusste, wussten seine Bücher. Sie fragte er um Rat.

Wenn die Bücher nicht weiterwussten, wusste er jemanden, der es wissen könnte, oder einen, der Bücher gelesen hatte, die es wissen könnten.

Auf diese Art ließen sich die meisten Fragen beantworten.

In seine Bücher legte mein Vater gepresste Blumen oder akkurat zusammengefaltete Papiere von Eukalyptusbonbons als Lesezeichen für seine Gedanken. Je nach Genre oder Gedanke, oder möglicherweise auch je nachdem, ob er gerade Eukalyptusbonbons oder Blumen zur Hand hatte. Es war ein für Außenstehende schwer durchschaubares System. Die Bücher nahmen über die Jahre den Geruch von Blumen und Eukalyptusbonbons an, und sie trugen den Geist meines Vaters.

Er steckte Zeitungsartikel zu passenden Themen an passende Stellen, unterstrich einzelne Sätze mit Bleistift und schrieb dazu, dieses oder jenes sei noch nachzuprüfen. Oder er malte ein Fragezeichen daneben. Wenn ich Schutzumschläge verknickte, was so gut wie nie vorkam, gab es einen Vortrag zum Thema: Schutzumschläge schützen die Bücher, und deshalb müssen auch Schutzumschläge geschützt werden.

Er brachte mir bei, vor Benutzung über die goldenen Seiten des Brockhaus zu pusten, dann flog der Staub, und sie wurden wieder golden. Das war schön, denn es war sehr einfach.

Es ist alles Gold, was glänzt, sagte mein Vater, und er meinte es so. Unter dem Staub, meinte er.

Als ich ihm am heißesten Julitag vorlas, lag er in seinem Hamburger Bett. Er hat kaum noch geatmet. Wir lasen ein Buch über die Transsibirische Eisenbahn. Ich las, er hörte. Früher einmal, das war lange her, da war es andersherum, aber die Dinge ändern sich im Laufe eines Menschenlebens. Gelesen haben wir immer.

Die Transsibirische Eisenbahn fuhr von Westen nach Osten, und in der Mitte wollten wir eine Pause machen, denn es war heiß, und der Atem erschöpft sich schneller in der Hitze.

Ich fragte ihn, ob er wissen wolle, wie es weitergeht. Ob wir zusammen dahin fahren, den Leuten zuhören, Schnaps trinken und den Birkenwäldern beim Vorbeiziehen zuschauen wollten.

Seine Augen nickten.

Wir wollen wissen, wie es weitergeht. Das war das Letzte, was seine Augen zu mir sagten.

Eine halbe Stunde später waren sie zu. Sie gingen noch einmal auf, da sagte ich Lebewohl.

Er war ganz ruhig, und ich wusste, wieso. Ein Sterbender braucht seine Kraft zum Sterben.

Sein ganzes Leben lag in seinem Inneren und wurde dort ganz ruhig. Mein ganzes Leben lang war er bei mir. Bis zu diesem Tag im Juli.

Zwei Männer kamen in schwarzen Anzügen, standen eine Weile mit gefalteten Händen da, den Blick auf den Boden gesenkt. Dann nahmen sie mit, was noch übrig war. Ihn, der gerade noch mit mir in der Eisenbahn war. Ich wollte schreien, wollte sie anflehen, ihn mir zurückzubringen, aber er war fort, und es wurde ganz kalt, im Juli.

Die Bücher mit den Blumen und den Eukalyptusbonbonpapieren blieben zurück, sie trugen seine Klugheit, seine Schrift und seine Liebe, und ich sollte sie haben, doch ich konnte sie nicht mehr öffnen, denn sie rochen nur noch nach Einsamkeit und Verzweiflung.

»Es wird der Tag kommen, da wird die Tochter klüger sein als der Vater«, hatte er zu mir gesagt.

Er ließ mich damit allein.

Ich war nicht klüger.

Stattdessen wurde ich ruhelos.

Ich fuhr nach Danzig und von dort nach Kaliningrad, um ihn zu suchen. Das hatte ich ihm versprochen.

Hochmut kommt vor dem Fall, sagte er, Königsberg gibt es nicht mehr. Da sind die Deutschen dran schuld. Er nannte Königsberg seine Heimat. Und er nannte sich einen Deutschen. Zaghaft nannte er sich so, denn er schämte sich dafür.

Mit auf die Reise gab er mir ein Buch von Kant. Es war in Fraktur gedruckt und hieß *Beobachtungen über das Gefühl des Schönen und Erhabenen.* Ich las es wie eine Schatzkarte, als ich damit durch die fremde Stadt lief. So als könnte ich darin Antworten finden.

Die Nacht ist erhaben, der Tag ist schön. In meinen Nächten schlief ich unruhig, und die Tage glichen einander, sie reihten sich aneinander wie eine hässliche Perlenkette ohne Sinn und Gebrauch. Manchmal wollte ich sie einfach zerreißen, ihre ganzen leeren Perlen auf den Boden fallen sehen und wissen, es ist vorbei.

Mein Vater hat immer Kant gelesen. Ihn traf ich an seinem Kaliningrader Grabstein vor dem Königsberger Dom.

So hätte es mein Vater gemacht. Ich wusste nicht, wie ich es ohne ihn machen sollte.

In Kaliningrad fand ich meinen Anfang. Seitdem bin ich eine Fahrende.

Vorbei an der Tankstelle, von der ich sonst stadtauswärts trampe, biegt mein Bus wenige Momente später in die schmale Seitenstraße ein, die zur Jerusalemer Central Bus Station führt. Die wenigen Fahrgäste im Bus stehen bereits, als wir in das Gebäude hineinfahren. Sie sind ungeduldig, denn das Leben könnte zu kurz sein, um es mit Warten zu vergeuden. Im Bus gibt es deswegen oft Streit.

Ich hebe meinen Kopf von der Scheibe und greife nach meinem grünen Leinenrucksack, den ich unter meiner Sitzbank verstaut habe. Dann folge ich Aharon nach draußen zum Nebeneingang des Gebäudes, das wir durchqueren müssen.

Wir gehen durch die Eingangskontrolle, an der bewaffnete Soldaten die eintreffenden Fahrgäste auf Waffen oder Sprengstoff kontrollieren. Wir haben keine Waffen und keinen Sprengstoff dabei und dürfen schnell passieren. Auf der anderen Seite verlassen wir die Central Bus Station durch den Haupteingang und überqueren die Jaffa Street, um dort die Straßenbahn zu verpassen.

Es ist spürbar kälter als in Tel Aviv. Die Luftfeuchtigkeit ist wegen der größeren Distanz zum Meer geringer, und auch der Wind fühlt sich anders an. Es regnet leicht und mich fröstelt.

Vor der Straßenbahnhaltestelle geht ein religiöser Jude mit angegrauten Schläfenlocken und in einem langen schwarzen Mantel entlang. An seiner Kleidung und seinem Auftreten erkenne ich, dass er ein *Chabadnik* ist. Er verteilt Kerzen und Gebetstexte für Shabbat, um die Schar von Gläubigen, Ungläubigen und Unentschiedenen daran zu erinnern, am morgigen Feiertag Kerzen anzuzünden und zu beten. Aharon lehnt mit einer knappen Handbewegung ab.

Ich lasse mir ein kleines Plastiktütchen, das zwei Teelichter in Plastiktütchen sowie einen Gebetstext im Plastiktütchen und eine Packung Streichhölzer im Plastiktütchen beinhaltet, in die Hand drücken. Einige Meter hinter dem alten Chabadnik geht ein Hippie mit gebatikter Leinenhose, Dreadlocks und Davidsternkette.

»Das ist *nicht* umweltfreundlich!«, sagt er zu den Leuten.

Der Chabadnik dreht sich nur einmal zu ihm um.

»*HaShem* ist *alles*«, sagt er verächtlich.

Aharon grinst und raucht.

»Für den nächsten Stromausfall?«, fragt er dann an mich gewandt und deutet auf die Teelichter, als der alte Chabadnik außer Hörweite ist.

»Shabbat ist am schönsten bei Stromausfall«, sage ich.

Shabbat ist am schönsten bei Stromausfall, denn bei Stromausfall versteht man, worum es dabei geht. Alles wird still und reduziert sich auf das Wesentliche. Ich mag das Anzünden der Kerzen am Freitagabend. In meiner Kindheit war es das Ritual im Haus meiner Großeltern. Dort wurde es jeden Freitagabend im Esszimmer feierlich, und in die Stille hinein sprach mein Großvater den Segen. Dann verwandelte sich seine Stimme in einen fremdartig vertrauten Singsang, und ich legte mich wohlig hinein und fühlte mich zu Hause. Er brach das Brot, bestreute es mit Salz und reichte es an mich und meine Großmutter weiter. Sie brachte die Hühnersuppe mit Mazzeklößen nach einem Rezept seiner Mutter. Die hatte es von ihrer Mutter oder aus dem uralten jüdischen Kochbuch, welches in der Küche auf dem Holzregal hinter dem orangefarbenen Vorhang stand.

Das Buch beinhaltete die kulinarische Diaspora des Judentums. *Aschkenasischer Tscholent*, *Kartoffelkugel*, *Gefilte Fish*,

Mizrachischer Musht mit scharfer Paprika und *sephardischer* Orangenkuchen. Auf dem Leineneinband sind kleine weiße Davidsterne eingeprägt. In der Mitte prangt das Bild eines alten frommen Mannes, der verzückt mit vor den Mund gehaltener Hand in einen Topf schaut, den seine alte fromme Frau mit gütigem Blick für ihn öffnet. Sie legt ihm dabei liebevoll die Hand auf die Schulter. So ist es im Kochbuch, und so war es bei meinen Großeltern.

Heute benutze ich es, wenn ich etwas nachschlagen muss. Wäre noch jemand da, den ich fragen könnte, dann bräuchte ich es nicht. In manchen Rezepten sind Zutaten durchgestrichen, neue hinzugefügt oder kleinere Änderungen vorgenommen. Es ist, als würden Generationen von *jiddischen Mames* sich darin streiten. »Mach die Suppe so. So schmeckt sie am besten.« – »Nein, so nicht, das ist nicht gut. Mach sie so!«

Inzwischen sind sie alle unter der Erde und haben ihren Zank beigelegt.

Mögen sie in Frieden ruhen.

Mit einem kurzen Läuten kündigt sich die einfahrende Straßenbahn an. Die Menschen stehen dicht gedrängt am Gleis, ihr Atem wandert sichtbar in der kalten Jerusalemer Winterluft. Noch bevor der Waggon vor uns vollständig zum Stehen gekommen ist, beginnen sie gleichzeitig heraus- und hineinzudrängen. Niemand macht Platz, um die Aussteigenden durchzulassen, und die Einsteigenden stürmen mit einer solchen Hast hinein, als hätten sie eine Unruhe, in ungewissen Zuständen zurückgelassen zu werden. Eine Frau hebt einen Kinderwagen hinaus, Aharon packt mit an und wird unwirsch von der Seite angerempelt. Er schaut nicht einmal hinterher, er ist ein gutmütiger Mensch.

Als der Kinderwagen aus dem Waggon geschafft ist, entsteht wieder etwas Platz im Inneren des Abteils. Aharon und ich drängen uns gemeinsam mit den anderen hinein, weitere Menschen folgen und werden von ihren Vorgängern wieder hinausgeschoben, damit sich die Türen schließen können.

Eine stark geschminkte Frau mit blondiertem Haar und religiösem Kopfschmuck schüttelt energisch den Kopf und keift: »Das ist hier nicht das Warschauer Ghetto! Kein Benehmen haben die Leute!«

Sie erntet einige zustimmende Blicke.

»Was weiß die schon vom Warschauer Ghetto«, murmelt ein älterer Herr in einem grauen, abgetragenen Jackett neben mir seinem Sitznachbarn zu. Dieser erwidert nichts, sondern schaut nur starr geradeaus auf die regennasse Straße.

An der Station Jaffa Center in der Nähe des Zionsplatzes steigen wir aus. An einem Donnerstagabend herrscht hier selbst im Winter reges Treiben. Orthodoxe Mädchen laufen an Bekleidungsgeschäften vorbei, sie haben schöne Gesichter und tragen lange Röcke. In gebrauchten Kinderwagen schieben sie ihre Kinder nach Hause. Wie schon Generationen von frommen jungen Frauen vor ihnen, halten sie die älteren Kinder an der Hand und suchen etwas Zerstreuung auf dem Weg.

Aharon verabschiedet sich von mir am Zionsplatz. Er wird Freunde aus seiner alten *Yeshiva* besuchen und später zu mir in die Bar kommen. Ich laufe zielstrebig in Richtung der Altstadt. Sie ist mit ihrem Altertum wie ein Dinosaurier, inmitten der modernen Welt mit ihren ewig währenden Konflikten.

In Jerusalem sind die Nachbarn fremd und können dennoch nicht voneinander lassen. Die Stadt ist offiziell ungeteilt. Inoffiziell ist sie geradezu zerstückelt in unzählige kleine Teile, die Wichtigeres zu tun haben, als sich zu verstehen, denn sie sind anderweitig beschäftigt. Man kann auch nebeneinanderher leben, ohne sich zu verstehen.

Die Welt außerhalb Israels sieht in Jerusalem Juden und Araber miteinander streiten. Die Welt hat keine Ahnung, wer sich in Jerusalem alles streitet.

Es sind ultraorthodoxe Juden verschiedenster Strömungen, die verschiedenen Rabbinern anhängen. Ultraorthodoxe antizionistische Juden, die den Staat Israel ablehnen. Zionistische orthodoxe Juden, die Israel wollen, aber auf keinen Fall säkular. Moderne orthodoxe Juden, die alles wollen, aber modern und orthodox. Liberale säkulare Reformjuden. Die wollen alles anders machen als die anderen. Messianische Juden, die an Jesus als Messias glauben. Alle anderen, ausnahmslos alle, halten sie für verrückt.

Russische Einwanderer aus der ehemaligen Sowjetunion, die aufgrund jüdischer Vorfahren nach Israel einwandern konnten, aber nicht als »richtige« Juden anerkannt werden. Sie haben sich mit der Zeit eine Art russischsprachige Parallelgesellschaft geschaffen und stellen sich an Weihnachten aus alter Gewohnheit einen Plastiktannenbaum neben ihre Chanukkakerzen.

Schwarze Juden, weiße Juden, konvertierte Juden, Juden aus allen unterschiedlichen Teilen der Welt. Mizrachim, Sephardim, Aschkenasim.

Dann gibt es die Christen. Christliche Pilger, die in Jerusalem ihren Ursprung sehen und sich hier niedergelassen haben. Russisch-Orthodoxe, Georgisch-Orthodoxe, Syrisch-Orthodoxe, griechische Katholiken, römische Katholiken, Lutheraner, Anglikaner, armenische und äthiopische Christen.

Araber gibt es christliche und muslimische. Sunniten, Schiiten und Alawiten. Es gibt solche mit israelischem Pass, die sich arabische Israelis nennen. Es gibt arabische Israelis, die sich als Palästinenser bezeichnen. Es gibt palästinensische Araber aus der Westbank mit jordanischem oder palästinensischem Pass und israelischer Arbeitserlaubnis, die in israelischen Krankenhäusern und auf israelischen Baustellen arbeiten, deren Brüder oder Schwestern in Westjerusalem leben und wiederum israelische Araber sind.

Und es gibt Jerusalemites, die Einwohner Jerusalems sind, ohne israelische Staatsbürger zu sein, die sich aber im Gegensatz zu den in der Westbank lebenden Palästinensern frei im Land bewegen können.

Es gibt Geflüchtete aus den Bürgerkriegsländern Eritrea und Sudan, die über den Landweg nach Israel gekommen sind, weil sie sich bessere Lebensbedingungen erhofften. Die nicht bleiben dürfen, aber trotzdem bleiben, irgendwo im halb Verborgenen leben und unter der Hand in Cafés oder Restaurants arbeiten.

An den Rändern und in den Tälern der Stadt wohnen Beduinen. Einst Nomaden, die nun zwischen Moderne und Tradition, in Dörfern, Wellblechbaracken oder Zelten leben. In der Judäischen Wüste östlich von Jerusalem hüten sie ihre Schafe, ernten ihre Oliven und reiten ihre Esel. Manche machen sich morgens mit dem Esel auf den Weg zur Uni. Sie würden womöglich ganz bis zur Uni reiten, aber der israelische Checkpoint ist dazwischen. Dort lassen sie die Esel stehen, angebunden an eine Leitplanke mit Wasser und Heu, und nehmen den Bus ins Stadtzentrum. Die israelischen Grenzsoldaten wissen davon. Sie nennen es einen »Eselparkplatz«.

Es gibt Muslime, die in der israelischen Armee dienen, und es gibt Juden, die sich verweigern.

Es gibt Tscherkessen, Drusen und Bahai, Ahmadiyya, Samariter, Sinti und Roma.

Scientologen und Demagogen. Atheisten und Kabbalisten.

Die Welt aber sieht nur die Juden und die Araber, die sich in Jerusalem streiten.

Es könnte alles so einfach sein.

Mein Weg führt mich vorbei an einem der öffentlichen Klaviere. All jene, die sich selbst keines leisten können, kommen hierher. Einer sitzt daran und spielt die *HaTikva*. Die Hymne geht in *High Hopes* von Pink Floyd über. Eine Trompete kommt dazu, und das Medley endet mit dem Titelsong aus *Fluch der Karibik*. Was für eine Geschichte!

Leider habe ich nicht viel Zeit zum Zuhören, denn ich muss *Shakshuka* in einem Techno-Club kochen. Danach muss ich in die Bar.

Ich habe Techno nie besonders gemocht. Die Monotonie ist wie der dümmliche Herzschlag eines Reptils. Erträglich für Wechselblüter.

Kapitel 10 –
Wo die Zeit nicht vergeht

»Wir haben ein Land aus Worten.
Sprich, sprich, damit ich meinen Weg auf einen Stein
aus Stein gründen kann.
Wir haben ein Land aus Worten. Sprich, sprich,
damit wir das Ende dieser Reise erfahren!«

MAHMUD Darwish

Ich quetsche mich an Lautsprecher und Kabel schleppenden Hipstern vorbei in die provisorische Küche des Nachtclubs. Heute, am Donnerstagabend, ist Ausgehstimmung in Jerusalem, denn morgen Abend beginnt Shabbat. Dann wird in der Zionsstadt gebetet, gegessen und geruht, und die Straßen sind wie ausgestorben.

Motza'ei Shabbat läutet das Ende der Stille ein. Wenn drei kleine Sterne am Himmel schimmern, geht es weiter, als wäre nichts gewesen. Nur beinahe.

Die neue Woche beginnt immer am Abend. Wenn die Läden wieder öffnen, wenn die Straßen wieder gefüllt sind, fängt etwas Neues an.

Man kann wahrnehmen, dass die Menschen nach Shabbat ein wenig ausgeruhter und ausgeglichener sind als an den anderen

Abenden. Als wären sie aus einem sehr tiefen Schlaf erwacht, der gut für sie zu sein scheint.

Heute, am Donnerstagabend, ist noch alles möglich. Ab morgen wird die Stadt ruhen.

Jetzt lechzt sie nach Abenteuer.

Ich durchsuche die Schränke nach verwertbaren Lebensmitteln, finde ein Glas *Tahina,* eine Aubergine und ein paar Tomaten, die ihre besten Tage schon hinter sich haben.

Die Jerusalemer Nachtmenschen frühstücken nach Sonnenuntergang. Ich koche Shakshuka für sie, und da es im Club immer dunkel ist, sehen sie kaum, was sie essen. Sie trinken schwarzen Kaffee um Punkt neun Uhr abends mit viel Zucker, während sie die Boxen für die Party aufbauen und laute Soundchecks durch den Club schlagen lassen.

Es ist die Ruhe vor dem Sturm, der die ganze Nacht anhalten wird, und erst in Erschöpfung versiegt, wenn der Freitag bereits angebrochen ist.

Dann kommt Shabbat.

Viel Zeit habe ich nie. Die nächste halbe Stunde gehört Abdallah und kommt einem heiligen Ritual gleich.

Er wird in unserem Stammcafé sitzen und auf mich warten.

Ich werde zu spät kommen, so wie ich jedes einzelne Mal zu spät komme.

Er wird nicht böse sein.

Nur an seinem Teeglas wird man sehen, dass er gewartet hat.

Wenn ich die kleine jüdisch-arabische Kaffeestube betrete, wo die wenigen Gerichte dreisprachig an der Wand geschrieben stehen, werde ich noch die Unruhe der vergangenen Woche in mir haben. Die kommende Unruhe der Nacht werde ich vor mir hertragen. Abdallah weiß das.

Seine Gesellschaft wird mich zur Ruhe bringen, für die Dauer einer halben Stunde.

Im hinteren Raum an einem der bunt lackierten Holztische wird er sitzen, vor ihm wird ein halb leer getrunkenes Teeglas stehen. Daneben wird das gegrillte Huhn liegen, in Alufolie eingeschlagen und für mich bestimmt.

Ich habe es nie gewollt. Ich habe mich daran gewöhnt.

Jede Woche bringt er ein Huhn, inzwischen sind sie zu einer Armee von Hühnern angewachsen.

Es ist seine alltägliche Selbstverständlichkeit, mit der er mir still zu verstehen gibt, dass ich *wichtig* bin. Er fordert nichts dafür ein.

Abdallah ist Beduine, und ich kenne ihn aus der Wüste. Er ist Ende vierzig und hat angegraute Locken, die er mit einer *Kufiya* zusammenhält. Ich nenne ihn den arabischen Robinson Crusoe, denn ich stelle mir Robinson Crusoe so vor, wie Abdallah aussieht.

Abdallah kennt Robinson Crusoe nur aus meinen Erzählungen und stellt ihn sich auch so vor.

Das Wort »Beduine« kommt vom arabischen Wort *Badiah,* was so viel bedeutet wie »wüstenähnliche Ebene«. Von dort ist er gekommen.

Die Jüdäische Wüste, die Abdallahs Zuhause ist, ist nur im Sommer eine richtige Wüste. Nicht so, wie die Sahara oder die Rub al-Chali-Wüste in Saudi-Arabien. Die sind richtige Wüsten, das ganze Jahr über, sagt er. Die *Badiah* östlich von Jerusalem hat mehr Leben. Sie ist eine freundliche Wüste. Im Winter, wenn der Regen fällt, ist sie überhaupt keine Wüste. Dann ist sie grün und voller Blumen, die der Regen dort gepflanzt hat. Nur für kurze Zeit, bevor die Sonne sie wieder verbrennt. Dann wird sie zur Wüste, und das Grün und die Blumen verwandeln sich in Sand und Staub.

Die Badiah ist *seine* Wüste.

Abdallah schlachtet ein Huhn, Abdallah macht »Chicken on the fire«. Dort, wo er herkommt, ist Fleisch bedeutungsvoll. Abdallah schlachtet eine Ziege, Abdallah macht Kebab. Sein Vater war Hirte, sein Großvater ebenso wie alle, die davor kamen. Seine Brüder sind es bis heute. Abdallah schlachtet ein Schaf und macht *Mansaf*.

Seine Brüder wachen über ihre Schafe und Ziegen, die sie tagsüber in den Hügeln der Badiah zu ihren Weideflächen führen. In der Sommer-Badiah finden die Tiere wenig, dafür zehren sie das ganze Jahr von den wenigen Wochen der grünen Winter-Badiah.

Fleisch ist wertvoll, wissen die Beduinen, denn ein Tier ist für das Fleisch gestorben. Es ist tagein, tagaus den Hirten zu den raren grünen Hängen gefolgt und durch die wenigen fruchtbaren Täler.

Im Sommer muss man das Wasser für die Tiere schwer tragen. Die Frauen haben kräftige Arme, man kann sehen, dass es ihre Arbeit ist. Ihre Hände sind sonnenverbrannt und auch das Wenige in ihren Gesichtern, das der Schleier freigibt.

Sie sind mit dem Sand der Wüste aufgewachsen, die Wüste hat sie genährt. Ihr Sand ist ihnen kostbar wie Weihrauch, Myrrhe und Gold.

In der Wüste hatte Abdallahs Vater, Hajj Mohammad Abu Abdallah, einen Schlaganfall.

Die Badiah ist nicht der beste Ort, um einen Schlaganfall zu haben. Es gibt dort keine Krankenhäuser, keine Ärzte, nicht viel, das ihn heilen könnte.

Abdallah sagt, er wird wieder gesund. Die Wüste wird ihn heilen. Inshallah, wird er wieder gesund.

Hajj Mohammad Abu Abdallah erzählt, wie es früher war, vor dem Schlaganfall und vor allem anderen.

Früher, da wurden die Felle der Schafe zu einer rauen Wolle gesponnen, in bunten Farben knüpfte man sie zu Teppichen, und man legte sie in den Hütten und Zelten auf den nackten Sandboden. Man setzte sich darauf und vergaß, dass der Sand darunter war, denn sie waren königlich schön.

Die Häute der Ziegen wurden auf Holzrahmen gespannt, über die man eine Saite zog. Mit einem Bogen strich man darüber, man nannte es *Rabāb.*

Mit der Rabāb lässt sich die Wüste am besten vertonen, sagt Hajj Mohammad Abu Abdallah. Sie klingt melancholisch und monoton, so wie die sandigen Hügel.

Früher überbrachte der Rabāb-Spieler Nachrichten von jenen, die auf den anderen Hügeln wohnten. Heute können nur noch die Alten ihre Geschichten erzählen. Viele von denen, die früher auf den anderen Hügeln wohnten, sind in die Städte gezogen. Abdallah wird ihnen nicht folgen.

Die Hütten aus Wellblech haben jetzt Solarplatten auf den Dächern.

Abdallah hat ein antiquiertes Mobiltelefon, und er hat einen Freund, der das Rabāb-Spiel beherrscht.

Mit der Aufnahmefunktion des Mobiltelefons hat er den Klang aufgezeichnet.

Wenn Abdallah in die Stadt fährt, hat er schon nach wenigen Stunden Heimweh nach der Badiah. Dann sitzen wir zusammen am lauten Jerusalemer Zionsplatz, stecken die Köpfe zusammen und halten uns sein altes Telefon ans Ohr, das fast so groß ist wie ein Radio und das nach Wüste klingt.

Abdallahs Huhn begleitet mich durch mein Jerusalemer Wochenende. Erst in die Bar, später in den Nachtclub und schließlich zurück nach Tel Aviv, wo ich es mit Aviv teile und wir an vielen Tagen davon essen. Im Winter koche ich Hühnersuppe, im Sommer nehme ich es mit zum Picknick an den Strand.

Falls es eine Hölle gibt, bin ich mir sicher, dass ich nach meinem Tod in der Hühnerhölle schmoren werde, aus Rache für all die Hühner, die ich zu meinen Lebzeiten gegessen habe. Die Seelen der Hühner werden den Spieß umdrehen – zu Recht – und Schuld daran ist Abdallah.

Er sorgt für mich, und er sorgt sich um mich.

Väterlich, brüderlich, wie ein Freund.

Wenn ich es einmal nicht pünktlich zur Hühnerübergabe im Café schaffe, bringt er mir das Huhn in die Bar. Oder in den Techno-Club. Das finden sie dort ein wenig sonderbar, aber sie wissen Bescheid. »Der Beduine mit dem Huhn war da«, sagen sie dann zu mir.

Der Beduine mit dem Huhn mag den Techno-Club überhaupt nicht. Mit dem Club und seinen spärlich bekleideten, dauerberauschten Gästen verbindet ihn etwa so viel wie einen streng orthodoxen Juden mit dem Weihnachtsmann.

Abdallah sagt, es gibt genug Land für alle. Für die Juden, für die Palästinenser, inshallah, für die Beduinen. Und auch für die, die Techno mögen.

»*Ahlan wa sahlan*«, sagt er. Sie sind alle willkommen.

Er hat noch nie eine Woche verstreichen lassen, ohne mir ein Huhn zu bringen.

Als er mich jetzt erblickt, erhebt er sich.

»Salam aleikum. Möge Gott dir Gesundheit schenken.«

Sein Händedruck ist höflich und bestimmt.

»Aleikum salam«, grüße ich zurück.

»Was ist neu?«

Abdallah reiht Wörter aneinander, die ihm sinnvoll erscheinen. Es ist eine eigene Sprache, sie ist voller Poesie.

Mit fünfzehn verließ er die Schule, seitdem ist er unterwegs.

Hebräisch lernte er unterwegs.

Englisch lernte er unterwegs.

Alles Wichtige, alles, was man wissen muss, lernte er unterwegs.

Es ist nicht viel neu. Die Familie ist gesund, seinem Vater geht es, inshallah, inzwischen besser. Er ist vielleicht fünfundsiebzig Jahre alt, aber in Beduinenjahren ist er noch älter. In der Badiah steht die Zeit still, sagt Abdallah. Sie vergeht nicht so wie anderswo.

Wer in der Wüste aufgewachsen ist, den macht ein Schlaganfall nicht kaputt. Was ihn vielleicht kaputt macht, sind israelische Landminen. Einer aus dem Dorf ist kürzlich auf eine getreten. Das ist schlimmer als ein Schlaganfall, sagt Abdallah.

Das heilt nicht mehr.

Hajj Mohammad Abu Abdallah wohnt in einem Steinhaus im arabischen Beduinendorf Al Sawahera. Er müsste nicht mehr hinaus in die Wüste, dorthin, wo die Landminen sind. Er ist an das Stromnetz angeschlossen und hat fließendes Wasser. Eine seiner beiden Ehefrauen wacht bei ihm sowie ein halbes Dutzend seiner Kinder. Die zweite Frau wohnt im Nebenhaus.

Die israelische Regierung will die Beduinen sesshaft machen, Infrastruktur schaffen, Kindersterblichkeit senken. Die Beduinen sollen umgesiedelt werden, dorthin, wo Häuser, Schulen, Straßen sind.

Hajj Mohammad Abu Abdallah trägt niemals Schuhe. Er ist am liebsten draußen, dort wo keine Häuser, keine Schulen und keine Straßen sind. Dort ist er seinem Ursprung am nächsten.

Abdallah selbst wohnt überall. Er ist ein bisschen sesshaft, er ist ein bisschen überall. Er will, dass alles, was er besitzt, auf genau ein Kamel passt. Er ist ein moderner Nomade.

Abdallah weiß, was man zu einem Kamel sagt, damit es aufsteht. Und damit es sich wieder hinsetzt.

Er weiß, was man einem trächtigen Esel zu trinken gibt, damit ein gesundes Eselchen zur Welt kommt.

Er weiß, wie man Käse macht, er weiß, wie man ihn monatelang ohne Kühlschrank lagert, ohne dass er verdirbt.

Er weiß immer, wo Norden ist. Welches Kraut Müdigkeit, Melancholie und Magenverstimmungen lindert, wie man einen Tragebeutel aus einer Schafsblase macht, wie man einen Skorpionstich behandelt und wie man im Regen Feuer macht. Er fasst die glühenden Kohlen mit bloßen Händen an.

Wir trinken Tee und sprechen.

Manchmal trinken wir Tee und sprechen nicht. Mit Abdallah geht auch das.

Er ist einer, mit dem man gut schweigen kann.

Dann beginnt unsere Zeremonie. Ich bedanke mich für das

Huhn, werde getadelt, mich nicht zu bedanken, denn das sei gar nichts. Ich bedanke mich dennoch. Ich will die Rechnung für den Tee begleichen, begründe, dass das angemessen sei, weil ich ja schon das Huhn als Geschenk erhalten habe.

Ich werde wieder getadelt, dass das Huhn kein Geschenk sei, sondern eine Selbstverständlichkeit. Eine Notwendigkeit. Und er werde natürlich auch die Rechnung für den Tee übernehmen. Immer das gleiche Spiel.

Ich war eingenommen von der Idee, den Tee für ihn und für mich zu bezahlen. Eine Herausforderung, die einiges an logistischer Planung bedurfte.

Einmal verschob ich unser Treffen um eine Viertelstunde nach hinten und ließ mir einen Einwand einfallen, um auch in der Bar etwas später zu kommen.

Dann betrat ich das Café, zahlte den Tee für ihn und für mich im Voraus, verließ es wieder und kehrte einige Minuten später zurück, um Abdallah, der jetzt am Tisch saß und für sich Tee bestellt hatte, zu begrüßen. Ich setzte mich zu ihm, wir tauschten unsere Neuigkeiten aus, und nachdem ich meinen Tee getrunken hatte und meinen Mantel anzog, um das Café in Richtung Bar zu verlassen, kramte er nach den Münzen in seiner Tasche. Die Kellnerin winkte lächelnd ab und sagte, die Rechnung sei schon beglichen. Irritiert saß er da, mit offenem Mund, und verstand nicht, wie sich das zugetragen hatte. Er war nicht begeistert.

Die Woche darauf ließ ich ihn wie gewohnt bezahlen, und er sah mich einen Augenblick lang mit einem strengen Blick an, der mich für meinen Ungehorsam beim letzten Mal strafte.

In der darauffolgenden Woche versuchte ich das Spiel erneut.

Ich beendete meine Arbeit in Tel Aviv fast eine Stunde vor der gewohnten Zeit, um einen früheren Bus zu erwischen. Ich ließ das fertige Abendessen im Nachtclub auf dem ausgeschalteten Herd stehen, ohne mir selbst Zeit dafür zu nehmen, etwas davon zu essen, und hastete hinüber ins Café.

Er war noch nicht da.

Ich war die Erste, die am Tisch Platz nahm, bestellte Tee und bezahlte sogleich diesen und noch einen weiteren. Als Abdallah eintraf, war bereits alles entschieden, und es gab kein Zurück. Er schimpfte und schimpfte, und schließlich verstummte er, als die arabische Kellnerin ihn streng zurechtwies.

»Warum lässt du sie nicht mal bezahlen?«, fragte sie.

Seitdem kommt er immer eine halbe Stunde zu früh, und ich habe ein schlechtes Gewissen, weil er auf mich wartet.

Er will es so. Es ist die Revanche dafür, seine Zuneigung auf die Probe gestellt zu haben.

Um neun muss ich rüber in die Bar. Abdallahs Händedruck ist warm und fürsorglich. Dann laufe ich los, und er läuft auch irgendwohin.

Kapitel 11 –
Pflügende Kamele

»Heute kann man sagen, dass die Osloer Friedensverträge gescheitert sind.

Ihnen lag zugrunde, einen dauerhaften Frieden zu schließen sowie eine historische Versöhnung anzustreben, die zu einem »neuen Nahen Osten« führen würden, wie ihn wiederholt Schimon Peres beschwor. Die Zeremonie am 13. September 1993 vor dem Weißen Haus in Washington DC, kulminierend im Handschlag des PLO-Vorsitzenden Jassir Arafat und des israelischen Ministerpräsidenten Jizchak Rabin, ließ weltweit die Hoffnung aufkommen, dass eine Lösung des jahrzehntealten nationalen Konflikts über Palästina in Reichweite sei. Bereits nach den ersten Verhandlungsphasen kam es jedoch zu dramatischen Abweichungen von den vereinbarten Grundpositionen. Nach dem ersten historischen Durchbruch und nach anfänglichen mutigen Schritten fielen beide Seiten sehr bald in ihren gewohnten Argwohn zurück. Über zwei Jahrzehnte später dominieren Enttäuschung und Pessimismus: Oslo gilt als gescheitert.«

PROF. DR. MENACHEM KLEIN,
ISR. POLITIKWISSENSCHAFTLER

Ich muss nur die Straße hinunter und einmal um die Ecke biegen, dann bin ich da.

Auf dem Weg begegnen mir zwei *chassidische* Mütter in bodenlangen Röcken und mit den akkurat frisierten Perücken der Frommen. Sie sind noch sehr jung, schieben Kinderwagen vor sich her und unterhalten sich aufgebracht auf Jiddisch.

»Vas redstu? Ikh hob dir gezogt, az er iz a *Shmok*! Garnisht mer. Die ganze mishpoke hat es gezagt! A Shmok!«

Sie nehmen keine Notiz von mir. Hinter ihnen geht langsam ein rauchender Schwarzhaariger. Er trägt ein goldenes Nasenpiercing, Undercut und eine Gitarre auf dem Rücken.

In der Bar begrüßt mich Rafi.

Mit seinen grauen Locken sieht er aus wie Robinson Crusoes Zwillingsbruder.

Rafi ist Mizrachi, ein arabischer Jude. Er wurde in Casablanca geboren, entstammt einer marokkanisch-jüdischen Familie.

Schau mir in die Augen, Kleines, sagt er, wenn eine Frau, die ihm gefällt, in seine Bar kommt.

Wenn er mir damit auf die Nerven geht, verdrehe ich die Augen. Er sagt, ich soll das lassen.

Rafi sagt, er kann nicht anders. Er sagt, das liegt ihm im Blut. Heimat setzt sich aus den unmöglichsten Dingen zusammen.

Rafis Mutter Perla zog allein mit acht Kindern von Casablanca nach Israel. Das war vor fünfzig Jahren. Sie schwammen, sagt er, aber er meint, sie kamen mit dem Schiff.

Perla sagt, für die Juden war es in Marokko nicht mehr auszuhalten. Sie erzählt gerne von früher und mischt dabei Hebräisch, Arabisch und Französisch ineinander.

Die Marokkaner hassen die Juden seit der *Nakba* 1948, sagt

sie. Früher, in Casablanca, war ihre Nachbarin eine Muslimin, sie schwatzten oft und tranken Tee. Nach der israelischen Staatsgründung 1948 tranken sie keinen Tee mehr und schwatzten auch nicht mehr.

Rafi sagt, die Marokkaner haben die Juden schon immer gehasst. Er sagt, der Auszug aus Casablanca war seine jüdische Nakba.

»Du warst erst ein Jahr alt«, sagte Perla. »Deinen Vater haben sie umgebracht«, sagte sie und wünschte es sich. Rafis Vater hatte eine andere Frau. Und dann noch eine. Und noch eine, das ging immer so weiter.

Das nennt Perla ihre Nakba.

Rafi mag es, wenn roter Lippenstift an einem Glas zurückbleibt. Dann hat eine Dame daraus getrunken, sagt er. Rafi mag Damen am liebsten. Er mag auch Frauen, aber am liebsten mag er Damen.

Ob Abdallah auch Damen mag, weiß ich nicht. Wir sprechen nicht darüber.

Abdallah und Rafi sind faktisch Nachbarn. Sie sind nur durch einen Zaun getrennt, einen Steinwurf voneinander entfernt. Dort, wo sie wohnen, wurden früher oft Steine geworfen.

Rafi wohnt am Rande der Wüste in der jüdischen Siedlung Ma'ale Adumim, knapp acht Kilometer von Jerusalem entfernt.

Abdallah wohnt am Rand der Wüste in der Wüste. Sein Zuhause erstreckt sich vom südlichen Jerusalem bis ans Tote Meer.

Rafi ist ein Siedler. Ma'ale Adumim ist eine gemäßigte und unpolitische Siedlung. Kaum einer wohnt dort aus religiösen oder ideologischen Gründen. Rafi selbst lebt dort, weil das Leben in den großen Städten viel zu teuer geworden ist. Die Menschen in der Siedlung sind jüdische Einwanderer aus allen möglichen Ländern, die meisten kamen aus den ehemaligen UdSSR-Staaten. Früher lebten sie in der russischen Taiga, zwischen Birkenwäldern, mit denen sie sich nicht unterhalten konnten. Heute leben sie in der Judäischen Wüste zwischen Beduinen, mit denen sie sich nicht unterhalten können.

Ihr Leben hat sich nur mäßig verändert.

Abdallah kann seinen Ursprung genau benennen. Er kam in einem Zelt in dieser Wüste zur Welt. Er hat mir den Ort gezeigt, ein kleiner Hügel mitten in dem großen Sand.

Niemandsland behaupten manche Leute. Die meisten sind jedoch anderer Meinung:

Dort befinde sich jüdisches Land, zwischen den israelischen Siedlungen Kedar und Ma'ale Adumim, sagen die Juden.

Dort sei palästinensisches Land zwischen den arabischen Dörfern Al Muntar, Nabi Musa and Al-E'izariya, sagen die Araber.

Das Land zwischen 31° 45' 58.3" N 35° 17' 31.3" E und 31° 45' 27.2" N 35° 18' 26.3" E, nennen es die Geografen.

Area C, sagen die Politikwissenschaftler.

Das Land, auf dem schon unsere Väter Oliven pflanzten und ihre Schafe hüteten, nennen es die Beduinen.

Zwischen dem Mond und der Sonne, sagt Abdallah. Dort, wo sie ihre längsten Schatten werfen, auf die sandigen Dünen, die sich bis in den Himmel strecken, möge dieses Land für immer gesegnet sein.

Und wenn man ihn fragt, wo genau das ist, dann kann er es erklären:

Dort, wo einst Kamele die Felder pflügten,
zwischen den Hügeln meiner Ahnen,
die im Winter grün sind
und im Sommer die Farbe von gelben Ziegen haben,
dort bin ich zu Hause.
Wo die Stille ein Geräusch ist
und wilder Salbei wächst.
Wo, wenn es schön ist, die Zeit stehen bleibt
und sich die Stimmen der Menschen und die der Tiere gleichen.
Dort, wo sich Nachbarn mit Respekt begegnen
und der Doktor mit einem Kamel kommt,
dort bin ich zu Hause.
In der Wüste wird man nass, wenn es regnet,
wenn die Sonne scheint, regnet es nicht.
Dort, wo hellweiße Schnecken in der Sonne vertrocknen
und ihre weißen Häuser zurücklassen,
nur der Schönheit willen.
Dort bin ich zu Hause.

Wenn ich zu ihm fahren will, nehme ich von Jerusalem einen gelben arabischen Minibus für die Hälfte der Strecke. Dann steige ich in einen anderen Minibus um, der bis an den Rand der Wüste fährt. Er rumpelt das letzte Stück über staubige, unebene Straßen. Ich bin die einzige Frau, die hier Hosen trägt.

»Zu Abdallah?«, fragt mich der Fahrer.

»Zu Abdallah«, sage ich.

Ohne zu wissen, wo ich gerade bin, ruft Abdallah immer genau dann an, wenn ich in seiner Nähe bin, und ich übergebe das Telefon dem Busfahrer. Man kennt sich hier. Abdallah erscheint dann auf geheimnisvolle Art wenige Minuten später auf unserer Strecke, um mich abzuholen.

Auf dem Rückweg nehme ich manchmal den israelischen Bus, der aus Rafis Siedlung zurück nach Jerusalem fährt.

Abdallah kann mit seinem palästinensischen Pass nicht ohne Weiteres mit in die Siedlung hinein, unglücklicherweise, denn Rafi würde ihn gerne zum Tee einladen.

Dafür begleitet er mich bis zum Grenzzaun.

Die israelischen Soldaten, die am Eingang positioniert sind, tragen grüne Helme, schwarze Maschinengewehre und ernste Mienen.

Vor neun Jahren, als ich neun Jahre jünger war und Abdallah genauso alt wie jetzt, da in der Wüste die Zeit nicht vergeht, gingen wir das erste Mal zusammen den Weg zur Siedlung.

Es war später Sommer, der Abend war gerade angebrochen, und die Zikaden zerrieben sich die Flügel mit ihren flirrenden Gesängen. Die Soldaten sahen mich. Ich sah, dass es zwei waren, dann sahen sie den arabischen Beduinen mit der Kufiya neben mir. Sie standen still. Dann hoben sie den Arm und dann das Gewehr. Erstarrt blieb ich stehen.

»Schalom! Heiß heute, nicht? Bei euch auch?«

Der Beduine mit der Kufiya neben mir warf den hebräischen Gruß so kraftvoll über den Zaun, als ob dieser die Sprachfetzen an sich abprallen lassen könnte.

»Schalom, sehr heiß, ja. Hier auch!«, riefen die Soldaten.

Abdallah hob den Arm und winkte zurück. Erleichtert setzte ich meinen Weg neben ihm fort.

Hinter dem Zaun war es genauso heiß wie vor dem Zaun.

Manchmal könnte man verwirrt sein, wer hier mit wem im Krieg ist.

Abdallah ist mit niemandem im Krieg, außer mit den Daesh.

Die haben's gehörig übertrieben, sagt er.

Ich ging in die Siedlung hinein, und er ging heim in seine Wüste.

»Das ist ein guter Mann«, sagten die israelischen Soldaten. Ich dachte an Abdallah, als ich ihren Checkpoint passierte und sie meinen Rucksack abtasteten. Ich dachte an die Gläser voller Oliven, gefüllter Weinblätter und an all die Segenssprüche, die er mir zu jedem Abschied mit auf den Weg gab.

»Ich weiß«, sagte ich.

Ich zeigte ihnen meinen Pass, zog zur Kontrolle Jacke und Gürtel aus, gab ihnen meinen Rucksack und die Plastiktüte mit dem Huhn, alles was ich bei mir trug. Mein Herz und meine Gedanken waren noch nicht bereit, in die Realität aus Zäunen und Gewehren zurückzukehren.

Ich habe Rafi und Abdallah einander vorgestellt.

Zum ersten Mal bereiteten wir in der Bar für einen Gast Tee zu. Rafi lud ihn ein, bevor er für die anderen Gäste öffnete.

Abdallah trank schwarzen Tee mit viel Zucker, und in seiner Hosentasche hatte er ein zusammengedrücktes Bündel Salbei aus der Wüste, das streute er in den Tee.

Er ging, bevor die Bar zu einer Bar wurde. Abdallah ist nicht so wie die anderen Gäste.

Wenn er dort hinkommt, um mir das Huhn zu bringen, hört Rafi plötzlich auf, Gläser zu polieren und Bier zu zapfen. Er faltet sein Handtuch zusammen und legt es beiseite, kommt hinter der Theke hervor und gibt Abdallah die Hand. Er schüttelt sie lange, dabei schauen sie sich tief in die Augen und sehen ganz ernst aus.

Einmal hatte ich mit jemandem einen Streit, der sich lange nicht beilegen ließ.

Abdallah lud mich zum Tee in die Wüste.

Wir saßen am Feuer, ich klagte, er schwieg und lauschte.

Sein Gesicht war todernst, kein Fältchen war darauf zu sehen, als er seinen Beduinenwitz machte.

»Ihr müsst nach Oslo«, sagte er. »Ich schicke euch nach Oslo. Es könnte helfen.«

Dann lächelte er, zuckte mit den Schultern und schaute auf das Land, dem Oslo nicht helfen konnte.

Kapitel 12 –
Jerusalemer Nächte

»Die Bombe ging an der belebten Tel Aviver Strandpromenade hoch. Gegen 23 Uhr hat ein Selbstmordattentäter vor einer Diskothek den Sprengsatz gezündet und mindestens 16 Menschen mit sich in den Tod gerissen. Knapp 100 wurden verletzt.«

PRESSEMELDUNG *DER SPIEGEL* ZUM ANSCHLAG IM DELFINARIUM, TEL AVIV 2001

In Rafis Bar ist heute Abend nicht sonderlich viel los. Ein paar nervöse amerikanische Touristen wollen Karaoke singen, also werfen wir die Karaoke-Maschine an.

Der Platz ist eng, und man tritt ständig einem singenden Amerikaner auf den Fuß. Außer Rafi arbeite nur noch ich hier, ich bin seine einzige Angestellte. Die Bar ist eine Art Relikt in Jerusalem, im Vergleich zum Tel Aviver Nachtleben, das jedes Jahr ein neues Gewand trägt. Sie passt nur hierher, ins altertümliche Jerusalem.

Seit dreißig Jahren führt Rafi seine Bar, streng und liebevoll. Mit strikten Regeln und immer gleichen Ritualen.

Die hölzerne Theke hat er selbst gebaut. Die Wände selbst verputzt.

In zehn Jahren wird sie halb so alt sein wie der Staat Israel. In zehn Jahren ist er zu alt für die Bar, sagt Rafi.

Alles hier hat seinen Platz, alles hat seine Ordnung. Die sieben kleinen Holztische müssen immer genau am gleichen Ort stehen, die Kerzen auf den Tischen immer brennen, die Blumen in den Vasen immer frisch sein, sie dürfen nicht die Köpfe hängen lassen, sonst tadelt er mich.

Er tadelt, wenn ich die Handtücher nicht akkurat genug zusammenfalte.

Er tadelt, wenn ich die Aschenbecher nicht sorgfältig genug ausleere.

Er tadelt, wenn ich das falsche Glas in ein falsches Regal stelle.

Einmal ließ er mich so lange Gläser sortieren, bis ich ihn einen Jecken schimpfte, einen Pedanten, einen Ordnungsfanatiker, einen Spinner. Ich sagte ihm, niemand in Deutschland sei so schlimm wie er.

Da ließ er von mir ab, er ließ auch von den Gläsern ab und zapfte sich ein Bier. Das Bier machte ihn sanft.

Er sagte, das mit der Ordnung machten die Deutschen richtig. Und ich sei die schlimmste Deutsche, die er je hatte.

Er hatte nie eine andere.

Rafi trinkt selten während der Arbeit. Sicher wäre er inzwischen sonst Alkoholiker oder längst tot. Seit dreißig Jahren hat er fast jede Nacht gearbeitet.

Im Kühlschrank steht immer frischer Grapefruitsaft für mich bereit, er weiß, dass ich den am liebsten mag.

Wenn der letzte Gast gegangen ist, raucht er manchmal einen Joint, trinkt alleine seinen Cognac. Nach dem Cognac fährt er heim in seine Siedlung, heim zu seiner Katze Esmeralda, die mit ihrem warmen braunen Fell und ihrem klugen Katzenblick auf ihn wartet. Rafi hat gerne seine Ruhe.

Er sagt, wenn wir uns nicht konzentrieren, wenn wir nicht klar im Kopf bleiben, passieren Dinge, die nicht passieren sollten. Rafi hat viele Prügeleien gesehen.

Leute, die im Rausch ihren Namen vergessen. Leute, denen er erst im Rausch wieder einfällt.

Er hat gesehen, wie Ehemänner nach dem dritten Bier ihre Ehefrauen betrügen. Er poliert hinter der Theke die Gläser und hört ihnen zu.

Rafi kennt die Orthodoxen aus Mea Shearim, denen es verboten ist, fremde Frauen anzuschauen.

Er kennt solche unter ihnen, die ihre Schläfenlocken auf dem Kopf zusammengeknotet unter einer Schirmmütze verbergen, in moderner Kleidung an der Bar sitzen und fremde Frauen anschauen. Es gibt nicht sehr viele, aber gelegentlich kommen sie. Er weiß, dass sie ihre Gebetbücher, ihre frommen schwarzen Hosen, ihre samtenen Kippot und ihren *Tallit katan* irgendwo in der Nähe aufbewahren. Er weiß, dass sie ihre traditionelle Kleidung wieder anziehen und sich zurück in echte *Charedim* verwandeln, bevor sie zu ihren Frauen und ihren Kindern heimkehren, die doch nichts von ihrem Doppelleben wissen. Rafi weiß, dass sie vielleicht nicht unglücklich sind. Aber dass manche von ihnen eine Sehnsucht haben.

Er kennt die Frommen, die Atheisten und die Homosexuellen. Er kennt die heimlich homosexuellen Frommen und die vermeintlich frommen Atheisten.

Rafi weiß, wer wie viele Kinder mit wie vielen Frauen hat, wer wen mit wem betrügt und warum. Und wer das besser lassen sollte.

Er teilt die Menschen in zwei Kategorien ein: Cheater und

Survivor. Ben zum Beispiel, Ben betrügt seine Frau mit Shirley. Shirley hat eine Tochter von einem anderen Mann, aber Rafi sagt, sie ist eine gute Frau, und sie ist geschieden. Bens Frau ist eine Xanthippe, sagt Rafi. Deswegen ist er ein Survivor.

Eithan ist ein Cheater. Er hat die Schönste von allen geheiratet, die Beste und die Klügste. Sie würde ihn nie betrügen. Ihm ist das nicht genug. Dabei ist er nicht halb so schön oder klug wie sie. Deshalb ist er ein Cheater.

Ich gehe nach oben, um uns Kaffee zu kochen. Eine klapprige Metalltreppe führt zu einem Holzboden über der Bar. Dort sind zwei kleine Räume, eine Toilette für die Gäste und eine rauchige, schmutzige Kammer, die wir als Küche und Lagerraum nutzen. Manchmal schläft Rafi hier auf dem Boden, wenn er nach der Nacht zu müde ist, um heim in die Siedlung zu fahren. Dort liegt eine dünne Matratze, neben ihm das Loch in der Decke, aus dem es seltsamerweise manchmal tropft, auch wenn es gar nicht regnet. Wenn das Wasser in die Steckdose läuft, gibt es Stromausfall.

Wenn ich will, kann ich dort oben wohnen, sagt er.

Perla, seine Mutter, hat noch einen Rest von einem schönen Stoff. Daraus könnte man hübsche Gardinen nähen und vor das schmutzige Fenster hängen, meint er. Man könnte prima dort wohnen, findet Rafi.

Perla ist einundneunzig Jahre alt und sieht aus wie einundsechzig. Rafi sagt, sie hat ein Beduinen-Gen wie Abdallah und wird nicht älter.

Sie lädt jeden Freitag zum Shabbat. Perla kocht acht verschiedene Gerichte und entschuldigt sich, dass die Torte noch nicht fertig ist. Sie hat schon den Mittagsschlaf wegen der Torte ausfallen lassen, aber sie ist dennoch nicht fertig geworden. Das ist nicht gut, sagt Perla, und ihr jugendlich-einundneunzigjähriges Gesicht verzieht sich vor Gram und Kummer.

Wenn ich sie besuche, um ihr zu helfen, setze ich sie auf ihren Lieblingssessel, von dem sie sofort wieder aufsteht, um irgendwas abzutrocknen, zu salzen oder aus dem Ofen zu holen. Mittlerweile ist mir die Ehre zuteilgeworden, die Torte zu vollenden. Perla hat mir gezeigt, wie es geht.

Ein hübscher Stoff macht auch aus einer Kammer ein Zuhause, sagt Perla. In der Kammer, die noch niemandes Zuhause ist, hat Rafi allerlei verstaubtes Gerümpel provisorisch mit einer riesigen Israelflagge zugedeckt. Er sagt, dass sich unter der Flagge alle schmutzigen Geheimnisse des Staates befinden, aber ich glaube, dass er dort seine eigenen schmutzigen Geheimnisse lagert.

Auf der anderen Seite des Raums befindet sich eine kleine Kochplatte, eine Spüle und dahinter das schmutzige Fenster, welches sich nach Perlas buntem Gardinenstoff sehnt.

Ich nehme zwei Gläser vom Regal an der Wand und brühe einen starken Mokka auf. Vorsichtig probiere ich einen Schluck von meinem. Er verbrennt mir fast die Kehle, dennoch fühle ich mich sofort besser. Den anderen Mokka bringe ich zu Rafi hinunter und bemerke, dass sich der Raum inzwischen gefüllt hat.

Die Bar ist keine trendige Szenebar. Sie hat etwas Staubiges, Gestriges. Etwas Komisches und Eigenwilliges, sie will nichts sein und niemandem etwas beweisen.

Einsame Seelen beherbergt sie ebenso wie frohmütige Trinker. Die Techno-Träumer aus dem Club kommen nicht hierher. Heute sind fast nur die Amerikaner da.

Wir zapfen Bier, gießen Schnaps in kleine Shotgläser, stellen Oliven und eingelegte Gurkenscheiben in Schälchen auf die

Tische, leeren Aschenbecher und stopfen uns Papier in die Ohren beim Klang von *Staying Alive.*

Um vier zählt mir Rafi drei dünne Geldscheine in die Hand und entlässt mich in die Nacht.

Ich stecke sie in die Hosentasche und laufe zum Techno-Club, der auch mein Schlafplatz ist.

Schon am Anfang der Straße höre ich die monotonen Schläge. Im Club ist eine arabische Party, eine Traube von Menschen wogt davor hin und her. Sie rauchen und trinken und küssen, ich sehe bekannte und unbekannte Gesichter.

»The chick with the chicken!«, schreit mich Aziz euphorisch vom anderen Ende der Menge an. Amar, der andere Türsteher, steht neben ihm und lehnt sich mit verschränkten Armen, abschätzigem Blick und betont maskuliner Pose an die massive Stahltür des Clubs.

Von drinnen schallen dumpfe, psychedelische Beats nach oben, gelegentlich unterbrochen von den schrillen, aufreibenden Klängen der *Nay*, der arabischen Bambusflöte. Das Huhn schläft seinen toten Schlaf in meinem Rucksack und vibriert leicht im Rhythmus, als würde es tanzen.

Ich bahne mir einen Weg durch die Leute, küsse den Soundtechniker, küsse eine Barfrau, küsse die Türsteher, küsse Efrat, die die Kasse macht und Stempel auf Hände stempelt. Werde geküsst von all jenen, die hier hingehören, die Teil meiner Routine sind, die bunten Schmuck tragen, glitzernde Hemden, abgeschnittene Jeans und Plastikblumen im Haar. Ich kenne ihre Namen, ich weiß nicht, was sie tagsüber machen, aber ich weiß, wie sie tanzen, ich weiß, wie sie aussehen, wenn sie alles vergessen haben, wenn sie sich unbeschwert fühlen, und ich weiß, wie sie müde werden.

Ich bekomme einen Stuhl vor den Club gestellt, ein Bier und eine Zigarette. Jemand bringt mir einen Teller mit Pfannkuchen und stellt den wärmenden Elektro-Heizstrahler vor meine Füße. Ich spüre warme Hände auf meinen Schultern, Geborgenheit, Ankommen, Zu-Hause-Sein.

Leute gehen hinein und hinaus, die Tür öffnet und schließt sich, Rauch und Rausch, Schweiß, Wärme, Tabak, Parfum und anderes liegt in der Luft. Laute Stimmen, laute Musik, lauter Herzschlag in meinem Herzen.

Eine leicht bekleidete junge Frau mit dunkelblauem Glitzerlidschatten und bunten Strasssteinchen um die Augen öffnet ruckartig die Tür, steckt den Kopf heraus.

»Wo ist er?«, fragt sie mit schriller Stimme.

»Wo ist wer?«, fragt Amar.

Seine Augen sind ruhig und erfahren, sie verraten in Sekundenschnelle, was er von ihr hält. Sie antwortet nicht, fängt an zu lachen. Erst leicht glucksend, dann immer manischer. Es versiegt in einem hysterischen Hyperventilieren.

Mit zwei unsicheren Schritten schwankt sie in die Gruppe der Leute vor unserem Club. Die Türsteher stehen abwartend neben der Tür, bereit, sie aufzufangen, sollte sie die Kontrolle über ihren Gang verlieren. Sie macht einen weiteren Schritt auf Amar zu, schaut ihn mit glasigen Augen an. Einige Momente lang versucht sie, ihn zu fokussieren, dann geht ein verklärtes Lächeln über ihr Gesicht, so als hätte sie ihren Liebsten gefunden.

»Ich habe dich gesucht.« Sie säuselt verwaschen.

Amar schüttelt den Kopf. »Wir kennen uns nicht. Geh wieder rein.«

Sie lacht nur, stolpert die Treppen hinunter und verschwindet um die Ecke. Einen Augenblick lang schauen wir ihr nach.

»Ich gehe mal hinterher«, sage ich schließlich.

Ich folge dem Glitzerding um die Ecke, sie sitzt auf einer Stufe, ihre nackten Beine haben blaue Flecke. Mit hilflos suchendem Blick schaut sie zu mir hoch.

»Wie heißt du?«, frage ich sie, und sie fängt leise zu summen an.

Ich setze mich zu ihr auf die Stufe. Sie zittert lautlos, sinkt langsam in sich zusammen. Für nackte Beine ist es zu kalt.

Nach einer Weile richtet sie sich mit einem unkoordinierten Ruck auf. Sie dreht ihren Oberkörper in meine Richtung, mit einer Hand greift sie sich eine Haarsträhne aus meinem Haar und kommt mit ihrem Gesicht ganz nah an das meine. Sie riecht nach billigem Parfum, ihr Blick ist leer und abwesend. Die Wangen sind eingefallen, obwohl sie noch so jung ist. Irgendwas an diesem Mädchen ist nicht in Ordnung.

Ihre Augen scheinen mich ansehen zu wollen, aber dennoch schaut sie mich nicht an, sieht durch mich hindurch, irgendwo anders hin. Plötzlich fängt sie zu weinen an.

Ich ziehe meine Jacke aus und lege sie ihr um die Schultern, eine Weile halte ich sie schweigend im Arm. Schließlich verstummt sie, auch das Zittern hat aufgehört. Schwer liegt ihr kalter Oberkörper an meinem.

Vielleicht ist sie tot?, schießt es mir plötzlich durch den Kopf. Ich will keine Tote in meinen Armen halten. Ich richte sie auf. Sie atmet ruhig und schwer und ist kaum noch da.

»Wie heißt du?«, frage ich erneut und schüttle sie sanft.

»Ich weiß nicht«, murmelt sie schließlich. Ihre Stimme klingt schwach und melodisch. »Nenn mich Leila.«

»Leila, lass uns reingehen und deine Leute suchen, ja?«, sage ich behutsam.

Sie umklammert meinen Körper mit schwacher Kraft. Ich

ziehe sie hoch. Als sie auf den Beinen steht, öffnen sich ihre Augen, die glitzernden Lider flattern in leichtem Tremor. »Komm, wir gehen zusammen«, sage ich. Und wir gehen die Treppen hoch zur Eingangstür.

»Mutter Theresa«, spottet Aziz im Vorbeigehen. »Willst alle retten.« Amar wirft ihm einen unwilligen Blick von der Seite zu und geht zur Tür, um sie für uns aufzuhalten.

Drinnen ist der Teufel los. Oben an der Bar stehen dicht gedrängt Leute, eine ekstatische Menge tanzt, ein Knäuel aus Lichtreflexen, aus Menschen und Klang. Dichter Rauch steht im Raum.

Ich halte Leila fest an der Hand.

Die monotonen Technoschläge bekommen etwas Melodisches durch die traditionellen arabischen Instrumente. Ich habe Lust, mich in die wogende Masse zu schieben, zu tanzen, zu trinken und zu vergessen, aber ich kann jetzt nicht, ich halte ein Mädchen mit blauen Flecken an der Hand.

Eine Weile irre ich mit ihr im Club umher, hoffend, jemanden zu finden, der zu ihr gehört, dass ihre Leute gute Leute sind, oder dass sie sich erinnert.

Die Gesichter der Tanzenden kann ich kaum erkennen. Leila erkennt niemanden.

Es dauert eine ganze Weile, bis wir uns nach unten gekämpft haben.

Ich beschließe, mit ihr zu Ido an die Bar zu gehen. Ido arbeitet schon lange hier, er kennt die meisten, die hier ihre Nächte verbringen. Vielleicht kennt er auch ihre Leute.

Stattdessen schaut er missbilligend.

»Eine Streunerin also. Das ist eine Straßenkatze, keine Domestizierte, das sieht man.«

Er sagt es verächtlich und meint es nicht so. Ido ist selbst ein Streuner.

»Hab die noch nie hier gesehen. Kann mir auch nicht das Gesicht von jedem Junkie merken.«

Ido ist Komponist und arbeitet seit Beginn seines Studiums im Club. Er ist jede Nacht in diesem Krach, in dieser Art, die Nacht zum Tag zu machen. Nachts ein abgestumpfter Barmann, tagsüber ein Pianist voller Ideen. Mit jedem Jahr hat er ein Stück Mitgefühl verloren. Alkohol, Kokain, kein Schlaf in der Nacht, Schlaf bis in den Nachmittag hinein. Rausch, Ekstase, Ernüchterung. Und irgendwie weitermachen.

Plötzlich bricht Leila zusammen. Es ist dunkel, und sie fällt einfach um, wir sehen nicht, wohin sie fällt.

Es ist so wenig Platz in der Menge, dass sie halb von den Umstehenden aufgefangen wird. Sie wird von einer schwarzen Masse verschluckt.

Für eine Sekunde wird es hell. Ich sehe durch den Dunst ein unerwartet bekanntes Gesicht. Es lächelt mich an, nur für einen Moment. Kann das sein?

Jitzchak, mein Fahrer von neulich, der Sohn des Rabbiners, lächelt mich an.

Ich verstehe nicht, wie das passiert ist.

Er ist wieder fort. Ich schaue mich nach ihm um und sehe ihn wieder, er kniet vor Leila, im Dunkeln, fühlt ihren Puls, zwei Finger an ihrem Hals. Auch ich knie jetzt, schaue ihn an, die Umstehenden haben Platz gemacht, bilden einen Kreis um uns.

Ido bringt ein Glas Wasser, gibt es an Jitzchak weiter, der sanft die Leitung übernommen hat. Vorsichtig hält er Leilas Kopf und flößt ihr kleine Schlucke ein.

»Wir sollten sie hier rausbringen. Ihr Puls geht viel zu schnell.« Er brüllt fast, um die wummernden Bässe zu übertönen. Ich nicke. Wir greifen ihr unter die Arme, jeder auf einer Seite, und beginnen, sie in Richtung der Treppe nach oben zu schieben. Es geht leicht, sie wiegt fast nichts.

»Ich weiß, wen ich anrufen kann«, brülle ich zu ihm hinüber.

Er nickt, wir schieben uns durch die Leute, legen Leila oben auf das abgewetzte Sofa.

Ihr Herzschlag geht schnell, sie reagiert kaum noch.

Ich überlasse sie, die nur noch schwach glitzert, seiner Obhut und laufe nach draußen, um zu telefonieren.

Vor dem Club hat sich inzwischen eine Menschenmenge angesammelt, es scheint eine Diskussion zu geben. Amar hat sich zu seiner vollen Größe aufgerichtet und weist alle ab. Ich entferne mich ein paar Meter von ihnen und rufe Sam an, der Rettungssanitäter bei *Magen David Adom* ist, dem roten Davidstern. Er ist meistens in der Nähe und rettet für gewöhnlich die Opfer der Nacht.

Sam pumpt Betrunkenen die Mägen aus, legt Kanülen, stoppt Blutungen, erkennt Schlaganfälle und entbindet Babys, die nicht bis zum Krankenhaus warten können. Er hat schon viele gerettet. Sam ist der Erste, der Opfer von Anschlägen beruhigt, und er wird gerufen, um jene zu beschwichtigen, die vielleicht aus dem Fenster springen wollen. Nach seiner Schicht legt er seine *Tefillin* an und betet. Sam ist fromm, Sam glaubt an Gott, Sam weiß, an welcher Stelle am Rücken Messer am gefährlichsten zustechen, er hat viele Messer aus Rücken gezogen, Sam glaubt an den Frieden. Er trägt Kippa, trägt seine *Zizit,* und er fährt Auto an Shabbat, wenn er gerufen wird. Sam sagt, Shabbat ist für Terroristen ein ganz normaler Arbeitstag. Und deswegen muss auch Sam an Shabbat arbeiten.

Jetzt geht er nicht ans Telefon, vielleicht rettet er gerade jemanden. Also müssen wir ohne ihn auskommen.

Die Lage vor dem Club scheint inzwischen zu eskalieren.

Etwa sechs junge Männer stehen im Halbkreis um die Tür. Sie sprechen Arabisch mit Amar, sie schreien, sie sind aufgebracht und ziemlich betrunken.

»Ihr könnt nicht hinein«, sagt Amar.

»Könnt ihr nicht«, sagt er.

»Ihr seid zu betrunken.«

»Nein, ihr könnt nicht hinein.«

»Vergesst es, geht weg!«

»Geht!«

Sie geben sich nicht zufrieden. Einer fängt an, gegen die Tür zu treten.

»Du Rassist!«, schreien sie Amar ins Gesicht, der selbst Araber ist und darauf nichts zu erwidern weiß. »Du bist ein scheiß Kollaborateur.«

Sie wollen ihre Freundin mitnehmen, sagen sie. Einer von ihnen zeigt in Richtung des Sofas. Dort habe ich Leila zurückgelassen, denke ich mit Schrecken.

Nicht für Geld würde er eine Frau jetzt mit ihnen gehen lassen, antwortet Amar, der sich nie aus der Ruhe bringen lässt.

Zwei arabische Israelis sorgen für die Sicherheit in einem Jerusalemer Techno-Club.

Zwei arabische Israelis sorgen dafür, dass arabische Israelis und jüdische Israelis und alle anderen nicht betrunken eine Frau abschleppen, die vielleicht nicht abgeschleppt werden will. Zwei arabische Israelis, die den Preis bezahlen, sich dafür als Kollaborateure beschimpfen zu lassen.

Amar und Aziz wachen über die Tanzenden, wachen über ihre Sorglosigkeit, die nur so sorglos sein kann, solange sie auf sie achtgeben. Später wachen sie auch über ihren Rausch, wenn ihnen das schon längst nicht mehr selbst gelingt. Wachen über das Vergessen und ihre Gleichgültigkeit, über das hilflose Treiben willenloser Partymenschen, über das egoistische Entkommen aus ihrer Realität, nur für ein paar Stunden.

Dort, wo Amar und Aziz herkommen, trinkt man keinen Alkohol. Dort, wo sie herkommen, geht man in die Moschee und schimpft auf Juden. Auf die Zionisten, auf die Besatzer.

Hier rauchen sie Zigaretten, trinken Bier, tanzen mit Juden. Gehören dazu.

Und sie gehören zu *den anderen*.

Plötzlich geht alles ganz schnell. Einer greift sich einen Holzstuhl, der draußen steht, und wirft ihn in die Richtung, in der Amar steht. Ein anderer schlägt ihm mit der Faust in den Magen, sein Gesicht verliert an Farbe.

Als ich mich instinktiv in Bewegung setzen will, fliegt die Tür von innen auf und drei junge Männer kommen heraus. Einer von ihnen ist Jitzchak. Er packt den Schläger am Kragen und schleift ihn auf die Straße. Der Angreifer versucht, sich aus seinem festen Griff zu winden, aber Jitzchak lässt ihn nicht los. Auf der Straße gibt er ihm einen kräftigen Stoß, er stolpert, fängt sich, und man sieht in seinem Blick, dass er jetzt genug hat.

Die anderen beiden haben sich derweil um den Rest der Truppe gekümmert. Ein weiterer Randalierer steht noch an der Tür und ist für einen kurzen Moment erstarrt. Er legt Amar beschwichtigend die Hand auf die Schulter. Das habe er nicht gewollt, sagt er.

Amar ringt um Haltung, die Hand auf dem Bauch, er fängt sich und richtet sich auf. Ich sehe sein Gesicht, er saugt Luft ein, langsam wird sein Atem ruhiger.

Sie sollen jetzt verschwinden, sagt er.

Schließlich zieht die Gruppe geschlagen von dannen. Jitzchak geht zu Amar hinüber.

»Alles okay?«, fragt er. Amar nickt. »Alles okay«, antwortet er auf Hebräisch.

Ich gehe zu ihnen, atme erleichtert auf.

Jitzchak schaut mich an. Er schaut mich an mit seinen stahlblauen Augen.

Jitzchak ist ein schöner Mann.

Wir sind alle etwas durcheinander. Als wir hineingehen, ist Leila weg.

»Scheiße«, fluche ich wütend. »Wie kann das sein?«

Es ist inzwischen früh am Morgen, und der Club ist immer noch gut gefüllt. Der Beat ist schneller geworden, so schnell wie Leilas Puls vorhin.

Jitzchak atmet tief ein, wie jemand, der sich auf einen langen Tauchgang vorbereitet. Er ergreift meine Hand und führt mich durch die Menge. Ich stelle mir vor, dass wir gemeinsam durch ein Aquarium schwimmen, gefüllt mit tanzenden Fischen. Bunt schillernd in allen Farben.

Wir beschließen, auf den Toiletten nach Leila zu suchen.

Es gibt drei.

In der ersten ist ein Paar, im Kuss verschlungen. Keine der beiden ist Leila.

In der zweiten zieht ein dunkelhaariger Typ weißes Pulver durch einen Fünfzig-Schekel-Schein in seine Nase. Ich kenne ihn flüchtig, er grinst und macht eine einladende Geste, als er mich sieht. Früher war er ein *Chassid*, mit langen Schläfenlocken und Bart. Was er jetzt ist, weiß ich nicht. Er kommt jede Nacht her und versorgt alle mit dem Stoff, der sie fliegen lässt. Gott ist hier, erklärte er mir. Nie zuvor ist er Gott so nah gekommen wie im Club, hat er mal gesagt.

In der dritten Toilette ist einer am Pinkeln, einfach nur so. Leila finden wir nicht.

Wir gehen zu Ido an die Bar, der ziemlich viel zu tun hat. Es ist immer noch sehr voll, und Ido zapft uns ein Bier aufs Haus. Leila, oder wie auch immer sie in Wahrheit hieß, ist fort. Sie ist einfach verschwunden.

Eine Weile später geben wir auf.

Wir setzen uns mit Mohammad vor den Club. Mohammad ist DJ, an beiden Armen tätowiert, schön, groß und dunkel. Sehnsuchtsmann vieler Frauen. Mancher Männer. Er trägt einen Mafiosibart, sagt italienischer Schnauzer dazu, und es klingt gleich viel eleganter.

Ido sagt, er ist von innen kaputt. Ich finde ihn klug, theatralisch und irgendwie sanft. Außerdem ziemlich verlebt.

Mohammad kommt nicht über seine jüdische Ex-Freundin hinweg. Er verachtet Juden, Araber, Frauen im Allgemeinen und sich selbst.

Mohammad wohnt in einem tropfenden Drecksloch in der Jerusalemer Altstadt und hat nie Toilettenpapier da. An die unverputzten Steinwände seines höhlenartigen Zimmers hat er selbst gemalte Zeichnungen gehängt. Sie sind schön und authentisch, manche hat er mit Aquarellfarben ausgemalt. Sie zeigen das Jerusalem von Mohammad, von einem, der zeichnet, um sich an die eigene Realität zu erinnern.

Mohammad riecht immer nach Rasierwasser, und man will ihn zur Begrüßung lange umarmen. Über sich selbst und seine Herkunft sagt er: Halb Araber, halb Beduine. Er sagt, er habe von beidem das Schlechteste.

Mohammad und ich lernten uns kennen, als die *Zweite Intifada* zu Ende ging. Mein Vater flog zu seinem besten Freund nach Haifa und nahm mich nach langem Überreden mit. Shira, die die Tochter des Freundes war, holte mich abends ab. Ich war gerade erst dabei, erwachsen zu werden, und sie war wie eine ältere Schwester, die die Geheimnisse des Erwachsenwerdens entdeckte, bevor ich sie entdeckte, und die mich daran teilhaben ließ.

Shira arbeitete in Haifa in einem Club, in dem Konzerte veranstaltet wurden, und kannte sich aus. Sie kannte sich mit allem aus, mit Musik, mit Jungs und mit allem anderen. Sie schaute amerikanische Filme und sprach amerikanisches Englisch. Über die Musiker in ihrem Club sagte sie: »I'll make sure that they won't hit on you.«

Ich schaute keine amerikanischen Filme und wusste nicht, wieso sie mich schlagen sollten. Vielleicht meinte sie aber auch einen Hit. Da geht was, dachte ich.

Shira brannte mir CDs von den Bands, die gerade angesagt waren, und einmal nahm sie mich mit auf ein Konzert. Der Saxofonist hatte schwarze Locken und schwarze Augen und ein goldenes Saxofon und seine schwarzen Augen schauten immerzu auf mich. Kurz vor der Zugabe drückte er dem Bassisten das goldene Saxofon in die Hand, sprang von der Bühne und schrieb mir mit einem Kugelschreiber seine Telefonnummer auf den Arm.

Nach dem Konzert bahnte sich Mohammad den Weg zu uns.

»Ich will die Nummer!«, sagte er und sah dabei wie ein trotziges Kind aus.

»Warum?«, fragte ich irritiert.

»Der Saxofonist schuldet mir Geld.« Er schaute mich anklagend an, obwohl ich doch nichts dafürkonnte. Ich wollte ihm die Nummer nicht geben, denn ich wollte sie ganz allein für mich.

Mohammad, der arabische Schönling mit dem italienischen Mafiosibart, war damals schon sonderbar. Er sprach akzentfrei Hebräisch und war doch irgendwie anders als die anderen israelischen Jungs, die ich damals traf.

Ich fand ihn toll.

Ich fragte ihn nach seinem Namen.

»Mohammad«, sagte er.

»Na klar«, sagte ich.

Ich war mir sicher, dass er einen Witz gemacht hatte, etwa so wie die Gaza University als Studienort anzugeben, wo doch kein Jude dort studieren konnte.

»Also, wie heißt du?«, fragte ich erneut.

»Mohammad«, wiederholte Mohammad.

Er schaute verständnislos und ich war entlarvt.

»Denkst du, die coolen Typen in Israel sind alle Juden?«, fragte er und schaute abschätzig.

Ich sagte nichts. Ich kannte viele israelische Araber. Meine Großeltern zählten Drusen, Tscherkessen und Beduinen zu ihren Freunden.

Einem tätowierten Musiker begegnete ich dort nie.

Der Saxofonist bezahlte Mohammad sein Geld und heiratete später eine andere.

Mohammad zieht mich heute noch damit auf.

»Ich bin ihr Lieblingsbürger zweiter Klasse«, sagt er, wenn ich ihn anderen Leuten vorstelle.

»Ich bin Araber mit jüdischem Humor«, sagt er lachend und blickt in irritierte Gesichter.

»Keine Angst«, sagt Mohammad. »Keine Angst.«

Jetzt sitzen wir vor dem Club. Jitzchak, der Sohn eines Rabbiners, Mohammad, der Sohn eines Palästinensers, und ich. So was kommt vor, in Jerusalem.

Neben Mohammad in der Ecke sitzt ein sonderbarer Typ, von dem Mohammad sagt, er sei gefährlich, er wäre gerade erst aus dem Gefängnis entlassen worden. Wir kennen ihn, weil er manchmal hier sitzt, und wir nennen ihn den Visionär, denn er hat Visionen, die sonst keiner hat. Das ist manchmal nützlich, meistens aber eher nicht. Man sollte ihn besser nicht ansprechen oder in ein Gespräch verwickeln, sagt Mohammad. Im Club hat der Visionär Hausverbot.

Eine halbe Stunde zuvor fragte er mit ruhiger Stimme nach einem Bier. Mohammad schaute mich an und schüttelte stumm und vielsagend den Kopf. Idealerweise erkennt er Leute, die auch von innen kaputt sind. Er kennt auch die dazugehörigen Geschichten. Mohammad ist wie ein Lexikon für Abtrünnige, in dem man nachschlagen kann, wenn man etwas herausfinden will.

Ich brachte dem Visionär trotzdem ein Bier. Seitdem sitzt er, der nicht hinein-darf, draußen vor der Tür, trinkt in kleinen Schlucken aus der Glasflasche und hält die restliche Zeit den Kopf in seinen Händen vergraben. Seine schwarze Mütze hat er tief über das dunkle Haar gezogen.

Dann schreckt er plötzlich hoch. Seine Hand hält mit halb

ausgestrecktem Zeigefinger mitten in der Bewegung inne, sein Blick fixiert einen unklaren Punkt am Horizont.

Er hat eine Vision.

»Ich habe die Lösung gefunden!«, proklamiert er.

Wir schauen ihn alle an.

»Die Lösung für was?«, fragt Mohammad mit hochgezogener Augenbraue.

Ohne den Blick von dem abzuwenden, was er zu sehen scheint, formuliert der Visionär mit gespitzten Lippen in gekünstelter Artikulation eine Antwort.

»Für die ganze Scheiße hier«, sagt er. »Für den Konflikt und alles.«

Josh, der auch unten im Club an der Bar arbeitet, hat sich für eine kurze Raucherpause zu uns gesellt.

Er hat eine amerikanisch-jüdische Mutter und einen italienisch-katholischen Vater. Seine schwarzen Haare trägt er zu einer Tolle frisiert wie Elvis Presley. Von Elvis versteht er sonst nicht viel.

Vor ein paar Monaten hat er *Aliyah* aus den Staaten gemacht, wollte zur israelischen Armee. Seine Mutter weinte und sagte, er solle nicht gehen.

Josh wollte zur Armee wegen der vielen Anschläge, er wollte etwas dagegen tun, er wollte in eine Eliteeinheit und gegen Araber kämpfen, die mit Messern in Juden stechen. Davon hatte er gelesen, die Zeitungen schrieben von der »Messer-Intifada«.

Seit er im Land ist, hat Josh bisher zwei Dinge geschafft: Er hat sich einen riesigen Davidstern auf den Unterarm tätowieren lassen, und er hat kein einziges Wort Hebräisch gelernt. In die Eliteeinheit der Armee hat er es nicht geschafft.

»Was ist denn die Lösung?«, fragt er den Visionär in unserer Runde auf Englisch, und, an die anderen gewandt: »Seid ihr denn gar nicht neugierig?«

Mohammad will ihm mit einer Geste zu verstehen geben, nicht weiter nachzufragen, und fährt mit der ausgestreckten Innenkante seiner Hand von der linken Seite seines Halses zur rechten.

»He is dangerous!«, kommt tonlos über seine Lippen.

»He's a dentist?«, fragt Josh laut und irritiert.

Mohammad verdreht die Augen und zündet sich eine Zigarette an.

Der Visionär hat seinen Kopf wieder in den Händen vergraben. Er reagiert nicht mehr.

Plötzlich steht einer der arabischen Randalierer von vorhin unten vor den Stufen. Es scheint der Vernünftige unter ihnen zu sein.

Mit glasigem Gesichtsausdruck steht er da und fragt in gebrochenem Hebräisch nach Feuer für seine Zigarette, während er stark schwankend versucht, sein Gleichgewicht zu halten. Mohammad wirft ihm sein Feuerzeug zu.

»Warte, weißt du, was mit dem Mädchen von vorhin passiert ist?«, fragt Jitzchak.

Der Typ scheint etwas zu wissen, sie wechseln ein paar holprige Sätze.

Plötzlich reißt Jitzchak die Augen auf.

»Ist sie tot?«

»Sie … sie … ist gegangen«, antwortet der andere und macht eine vage Handbewegung nach oben, verliert dabei das Gleichgewicht und fällt zu Boden.

»Oh Gott«, murmelt Jitzchak.

Wir schauen uns betreten an. Einen Moment herrscht Stille,

ich halte mich angespannt und gerade auf meinem Stuhl. Mohammad ist aufgesprungen, um Jitzchak zu helfen, den Typen wieder auf die Beine zu stellen.

»*Habibi*«, spricht er ihn auf Arabisch an, während er ihm mit der Hand den Schmutz von der Hose klopft. »*Akhbirni*, erzähl mir, was passiert ist!« Er zündet ihm die erloschene Zigarette wieder an. Erleichtert, in seiner Muttersprache sprechen zu können, berichtet der Typ Mohammad flüssig irgendetwas.

Plötzlich fängt dieser an zu lachen. Er lacht immer lauter und verrückter, der Typ schaut ihn irritiert an. Schließlich dreht er sich prustend zu uns um, kann kaum sprechen vor Lachen. »Nach Hause ist sie gegangen, *walla*, nach Hause …!«

»Aber er hat doch gesagt …«, setzt Jitzchak an, als ihm Mohammad wieder ins Wort fällt.

»Sie ist nach Hause gegangen, nicht nach oben zu Gott, du Idiot. Er hat sie nach Hause gebracht.«

Er klopft dem Typen auf die Schulter, der nicht recht weiß, wie ihm geschieht, jetzt aber auch den Kontext zu begreifen scheint und etwas dümmlich vor sich hin grinst. Er verabschiedet sich von Mohammad mit einigen Sätzen auf Arabisch, wünscht Jitzchak auf Hebräisch gute Nacht und wirft ein lallendes *goodnight* in Richtung Josh. Dann schwankt er davon.

Wir atmen erleichtert auf. Keiner wagt es auszusprechen, aber wir denken alle das Gleiche: Hoffentlich hat er die Wahrheit gesagt.

Plötzlich zieht sich der Visionär in der Ecke mit einer ruckartigen Bewegung die schwarze Mütze vom Kopf. Er schaut uns mit irrem Blick an, für einen Moment stockt mir der Atem. In klarem, überdeutlichem Englisch, um von allen verstanden zu werden, formuliert er seine Worte: »Kom-mu-ni-ka-tion! Das ist die Lösung für eure Probleme! Das ist es, was in diesem scheiß Land nicht funktioniert.«

Dann steht er auf und geht mit großen Schritten die Straße hinauf in Richtung Altstadt.

Wir schauen ihm hinterher.

Es ist inzwischen hell geworden. Wir sind müde, aber auch noch aufgerieben von der ereignisreichen Nacht.

Josh ist hineingegangen, Mohammad ist zu betrunken, um irgendwohin zu gehen.

Ich habe keine Lust, ihn nach Hause zu bringen, und sage, er soll mit dem Trinken aufhören. Er ist nicht besonders gut darin, auf sich selbst achtzugeben.

Mit geschlossenen Augen nickt er und steckt sich erneut eine Zigarette an.

Ich denke über die Schlafsituation nach.

In einem kleinen versteckten Zimmer über dem Club stehen drei Stockbetten. Wer im Club arbeitet, kann auch im Club schlafen. Auf dem oberen Bett, direkt neben dem Fenster, steht mein Rucksack.

Vor dem Zubettgehen vergeht immer einige Zeit auf der Suche nach einer Bettdecke. Diesmal habe ich überhaupt keine gefunden. Während ich noch überlege, spüre ich plötzlich Jitzchaks Hand an meiner Schulter.

»Gehen wir etwas spazieren?«

Bevor ich antworten kann, spüre ich unsanft die Stahltür in meinem Rücken. Josh stößt sie mit dem Knie auf und hält drei Gläser mit schwarzer Flüssigkeit in den Händen.

»Kaffee!«, ruft er aufgedreht.

Mohammad wird schlagartig wieder wach, streckt seine Hand aus, bekommt Kaffee, zieht Josh zu sich heran und gibt ihm einen Kuss. Josh schlägt ihm dafür kämpferisch mit der flachen Hand auf den Hinterkopf, und da kein Stuhl mehr frei ist, setzt er sich herumalbernd auf Mohammads Schoß.

Mohammad ist zu betrunken, um sich zur Wehr zu setzen. Mit dem Zeigefinger kreist er fahrig um den tätowierten Davidstern auf Joshs Unterarm.

»Das sieht so scheiße aus, Mann. Ihr Juden mit eurem Rückkehrrecht und eurem Patriotismus. Ich würde dir das mit einem Messer aus dem Arm schneiden, wenn's dir nicht so wehtun würde, Bruder.«

Josh nimmt ihn in den Schwitzkasten, streicht ihm über das Haar.

»Ich weiß, *Achi*. Würdest du nicht tun.«

Ich teile mir einen Kaffee mit Jitzchak.

Mohammad schläft irgendwann auf seinem Stuhl ein.

Ich wecke ihn sanft und führe ihn durch die ausgedünnte Party zu dem kleinen Raum, in dem am Fenster mein Bett steht. Er legt sich hin und murmelt noch etwas, jetzt sieht er aus wie ein kleiner Junge, sein Gesicht sanft wie das eines schlafenden Kindes. Ich decke ihn mit seiner Jacke zu, nehme meinen Rucksack und verlasse leise das Zimmer. Ich hätte auch mit der Tür knallen können, es hätte kaum einen Unterschied gemacht.

Seltsamerweise schlafen wir für gewöhnlich tief und fest, wenn wir hier übernachten, trotz der wummernden Schläge des Techno, der die Wände vibrieren und das Mauerwerk bröckeln lässt.

Mohammad erklärt es so:

Der rhythmische Herzschlag der Mutter ist das Erste, was wir Menschen hören, noch bevor wir auf der Welt sind. Solange er da ist, können wir beruhigt schlafen, alles andere vergessen. Wir sind behütet, wir sind in einem geschützten Raum, der sicher ist und nichts zu tun hat mit der Realität da draußen. Es gibt dort kein Gut und kein Böse, alles ist eine Einheit.

Mit dem Techno ist es genauso, mitten im dunklen Herzen von Mutter Jerusalem.

Kapitel 13 –
Kritik der reinen Vernunft

> *»Das gründlichste und leichteste Besänftigungsmittel aller Schmerzen ist der Gedanke, den man einem vernünftigen Menschen wohl anmuten kann: dass das Leben überhaupt, was den Genuss desselben betrifft, der von Glücksumständen abhängt, gar keinen eigenen Wert, und nur was den Gebrauch desselben anlangt, zu welchen Zwecken es gerichtet ist, einen Wert habe, den nicht das Glück, sondern allein die Weisheit dem Menschen verschaffen kann; der also in seiner Gewalt ist. Wer ängstlich wegen des Verlustes desselben bekümmert ist, wird des Lebens nie froh werden.«*
>
> IMMANUEL KANT, »Kritik der reinen Vernunft«

Jitzchak steht draußen in der aufgehenden Morgensonne.

Er raucht nicht, er hat nicht getrunken. Techno findet er höchstens erträglich, das weiß ich inzwischen.

Ich bin gekommen, um dich wiederzusehen, wird er später sagen.

Wir gehen spazieren, atmen die frische Luft, bewegen unsere müden Körper. Die Ruhe bringt ihn zum Reden.

Jitzchak ist von einer religiösen Frau geschieden. Es war eine gute Ehe, und irgendwann war sie vorbei.

Also ging er nach London, um Medizin zu studieren. Er wusste nicht wohin mit sich. In London fand er kein Zuhause, und so ging er nach Liverpool, um Psychologie zu studieren. Als auch das nichts half, ging er in ein indisches Schweigekloster, um zu schweigen.

»Am Ende bin ich wieder hier«, sagt er und schaut auf die Stadt wie ein geläuterter Heimkehrender.

»Mein Jerusalem.«

Eine Wohnung zu finden, ist nicht leicht, wenn man lange fort war. Er hat in großen Städten gelebt. Er möchte es jetzt anders. Vielleicht raus aus der Stadt. In einem Kibbuz leben oder in einem *Moschav*. Das wäre schön, sagt Jitzchak.

Seit er wieder zurück ist, wohnt er vorübergehend in seinem alten Zimmer bei seinem Vater.

Jitzchak sagt, unsichere Phasen sind gut für uns. Wir müssen nur lernen, sie zu genießen.

Aus seinem Mund klingt es leicht. Ich weiß nicht, ob er es so meint.

Das Potenzial der Freiheit zu verstehen, ist nicht leicht, sagt er.

Wir dürfen keine Angst vor der Freiheit haben.

Mit der Angst ist es so eine Sache.

Sie ist da wie ein stilles Gewissen. Wie ein Berater, der sich aufbauscht, wenn man ihn zu konsultieren vergisst, und dann eingeschnappt seinen großen Raum einnehmen will.

Angst ist kein guter Begleiter, sagte mein Vater, wenn ich ängstlich war.

Man muss dem Wolf in den Rachen greifen.

Er war selbst ein Wolf. So nannten sie ihn, und so stand es in seinem Pass. Er war keiner, der Schafe reißt. Er war einer, der die Angst besiegen konnte.

Ich weiß nicht, wovor er Angst hatte. Ob er überhaupt Angst hatte.

Er war wie ein alter Baum mit tiefen Wurzeln, scheinbar unerschütterlich, nicht im Körper, aber im Geist. Und er hatte eine mutige Krone, die keine Scheu hatte, immer weiterzuwachsen, in den Wind und den Sturm und in die Höhe. Ein Blitzschlag kann einen Baum verwunden, dann geht er vielleicht kaputt, sagte mein Vater.

Die Natur will es dann so. Irgendwann wächst dann wieder ein neuer Baum. Vielleicht war es der Glaube an den Kreislauf der Dinge, in dem alles seine Richtigkeit hat, der ihn mutig sein ließ.

Ob er Angst vor dem Tod habe, fragte ich ihn einmal.

Der Tod war dabei.

Mein Vater lag in einem Krankenhausbett, und ein Herzinfarkt war in seinem Herzen. Er wollte die *Kritik der reinen Vernunft* lesen, aber er war zu schwach, um das Buch zu halten.

Ich las für ihn. Ich verstand nichts und konnte nichts einen Klang verleihen. Kant liest sich schwer, wenn man traurig ist.

»Ich habe keine Angst«, sagte mein Vater. »Denn *du* bist jetzt da. Gevatter Tod und ich haben uns schon vor Langem miteinander vertraut gemacht.«

Er hielt dabei meine Hand, und der Tod hielt seine andere. Leise und geduldig.

Die Vaterhand war riesig. Die größte, die ich je gehalten habe. Sie war im Sommer kühl wie Flusswasser und im Winter warm wie ein Kaminfeuer. Sie war Teil eines ausgeglichenen Systems, und ihre Führung war fest und sicher, weil sie so sein wollte.

Heute habe ich seine Hände. Er ist fort, aber ich bin aus ihm gemacht.

Und meine Hände sind wie seine.

Ich hatte Angst, damals.

Seine Hand zu halten, half nicht gegen die Angst.

Kant half nicht gegen die Angst.

Der Plastikbecherkaffee aus dem Krankenhausautomaten half nicht gegen die Angst. Er half nicht mit viel Zucker und auch nicht, wenn man ihn sich stark und schwarz in die Seele schüttete, die verrückt war vor Angst und sich nicht besänftigen ließ.

Nichts half, als ich seine Hand am Ende der Besuchszeit schließlich losließ und nach Hause ging.

Jitzchak geht ruhig neben mir her und schaut mich von der Seite an. Dann greift er nach meiner Hand. Ich schrecke aus meinen Gedanken, will jetzt keine andere Hand halten.

»Verzeihung«, sagt er leise.

Wir laufen gemeinsam durch den Independence Park, vorbei am Lion's Cave. Wie es in heiligen Stätten in Jerusalem üblich ist, behaupten die Juden, dass dort Knochen von Juden begraben liegen, die Muslime jedoch sind der Meinung, dass in der Grabstätte heilige muslimische Knochen liegen, die Allah selbst dort hineingelegt hat.

Die Christen versichern, dass das Grab Knochen von christlichen Mönchen enthält, die von den Persern massakriert wurden. Vor dem Grab steht ein steinerner Löwe. Er ist da, um die Grabstätte vor Grabräubern zu schützen, darin sind sich alle einig.

Leider ist er stumm und lässt außerdem niemanden hinein, der die Wahrheit ans Licht bringt.

Wenn man in Jerusalem auf etwas tritt, kann man sich sicher sein, dass sich schon jemand anderes darum streitet. Unter jedem Quadratmeter Boden befindet sich etwas, das jemandem heilig ist.

Wir flanieren neben einer Reihe niedriger Olivenbäume. Ihr Holz ist alt und ihre Rinde runzlig, jahrzehntelang hat sich die Hitze der Sonne in sie hineingebrannt. Im Herbst werden die Oliven geerntet. Arabische Jungen werden kommen und große Tücher unter ihnen auslegen. Die Bäume werden stolz dastehen, die Krone in den Himmel gereckt, und um Geduld bitten. Schließlich werden sie nachgeben und seufzend ihre Früchte fallen lassen. Die Jungen werden sie auf dem Markt verkaufen oder zu Öl verarbeiten. Die Oliven sind schwarz und bitter. Manche sind blass und schmecken nach Tränen.

Auf der anderen Seite des Parks ist ein kleines, von Menschenhand angelegtes Gewässer, in dem häufig Vögel baden. Sie nehmen ihr Bad früh, noch bevor die Menschen sie dabei stören. Ausgelassen toben sie jetzt durchs Wasser. Ich will sie nicht verscheuchen, aber sie bemerken uns doch, einige stieben laut aufzwitschernd davon.

Neben einer großen Zypresse, die frisch und belebend duftet, bleiben wir stehen. In ihren Blättern ist ein ätherisches Öl, das seit biblischen Zeiten zur Wunddesinfektion und zur Fiebersenkung verwendet wird. Auch eine berauschende und aphrodisierende Wirkung wird ihr nachgesagt. Das wusste meine Großmutter, die die Heilkunde der Hildegard von Bingen studiert hatte.

Ich wende mich Jitzchak zu. Er hat die Augen geschlossen und hält sein Gesicht in die Sonne. Vorsichtig berühre ich sein helles Haar. Er dreht sich zu mir, legt seine Wange in meine Hand. Einen Moment verharren wir so. Dann zieht er mich langsam an sich, vergräbt sein Gesicht in meinem Haar.

»Du riechst wie die Sonne«, sagt er, ganz nah an meinem Ohr.

Das Haar riecht nach Zigaretten, nach Arbeit in der Bar und im Club, in ihm hängt die Müdigkeit nach einer langen und schlaflosen Nacht.

»Ich glaube, es ist die Zypresse, die du begehrst«, flüstere ich grinsend zurück. Er schaut auf, sein Gesicht ist ganz nah vor meinem. Er ist ganz ernst und schüttelt den Kopf, dann berühren seine Lippen meinen Mund.

Umschlungen stehen wir eine Weile vor dem Baum, seine Arme liegen auf meinem Rücken und meine auf seinem, wir atmen gemeinsam den Zypressenduft. Der Morgen durchzieht langsam die Stadt, sie gewinnt an Kraft und Routine.

»Fahren wir zu mir nach Hause«, sagt Jitzchak schließlich.

Wir gehen mit leisen Schritten auf dem weichen Boden, sein Wagen steht nicht weit entfernt. Die Ledersitze sind noch kalt von der Nacht.

Jitzchak lässt den Wagen an und fährt in Richtung Givat Mordechai, einem etwas außerhalb liegenden Stadtteil im westlichen Jerusalem. Wir schweigen, denn wir sind müde und harren dem, was kommen mag. Jeder in seinen Gedanken.

In Givat Mordechai leben modern-orthodoxe Juden, so wie Jitzchaks Vater, der von Jitzchaks Mutter geschieden ist. Er wohnt in einem Haus, das an ein Tal grenzt, in dem halbwilde Gazellen leben. Vom Wohnzimmer aus kann man sie beobachten, sagt Jitzchak. Sein Vater ist jetzt nicht zu Hause, er kommt erst heute Abend.

Die Gazellenobservationswohnung ist groß und voller Licht. Im Eingangsbereich steht eine lange Tafel, die von Stühlen umringt ist, auf denen jetzt keine Gäste sitzen. Ein halb verblühter Blumenstrauß in einer filigranen Vase steht darauf, er hat einige seiner welken Blütenblätter müde auf den Tisch gelegt.

Dahinter steht ein Bücherregal, das ganz durcheinander ist. Es sieht aus, als hätte ein dreijähriges Kind oder ein Lesender auf der Flucht die Bücher einsortiert.

Einige liegen, andere sind aufrecht, manche stehen mit dem Buchrücken nach vorn und manche mit dem Buchrücken nach hinten. Eines ist hinausgefallen und liegt aufgeblättert auf dem Boden. Überall in der Wohnung sind Bücher. Bücherstapel, einzelne Bücher, mitunter nur einzelne Seiten.

Jitzchak nimmt die Gitarre, die auf einem der Stühle liegt, und setzt sich damit auf die Cajon vor der großen Fensterfront.

Beautiful stranger. I wanna loose my mind. Beautiful stranger, in the depth of your eyes.

Ich setze mich auf das Sofa neben ihm, die Vibration seiner Stimme ist in der Cajon und im Sofa.

So don't go if you wanna know, don't go if you don't know. Where the night turns out the lights of day – cause we've got time and yes we've got time …

Ich will nicht gehen. Wir haben Zeit bis heute Abend. Zeit, bis sein Vater kommt. Jitzchak lässt von der Gitarre ab und kommt zu mir.

Seine Bewegungen lassen erahnen, dass er weiß, wohin er will. Sein wacher Blick ruht auf mir, als würde er versuchen, damit meine Gedanken zu lesen. Langsam zieht er sich aus. Sein Körper ist mutig und schön. Ich lege meine Hände darauf und spüre, dass er atmet und warm ist und voller Kraft. Suche, wo er stark und wo er verletzlich ist.

Er hält mich und lässt mich gewähren. Er findet meinen Rhythmus und ich den seinen. Die Zeit vergeht und verliert an Bedeutung.

Erschöpft liegt er neben mir, schön und weniger fremd. Sein Atem geht noch schnell. Langsam wird er ruhiger, und ich spüre ihn fließend über meinen Körper streichen.

Mit leisen Bewegungen steht er nach einer Weile auf und zieht sich eine Leinenhose über die nackten Beine.

»Komm, wir gehen nach draußen«, sagt er.

Wir gehen. Ich richte mich langsam auf, ziehe mich an und folge ihm in einen verwilderten Garten. Es gibt keine Tür dorthin, also klettern wir durch das Fenster. Ich frage mich nicht, warum es keine Tür gibt. Es ist einfach keine da.

Obwohl es Winter ist, ist die Luft nicht winterlich. Die Sonne scheint, und ich lehne mich an die sonnengewärmte Hauswand, halte mein Gesicht in Richtung Himmel. Spüre zum zweiten Mal an diesem Morgen in einer hitzigen Welle ein Gefühl von Kraft und Wärme durch meinen Körper strömen.

Jitzchak zieht ein altes Sofa aus einer Ecke des wilden Gartens. Ich beobachte das Muskelspiel seines nackten Oberkörpers, es gefällt mir.

Er schiebt das Sofa in die Sonne und klopft etwas Staub ab. Dann tritt er einen Schritt zurück und begutachtet sein Werk. Wie ein Vogel, der seinem Weibchen ein Nest baut, denke ich. Er kommt zurück in meine Richtung und ich ziehe ihn zu mir heran. Er drückt seinen sonnenwarmen Körper an mich und legt sein Gesicht in meine Hände.

»Du hast mir ein Nest gebaut«, merke ich an. Er nickt und küsst mich und verschwindet nach drinnen.

Ich lege mich auf das Sofa. Der Boden ist trotz der Sonne kühl unter meinen nackten Füßen.

Jitzchak kommt eine Weile später mit Kaffee zurück, was gut ist, denn der Schlaf hat mich beinahe geholt, hier in der Sonne.

»Ich habe meinem Vater geschrieben, dass du kommst«, sagt er.

Der nicht ganz orthodoxe, aber auch nicht ganz liberale Rabbiner. Ich hatte ihn schon fast vergessen. Er wird erst heute Abend kommen, ich brauche jetzt nicht an ihn zu denken. In meinem Rucksack ist das Kleid, das mein Vater einmal meiner Mutter in Jerusalem gekauft hat. Das werde ich anziehen. Es ist schön wie ein Sonntagskleid. Hier ist es ein Shabbatkleid.

Zu einem ganz orthodoxen Shabbat würde ich es nicht tragen, da es knapp über den Ellenbogen endet und sie nicht ganz bedeckt. Für den heutigen Abend scheint es mir angemessen, und ich habe noch ein Tuch dabei, das wird Schultern und Ellenbogen bedecken, wenn es die Situation erfordert.

Ich bin nicht unvorbereitet.

Jitzchak streicht mit seiner großen Hand über mein Gesicht. Es glüht von der Sonne. Ich bin übermütig vor Wärme und der Kraft der letzten Stunden. Will die Sonne überall auf meinen Körper verteilen.

Ich sage es ihm und er nickt, dann zieht er mir das T-Shirt über den Kopf. Darunter ist nur die nackte Brust, und ich verdecke sie mit den Armen.

Was ist mit den Nachbarn? Was ist mit dem Vater?

Ich frage ihn, und seine Augen sind lustig. Keine Nachbarn, kein Vater, sagen sie.

»Mach dir keine Sorgen.«

Er lächelt und küsst mich.

Die Freiheit siegt über den Verstand, er geht ganz ohne Kampf. Ich mache mir keine Sorgen. Ich bin gelöst und erschöpft, und alles ist gut. Trunken vor Sonne und Wärme mit dem neu gewonnenen Freund auf dem Sofa.

Er greift in mein Haar und legt es mir über die Brüste, es bedeckt sie vollständig.

»So«, sagt er. Er ist ganz gelassen. »Jetzt bist du wieder bekleidet.«

In seiner Gegenwart fühle ich mich sicher. Er ist ganz bei sich und ruht in seinen Gedanken. Als würde er meditieren.

Er schaut still in die Ferne auf die Hügel hinter dem Tal, er ist irgendwo dahinten, aber auch hier, bei mir.

Ich lehne meinen Kopf an seine Schulter, er legt einen Arm um mich und hält mich fest. Ich begebe mich in seine Obhut. Gebe meinen Körper der Sonne hin, fühle mich ruhig, mutig und frei. Alles ist am richtigen Ort. Es gibt gerade nichts weiter zu tun.

Rauschender Atem fließt gleichsam und beständig durch seinen Körper, mit dem Ohr an seiner Brust klingt es, als wäre ich tief in einem Ozean. Die Monotonie seiner Wellen macht mich weich. Wie ein Stück Glas in der Brandung.

»Shalom!«, reißt es mich aus dem Paradies. Jitzchaks Körper zuckt kurz neben mir auf. Schnell gewinnt er seine Fassung zurück.

»*Aba*, du bist doch schon früher zurück? Ich dachte, du kommst erst heute Abend.« Langsam richte ich mich auf. Ein großer, kräftig gebauter Mann Anfang sechzig steht draußen vor dem Fenster. Er muss hindurchgeklettert sein, ohne dass wir es bemerkt haben. Die *Zizit*, die Fransen seines Gebetsschals, wehen leicht im warmen Wind. Der ganze Mann weht freundlich im Wind. Er trägt ein weißes Hemd, und auf dem dunkelgrauen Haar liegt eine große Kippa aus schwarzem Samt. Eine, wie nur die Orthodoxen sie tragen.

Jitzchaks Stimme löst mich aus meiner Erstarrung.

»Das ist mein Vater«, stellt er ihn auf Englisch vor.

Auch miteinander sprechen sie Englisch.

Jitzchaks Vater heißt Avraham. Isaac und Avraham, nichts anderes hätte ich hier erwartet.

Avraham geht ein paar Schritte auf uns zu.

»Wie ich sehe, haben wir Besuch«, sagt er und streckt mir seine Hand entgegen. Sie ist so warm wie seine Gesichtszüge.

Ich erwidere seinen Händedruck und denke an die nackten Brüste unter meinem Haar.

»Willkommen bei uns zu Hause«, sagt er, und ich fühle es so.

Ich lobe seinen Garten, um irgendetwas zu loben und die Aufmerksamkeit von meiner Brust abzulenken. Ich bin unter dem Haar so nackt wie Eva im Paradies.

»Nicht wahr?«, lächelt er wissend, und ich schaue ihn an und weiß, er hat eine Ahnung vom Paradies.

»Wir sind gesegnet von der Sonne«, fährt er fort.

»Möchtest du Kaffee, Aba?«, fragt Jitzchak an ihn gewandt.

Avraham möchte, und sein Sohn geht hinein, setzt noch mehr Kaffee auf und lässt mich halb entblößt mit ihm zurück.

Avraham steht einfach da und schaut auf die Hügel, oder die Gazellen, oder in die Zukunft in weiter Ferne. Es gibt keine Möglichkeit, sich unbemerkt etwas anzuziehen.

Er hat die Arme verschränkt, hält seinen Kopf gerade über den Schultern aufgerichtet. Er hat den gleichen Körper wie sein Sohn, nur ist seiner ein Vaterkörper.

»Ich war heute Pilze sammeln«, sagt er gedankenverloren und ohne Überleitung. »Oben im Norden, in Galiläa.«

Ich nicke. Das ist gut, denke ich. Das ist ein Anfang.

»Dann gibt es heute Abend also Pilze?«, frage ich zaghaft. Ich räuspere mich. Meine Stimme muss fest klingen, wegen der nackten Brust.

Er nickt und die Gazellen sind alle fort, denn sie wollen nicht zusammen mit den Pilzen auf den Tisch.

Es klingt elegant, wie er »mushrooms« sagt.

Kultiviert und aristokratisch, nicht so wie »Pilze« im Deutschen oder *»Pitriot«* im Hebräischen.

Pilze. Pitriot. Mushrooms.

Avraham ist ein stattlicher Mann.

Mein Vater kannte sich aus mit Pilzen. Er erzählte mir alles, was er wusste. Man muss alles wissen, man kann sich sonst leicht vergiften, sagte er. Die wichtigsten Arten muss man kennen.

Der Knollenblätterpilz ähnelt dem Champignon. Man darf sie aber keinesfalls verwechseln, denn Ersterer ist so tödlich wie Rattengift.

Das ist alles, woran ich mich erinnere.

Ich würde mich jämmerlich vergiften.

Einmal hatte mein Vater eine Wette verloren, und der Verlierer musste ein Stück von einem Fliegenpilz essen. Wenn man eine Wette verliert, muss man sich an die Regeln halten, sagte mein Vater. Sonst ist man kein Ehrenmann.

In winzigen Dosen ist es verkraftbar, ein Ehrenmann zu sein, hat er gesagt.

Vielleicht würde Avraham das gefallen?

Ich weiß es nicht, ich kenne ihn erst eine Pilzerzählung lang.

Ich würde gern mein bescheidenes Wissen über Pilze mit ihm teilen. Mit ihm ins Gespräch kommen, aber ich weiß nicht, wie der Knollenblätterpilz auf Englisch heißt.

Also frage ich, wie er gelernt hat, die giftigen von den ungiftigen Pilzen zu unterscheiden. Jitzchak kommt mit dem Kaffee zurück.

Avraham hält den Becher in beiden Händen, trinkt gedankenverloren und schaut weiter auf die Hügel, während er von seinem Vater, Jitzchaks Großvater, erzählt, der in England in einem Heim für jüdische Flüchtlingskinder in der Kunst des Pilzesammelns unterrichtet wurde.

Er erklärte ihm später die Pilze, denn es ist eben so, dass ein jeder Vater seinen Sohn vor Vergiftung schützen will. Bei den Pilzen fängt man an.

Avrahams Vater kam aus Wien. Wien war damals schon eine goldene Stadt. In den Dreißigerjahren gab es goldene Kaffeehäuser mit goldenen Kronleuchtern, und es gab gold-schwarzen Kaffee und Sahnetorte mit Kirschen und fein gepolsterte Sessel, und es gab einen Pianisten an einem schwarzen Flügel auf einem Podest.

Goldene Zeiten für Arier.

Auch Avrahams Großeltern schätzten die goldenen Kaffeehäuser, denn sie waren Leute aus der höheren Gesellschaft, sie konnten sich bescheidenen Wohlstand leisten, aber sie waren Juden, und deshalb war ihnen all das irgendwann nicht mehr vergönnt.

Avrahams Großvater war Arzt, er hatte es sich zum Beruf gemacht, Menschen gesund zu machen.

Das war irgendwann nicht mehr gut genug, denn man nannte sich jetzt Faschisten. Im Faschismus gab es nur noch Arierkaffeehäuser, Arierkaffee und Ariersahnetorte, und Juden sollte es keine mehr geben.

Avrahams Großvater konnte kein Arier werden, das musste er einsehen, und deswegen schickte er seinen Sohn auf einen Kindertransport nach England. Das war 1938. Dann ging er hierhin und dorthin, und 1944 ging er ins Gas.

Ein Jahr später ging es wieder los mit den Kaffeehäusern. Juden gab es keine mehr. Arier gab es freilich auch keine mehr. Nur noch Kaffeehausbesucher.

Avrahams Vater wusste von alledem nichts.

An einem Abend im April 1938 war er neun Jahre alt und saß auf einem Koffer am Wiener Hauptbahnhof. Um den Hals trug er ein nummeriertes Schild, denn er war jetzt ein Nummernkind. Die, die seinen Namen kannten, blieben in Wien zurück. In seinem Koffer hatte er keine Bücher, keine Spielsachen, nur etwas Kleidung und eine Fotografie.

Eine Fotografie pro Kind war erlaubt, nicht etwa zwei, fünf oder zehn. Mit zwei Fotografien hätte man sich später zweimal so gut erinnern können. Mit dreien sogar dreimal so gut.

Aber darum ging es ja nicht.

Fortan lebte Avrahams Vater als Judenkind in einem englischen Kinderheim, dort lernte er den Unterschied zwischen Knollenblätterpilz und Champignon. Später fand er Arbeit auf einem Hof.

Ein Judenkind muss wachsam sein, das wusste er. Sonst passiert es, dass es vielleicht vergiftet wird.

Als er genug über Pilze wusste, traf er eine Frau und heiratete sie. Er ging mit ihr nach Israel. Sie, die auch einmal ein Wiener Judenkind gewesen war. Außer ihr war niemand mehr da, mit dem er sich hätte vermischen können.

Rassenvermischung ist für Menschen und für Juden und für Pilze gleichermaßen gefährlich.

Man kann nicht mit diesen Menschen leben, sagte mein Großvater. Er konnte es nicht, und Avrahams Großvater konnte es nicht, deswegen ließ er seinen Sohn auf dem Wiener Hauptbahnhof zurück mit einem Schild um den Hals und einer Nummer darauf. Weil ein Vater seinen Sohn liebt, und weil nicht alle den Knollenblätterpilz essen müssen. Deswegen sitzen wir jetzt hier auf diesem Sofa, und Avraham schert sich nicht um meine nackten Brüste, aber Avrahams Sohn schert sich darum, und heute Abend essen wir Pilze.

Es ist mir irgendwann gleichgültig, dass mein Oberkörper nicht bekleidet ist. Ich fühle mich wohl mit Avraham, und ich fühle mich wohl mit Jitzchak und auf dem Sofa, und auch die Gegenwart der alten Geister ist gut, sie gehören ja dazu.

Wir trinken Kaffee in der Sonne, zählen die Vögel im Garten und sprechen über dieses und jenes. Irgendwann trinken wir Wein statt Kaffee und putzen die Pilze. Als die Gäste kommen, haben wir alle schon leicht einen sitzen.

Es sind nur zwei: Jitzchaks jüngerer Bruder Ben und Tova, eine alte Freundin von Avraham, die auch in der Nachbarschaft wohnt. Tova heißt übersetzt *Die Gute*, und sie ist ein bisschen verrückt, aber auch sehr gut.

Ich trage mein Kleid, und es bedeckt die Ellenbogen nicht, und das ist allen egal. Jitzchak ist es nicht egal, denn er sieht die Ellenbogen gern.

Gegen acht Uhr setzen wir uns an die Tafel mit dem verblühten Blumenstrauß. Avraham entzündet die Kerzen, teilt das Brot und spricht den Segen. Der Blumenstrauß legt bei jedem Lufthauch noch ein paar Blätter auf den Tisch, und dann erzählt Tova, dass ihr Sohn sein Psychologiestudium pausiert, um sich zum Tantralehrer weiterzubilden.

Avraham nickt, ernsthaft und verständnisvoll.

»Es ist sehr wichtig, dass man neben seinem Geist auch den

Körper kennenlernt. Nur so kann man verstehen, was der Geist will«, sagt er, und es ist ihm ernst.

Mit meinem Kleid fühle ich mich beschämt und keusch wie eine Nonne im Kloster. Jitzchak sitzt mir gegenüber und schaut mich an. Er liebkost die Ellenbogen mit seinem Blick, und wie er mich so anschaut, möchte ich das Kleid wieder ausziehen.

Jeder bei Tisch hat so seine Gedanken.

Ben spricht nicht viel, nickt manchmal zustimmend oder verdreht die Augen, wenn Avraham von Libido oder der Bedeutung des Fetischs in der Psychoanalyse spricht.

»Wo hast du sie kennengelernt, beim Trampen?«, fragt er kopfschüttelnd an Jitzchak gewandt. »Die steigt doch nach heute zu niemandem mehr ins Auto.«

Nach dem Essen sind wir müde und schwer vom Wein. Niemand hat eine Pilzvergiftung erlitten, Baruch HaShem, alle sind wohlauf und trinken Arak, dem Shabbat zu Ehren. Auf dem Tisch stapeln sich Berge von leerem Geschirr, und ich trage sie mit Tova in die Küche.

Die Männer singen Shabbatlieder, Jitzchak spielt Gitarre, und Ben baut sich einen Joint auf dem Sofa. Ich setze mich neben ihn. Ruhig nimmt er die ersten Züge. Dann reicht er ihn an mich weiter.

»Das Leben ist gut«, sagt Avraham und lehnt sich behaglich in die Kissen.

Irgendwann ist es spät geworden. Tova ist müde, und Ben besteht darauf, sie nach Hause zu bringen.

Jitzchak nimmt meine Hand und sagt: »Bleib.«

Avraham hat von Wein und Wärme ganz rote Wangen bekommen. Lächelnd schaut er auf alle und dann von einem zum anderen.

»Gute Nacht, Kinder«, sagt er.

Er bezieht sein Schlafzimmer, das direkt an Jitzchaks Zimmer grenzt und nur mit einer dünnen Wand aus etwas, das nicht Stein ist, von diesem getrennt ist.

Es ist fast, als wäre er mit im Raum.

Ich ziehe mein Kleid aus, und alles wird wieder so frei wie die Ellenbogen. Jitzchak zieht mich zu sich aufs Bett. Nach einiger Zeit hören wir Avraham durch die dünne Wand selig schnarchen.

Kapitel 14 –
Psychoanalyse

»Unter der transgenerationalen Weitergabe eines Traumas versteht man die Übertragung des Traumas, das eine bestimmte Person erfahren hat, auf deren Kinder und die nachfolgenden Generationen. Die Übertragung der Traumata kann nach heutigem Erkenntnisstand auf unterschiedlichen Wegen, direkt oder indirekt, sowie mit unterschiedlichen Auswirkungen und Reaktionen der hiervon jeweils Betroffenen erfolgen. Besonders intensiv beobachtet wurde die transgenerationale Trauma-Weitergabe bei Überlebenden des Holocaust und deren Nachkommen. Traumatische Erfahrungen einer betroffenen Person können u. a. Auswirkungen auf die Träume und Phantasien, das Selbstbild, das emotionale Erleben und unbewusste Agieren mehrerer Generationen von Nachkommen haben.«

NATAN KELLERMANN, »Holocaust Trauma: Psychological effects and treatment«

Jitzchaks Hände liegen am Morgen auf meinem Körper. Vielleicht haben sie mich geweckt. Vielleicht habe ich aber auch gerade deswegen so lange geschlafen, weil sie dort lagen, traumlos und ruhig. Die Sonne scheint durch das kleine Fenster herein, und ich spüre ihre warmen Strahlen in meinem Haar und seinen Atem auf meiner Haut. Er schiebt sich auf mich, und ich genieße noch schlafbetrunken seine Aufmerksamkeit.

Gestern war viel Wein.

Als seine Bewegungen lebendiger werden, erwacht zaghaft auch meine Aufmerksamkeit. Es ist schön, seinen Körper nicht mehr als fremden zu wissen.

Die Türklingel unterbricht schrill das langsame Zusichkommen. Avraham öffnet und spricht, wir hören Schritte, und in seinem Zimmer rückt ein Stuhl.

Jitzchak hält inne, lauscht mit konzentriertem Blick.

»Oh«, sagt er, leise und überrascht. »Das ist eine Patientin von meinem Vater. Wir müssen jetzt ganz still sein. Gelegentlich macht er Termine außerhalb der Reihe, sogar an Shabbat.«

Flüsternd legt er den Finger auf meine Lippen. Ich schaue ihn mit großen Augen an, und er lächelt entschuldigend. Dann dreht er sich auf den Rücken, und ich lege mich in seinen Arm, den Kopf auf seiner Brust. Er deckt uns zu, küsst mein Haar und lässt eine Hand auf meinem Ohr liegen. Vielleicht will er es schützen, vor dem, was da kommt.

Ich richte mich neben ihm ein, so kann ich es eine Weile aushalten. Es ist nicht unangenehm.

Die Stimmen von drüben haben sich inzwischen in einem Gespräch zusammengefunden. Sie sprechen auf Englisch, und man versteht jedes Wort, durch die Wand und durch die Hand.

Das ist nicht gut, denke ich. Das ist nicht für uns bestimmt.

Jitzchak scheint es nichts auszumachen, er liegt ruhig neben mir, und ich beschließe, über etwas anderes nachzudenken, nicht hinzuhören. Es gibt so vieles, über das man nachdenken kann, wenn man irgendwo liegt und warten muss. Drüben ist es ohnehin gerade still. In der Stille kann man am besten seine Gedanken ordnen.

Ich höre Avrahams Räuspern.

Dann wieder Stille.

Die andere Stimme ist zaghaft verstummt.

Wie kann jemand Geistlicher und zugleich Wissenschaftler sein? Wie passt das zusammen? Avraham ist Rabbiner und Psychologe. Erst hat er Psychologie studiert, wie später sein Sohn. Dann die Lehren jüdischer Tradition.

Ist er ein stiller Zuhörer der weltlichen Probleme seiner Patienten? Und antwortet er ihnen dann mit einer Erzählung aus dem Talmud?

Avraham ist ein Mann, der viel von den Menschen verstehen zu scheint. Er vereint den Geist eines Glaubenden und den eines Wissenden. Er weiß, dass die Menschen Belegbares brauchen, um die Welt zu verstehen. Und dass sie Spirituelles brauchen, um sich selbst zu verstehen, um mutig zu werden, um über sich hinauszuwachsen. Er weiß, dass sie in einer Welt voller Regeln und Fragen leben und dennoch immerzu eigene Entscheidungen treffen müssen.

Bei ihm suchen sie Rat.

Avraham ist kein dogmatisch religiöser Führer, der das Dasein der Menschen ausschließlich in den Dienst von etwas Höherem stellt. Er ist auch kein vollendeter Pragmatiker, der sie in einer gottlosen Welt mit sich allein lässt.

Sicher ist es gut, ihn aufzusuchen.

Mein Besuch bei einem Psychoanalytiker liegt zehn Jahre zurück. Er geschah an einem unwirklichen Februartag im regennassen Deutschland und verlief anders als gedacht.

Seit Kindertagen kannte ich manchmal einen drückenden Schmerz im Kopf. Er kam und ging, und über die Jahre wurde er zu einem gleichmütigen Teil von mir. Manchmal war er schwach und dumpf und minderte meine Konzentration. Manchmal stechend und scharf, dann raubte er mir beinahe den Verstand.

Meist ging er nach einigen Tagen vorüber, um dann nach unbestimmter Zeit unvermindert zurückzukehren. Manchmal blieb er auch über Wochen in meinem Kopf, immerzu, jeden Tag. Dann nahm er mir das Glück.

Ich ging hierhin und dorthin, niemand fand etwas, und niemand wusste etwas.

»Vielleicht ist es im Kopf«, sagte der Neurologe. Natürlich ist es im Kopf, dachte ich. Kopfschmerzen sind im Kopf.

Er gab mir eine Adresse. Eine Woche später betrat ich ein Haus, in dem früher für kurze Zeit einmal Hannah Arendt gewohnt hatte. *Ausgerechnet sie*, dachte ich. Sie wohnte schon lange nicht mehr dort, aber es waren immer noch Leute da, die sich mit den Problemen von Köpfen auskannten.

Ein unscheinbarer Mann, vollständig ergraut, empfing mich.

»Kopfschmerzen sagten Sie?«

»Kopfschmerzen«, nickte ich.

Er sprach mit umständlichen Sätzen. Wir sollten das gesprochene Wort nicht unterschätzen. Wir sollten ihm einen Versuch gestatten.

Ich wusste nicht, worüber wir sprechen sollten. Ich wollte nicht sprechen und spürte, wie sich der Kopfschmerz langsam in meinem Kopf ausbreitete.

Ein großes Porträt von Hannah Arendt war an die Wand gemalt.

Niemand hat das Recht zu gehorchen, stand darunter.

Er führte mich in einen Raum mit wilden grünen Pflanzen, einer Couch, zwei Ledersesseln und einem riesigen Bücherregal. Philosophische und medizinische Literatur reihten sich Seite an Seite.

»Sie haben mich falsch verstanden«, entzog ich mich. »Es ist nicht auf diese Art in meinem Kopf. Es ist ein Schmerz. Ein Kopfschmerz.«

Genau in diesem Moment pochte der Schmerz an meine Stirn, um zu sagen: »So ist es, ich bin ein richtiger Kopfschmerz. Kein psychisches Phantom.«

Aber er pochte in meinem Kopf und nicht in seinem, und so wusste er nicht, wie es wirklich war.

»Ich bin nicht gekommen, um mich auf die Couch zu legen. Für so was habe ich keine Zeit.«

Er musste das verstehen.

Er verstand.

Er sagte: »Sie können den Sessel nehmen. Dort sitzen meist die, die keine Zeit haben.«

Ich setzte mich in einen der Sessel. Er setzte sich in den anderen und wandte sich mir aufmerksam zu. Weiter sagte er nichts und mein Blick verlor sich nach einigen Momenten in seinem Bücherregal. Er ließ mich assoziieren.

Ich assoziierte.

»Interessieren Sie sich für Bücher?«, fragte er nach einer Weile in die Stille hinein.

Sie machten mich neugierig, aber lieber hätte ich ohne sein Beisein seine Bücher betrachtet.

Das sagte ich ihm nicht. Stattdessen erzählte ich ihm irgendwas, denn irgendwas wollte er hören.

Ich erzählte ihm, dass es in meinem Leben viele Bücher gegeben hatte. Dass mein Vater und mein Großvater solche Bibliotheken besessen hatten. Dass ich mit den Büchern als Kind immer sehr vorsichtig umgehen musste, da sie wertvolle Inhalte enthielten. Dass man sie gut behandeln musste, weil sie eine Seele hätten. Dass ich als Kind immer gerne in Zimmern mit vielen Büchern geschlafen habe, weil ich mir vorstellte, wie der Geist eines Schlafenden nachts ungestört in diese Bücher ging. Dass am Morgen immer ein Rest davon im Kopf übrig blieb. Dass die Erwachsenen das Träume nannten. Aber nur ich wusste, wie es wirklich geschah.

Ich erzählte ihm, dass all diese Bücher nun mir gehörten.

Dass ich *verantwortlich* dafür war.

Ganze Zimmer voller Bücher. Dass ich keinen Platz dafür hatte, nicht wusste, wo ich sie aufbewahren oder wann ich sie lesen sollte. Dass ich es nicht über mich bringen konnte, sie zu entsorgen. Weil man doch nichts entsorgt, was eine Seele hat.

Sie standen in Kisten verpackt in meinem Keller und auf meinem Dachboden, türmten sich dort bis zur Decke.

»Das Erbe in diesen Büchern ist Ihr Fundament und Ihr Dach«, sagte er zu mir. »Es stabilisiert Sie von unten und erdrückt Sie nach oben hin.«

Ein Geräusch in Jitzchaks Zimmer unterbricht meine Gedanken. Die Stimme im Nebenraum klingt weinerlich. Kein verzweifeltes, wütendes, gehetztes Weinen. Vielmehr das sanfte, ausdauernde Weinen einer Person, die gerade erst damit begonnen hat.

Damals regte etwas meinen Unmut. Was hätte ich machen sollen? Ich musste auf die Bücher achtgeben, für sie, für mich. Um der Inhalte wegen. Um der Seelen willen. Ich konnte keine zweite Bücherzerstörung im Leben meines Großvaters zulassen. Die erste hatte ihn nicht ganz zerbrochen. Eine zweite hätte es sicher getan, und obgleich er doch damals schon nicht mehr lebte, konnte ich doch dafür nicht verantwortlich sein. Enkel geben für gewöhnlich auf das Erbe ihrer Großeltern acht. Ich musste seine Bücher beschützen. Auch nach seinem Tod.

Keller und Dachboden waren voll davon, es passte kein Zentimeter mehr von etwas anderem hinein. Die ganze schöne entartete Literatur wartete geduldig auf mich, und ich musste mich nicht einmal mehr auf dem Dachboden verstecken, um sie zu lesen.

Mein Großvater besaß sogar ein ganz eigenes Regal mit Büchern, die Hitler im Titel trugen.

Thesen zu Hitler.

Anmerkungen über Hitler.

Reden von Hitler.

Sogar eine Originalausgabe von *Mein Kampf* war darunter. Man hätte beinahe den Anschein gewinnen können, er wäre einer von *ihnen* gewesen.

Über dem Regal mit den Hitlerbüchern hing ein Bild von Jerusalem im Sonnenschein.

Das gehört zusammen, dachte ich.

Hitler und Sonnenschein in Jerusalem. Irgendwie gehört das zusammen.

Vielleicht war es seine stille Antwort auf die ganze Angelegenheit.

Mein Kampf war vielleicht das einzige Buch, welches ich nur versteckt auf dem Dachboden gelesen hätte, nicht draußen auf einer Parkbank.

Nicht etwa, weil mein Großvater es verboten hätte, sondern weil die Leute gesagt hätten: *Mein Gott, das liest man doch nicht! Das doch nicht. Da gibt es doch ein Gesetz, das besagt, man darf das nicht mehr lesen. Das ist doch jetzt alles vorbei. Muss man hinter sich lassen.*

Mein Kampf gehört heute nicht mehr auf eine Parkbank.

1933 wurde *Mein Kampf* 1 080 000 Mal verkauft.

Sogar eine Ausgabe in Brailleschrift wurde herausgegeben.

1936 wurde es den arisch Frischvermählten anstelle der Bibel vom Standesamt überreicht. *Auf eine gute Ehe! Und halten Sie sich ja von den Juden fern, sie sind unser Unglück!*

Damals wussten sie alle davon. Sie hätten alle auf achthundert Seiten davon lesen können.

Das ist jetzt lange her. Man solle das heute nicht mehr lesen, es sei gefährlich, sagt man. Wenn man es liest, frisst es sich vielleicht wieder in die Köpfe der Leute, und wer weiß, was dann geschieht. Es hat eine dämonische Kraft, dieses Buch, man sperrt es besser weg, damit es niemandem mehr den Verstand raubt.

Nach dem Krieg legten die Leute es auf ihre Dachböden oder in ihre Keller. Vielleicht taten sie so, als sei es gar nicht mehr da. Und versuchten es zu vergessen. Sie waren verwirrt, denn es war ihr Fundament und ihr Dach gewesen, aber nun erdrückte es sie nach oben hin, und es war nichts mehr da, was sie stabilisierte.

Mein Großvater legte es nicht auf den Dachboden. Er stellte es in sein Bücherregal in seinem Arbeitszimmer und hängte Jerusalem im Sonnenschein darüber.

Einmal nahm ich es heraus und blätterte darin. Die Frakturschrift sah aus wie die aus dem grimmschen Märchenbuch, das nur die Alten vorlesen konnten. Den Jungen brachte man es nicht mehr bei.

Er hatte es ganz gelesen und bunte Zettel mit Notizen hineingeklebt. So sah seine Ausgabe von *Mein Kampf* nun aus wie ein zerfledderter Singvogel. Als wütende Krähe enttarnt, hatte er einen erheblichen Teil seiner lebenswichtigen Organe eingebüßt.

Mein jüdischer Großvater hatte es bearbeitet.

Das leise Weinen im Nebenzimmer ist in einem Wehgesang versiegt. Avraham spricht beruhigende Worte darüber. Es hat alles seine Richtigkeit.

Alle Fragen könnten irgendwann beantwortet werden.

Damals erzählte ich dem Psychoanalytiker von meiner Kindheitsangst, alleine gelassen zu werden. Von meiner Familie, von Gesprächen über den Krieg, vom Tod und von der Verantwortung, eine neue Generation zu sein. Vom Gefühl der Andersartigkeit, dem nicht vollständig Verbundensein. Nicht mit der deutschen Gesellschaft, in der ich aufwuchs, nicht mit der israelischen, zu der ein Teil meiner Familie gehörte.

Ich war sieben Jahre alt, als ich mich zum ersten Mal an einem Ort wiederfand, an dem ich eine Ahnung bekam, was *Deutschsein* und was *Jüdischsein* bedeutet.

Yad Vashem hatte kühle graue Steinmauern, der Boden hallte leise unter dem Klang der Schuhsohlen, und mir begegnete die deutsche Sprache, *meine* Sprache, auf eine Art, die mich erschaudern ließ.

Andere Kinder sah ich nicht.

Heute dürfen Kinder unter zehn Jahren nicht mehr hinein. Pädagogen haben entschieden, dass Kinder unter zehn den Holocaust nicht verstehen können.

Mein Vater war ein Kind jenseits der zehn. Er war ein später Vater, er war damals schon sechzig Jahre alt, hielt meine kleine Hand und schüttelte ständig den Kopf. »Kann man doch nicht verstehen«, murmelte er immerzu, als wir durch die Räume der Gedenkstätte gingen, und Tränen liefen über sein Gesicht.

Für mich war es also hoffnungslos.

Was ich in *Yad Vashem* sah, war eine alte Fotografie einer Parkbank, die ein Schild mit der Aufschrift *Nicht für Juden!* trug. Es war eine ganz gewöhnliche Parkbank, wie man sie auch heute noch überall in den Stadtparks der deutschen Städte fand, und sie trug dieses Schild, auf Deutsch, meiner Muttersprache. *Nicht für Juden!* Ein großer Davidstern war auch darauf, gleich unter dem Schriftzug.

In *Yad Vashem* hing diese eine schwarz-weiße Fotografie der Parkbank mit dem Schild. Als wäre das nicht genug, hing eben dieses originale Schild gleich daneben, leuchtend gelb mit dem *Judenstern,* und ich starrte es an.

Wäre das echte Schild nicht gewesen, dann hätte die Fotografie auch einem alten Film oder einer Geschichte entstammen können. Was in Schwarz-Weiß ist, das ist nicht *wirklich,* hätte man denken können, denn draußen war die Welt ja in Farbe.

Das echte Schild aber war in Farbe. Es war *wirklich*, und früher hing es an den Bänken im Park.

Der Davidstern war mir vertraut. Er zierte die goldene *Chanukkia* im Haus meiner Großeltern, die blau-weiße Tischdecke für die jüdischen Feiertage und die *Mesusa* an ihrem Türrahmen. Er schmückte den Hals meiner Großmutter und war das erste Symbol, das mich auf dem Flügel der El-Al-Maschine auf unseren Reisen nach Israel empfing. Dann schlug mein Herz vor Aufregung und Vorfreude.

Mein Vater erzählte mir vom Stern. Er malte ihn mir auf. Zwei Dreiecke übereinander ergaben den Davidstern.

Mein Großvater erzählte mir vom Stern, denn er war *Sternträger* gewesen.

Zu meiner Großmutter hatte ich ihn sagen hören, er würde ihr die Sterne vom Himmel holen. Sie erwiderte, sie werde sie im Herzen tragen. So etwas war es nicht gewesen.

Auch meine Großmutter erzählte mir vom Stern. Sie fand ihn eines Tages in ihre Haustür eingeritzt, *Jude* stand daneben.

Ich wusste, dieser Stern hatte mit mir zu tun, mit uns. Er war überall um mich herum, ließ mich etwas Vertrautes, etwas Heimatliches spüren, und mit dem Besuch in *Yad Vashem* wurde er zu einer Bedrohung.

Als ich dachte, noch nichts von der Shoah zu wissen, gingen meine Großeltern oft mit mir in einen Hamburger Park. Wir besuchten den Wanderzirkus, fütterten das Lama, das man nicht füttern durfte, und setzten uns auf hölzerne Bänke vor dem Teich, auf dem die Enten schwammen.

Füttern verboten stand auf den Schildern am Lamazaun und am Ententeich.

Wir waren so oft da, ich kannte jeden Stein und jeden Baum, jede Ente und jede Gemütsverfassung des Lamas.

Ich war ziemlich sicher, dass es für uns auch verboten war, auf den Parkbänken zu sitzen, denn ich erinnerte mich an das gelbe Schild in *Yad Vashem*.

Niemand sprach darüber, und so saß ich kerzengerade zwischen den Großeltern, bereit, jederzeit aufzustehen, wenn ich dazu aufgefordert würde. Die Bänke weckten eine unbekannte Unruhe in mir.

Meine Großmutter holte ihr Stickzeug aus der Tasche und schenkte Ovomaltine aus einer geblümten Thermoskanne in bunte Picknickbecher. Sie hatte die ganze Tasche voll mit Karamellbonbons und verteilte sie großzügig an die anderen Parkbesucher. Mein Großvater las oder tat nichts, drehte die Daumen in der Sonne und schaute den Enten zu. Enten sind gut für die innere Ausgeglichenheit, sagte er. Sie schwimmen immer die gleichen Kreise.

Ich verstand seine Ruhe nicht. Ich hatte auch keine innere Ausgeglichenheit.

Ich war in Unruhe.

Nichts geschah, und die Unruhe blieb. Meine Großeltern schienen die Gefahr nicht zu sehen, und das verstörte mich immer mehr. Wenn jemand kam und sie verhaften würde, weil wir doch auf den verbotenen Bänken saßen, dann würde ich laufen. Ich konnte schneller laufen als alle anderen, und ich würde Hilfe holen. Aber wer würde uns helfen?

In Gesellschaft meiner Großeltern draußen auf den Bänken hatte ich Sorge um sie. Sie konnten nicht mehr schnell laufen, schließlich waren sie nicht mehr jung.

Drinnen, wenn ich in ihrer Wohnung war, hatte ich auch Angst um mich selbst. Um uns alle. Angst, dass sie weggeholt würden. Dass sie verhaftet würden und nicht mehr wiederkämen. Angst, dass ich ganz allein zurückblieb. Die Welt, die mich umgab, die meinen Großvater umgeben hatte, schien mir davor keinen Schutz zu bieten.

Wenn ich draußen Polizeisirenen hörte, schlug mein Herz bis zum Hals. Ich lauschte, panisch, bis sie verstummten. Horchte, ob da jemand kam. Es kam nie jemand.

Einmal bekam meine Großmutter einen Strafzettel. Er steckte an ihrem alten Opel Kadett hinter dem Scheibenwischer, sie hatte im Halteverbot geparkt und das Schild übersehen.

Jetzt ist es aus, dachte ich. Jetzt ist es ganz sicher aus mit uns.

Es geschah wieder nichts, und die Unruhe wurde unerträglich. Worauf warteten *sie*?

Als mein Großvater jung war, wurde er verhaftet.

Er wurde verhaftet, weil er den Stern trug, einfach so, und man brachte ihn in einen Buchenwald.

Ich wusste nichts über Buchenwald, aber ein Buchenwald war in meinem Kopf immer dunkel, denn die Erwachsenen klangen dunkel, wenn sie davon sprachen, und ich sah nur stumme, böse Buchen, wenn ich daran dachte.

Viele waren im Buchenwald geblieben, sagte man, mein Großvater war nicht geblieben, stattdessen ging er nach Israel. Buchenwald konnte er nicht vergessen.

Buchen sollst du suchen, von Eichen sollst du weichen, lautete ein Merkreim bei Gewitter, der auch nicht ganz richtig war.

Für uns war er ganz und gar falsch, das wusste ich sicher, ich wusste nicht, warum, und in meinem Kopf mischte sich alles durcheinander.

Ich wusste nie, wo *ich* sicher war.

Buchen mochte ich lange nicht.

Ich fragte meinen Vater, ob so etwas wieder geschehen konnte. Mein Vater, der im Krieg fast verhungert war. Der sein Kaninchen gegessen hätte, wenn es ihm nicht gestohlen worden wäre.

Er sagte eine Weile nichts und schien in die Vergangenheit zu schauen. Über Dinge aus der Vergangenheit dachte er immer lange nach, bevor er antwortete.

Er sagte: So etwas *darf* nie wieder geschehen.

Das Herz schlug mir aus der Brust heraus, den Hals hinauf bis in die Kehle und schnürte sie zu.

Ich verstand, es *konnte* also wieder geschehen.

Ich begann, mich darauf vorzubereiten. Wenn sie kämen, um die Erwachsenen abzuholen, würde ich mich verstecken. Es gab einen winzigen Abstellraum im Flur der großelterlichen Wohnung, mehr ein in die Wand gebauter Schrank. Dort unten passte ich gerade hinein, nur ich, und dort würde ich mich verstecken. Aber was würde mir das nützen, wenn ich doch ganz allein zurückblieb?

In den Wochen, die wir jedes Jahr in Israel verbrachten, hatte ich diese Gedanken nicht. Sie waren fort, wie weggeblasen, und ich verstand nicht, warum.

Die Erwachsenen bemerkten es auch. Sie sagten, die Sonne ist gut für das Kind.

Die Sonne war gut für mich, und ich begann, andere Dinge wahrzunehmen.

Der Cousin meines Großvaters war Soldat und hatte ein großes Maschinengewehr, das M16 hieß. Er musste es immer mit sich herumtragen. Wenn ich bei ihm auf dem Schoß saß, kam ich ganz nah an den Lauf der Waffe, ich konnte ihn berühren. Er zeigte mir, wie man das Gewehr in seine Einzelteile zerlegte, das hatte er in der Armee gelernt.

Es gab in dieser Zeit viele Anschläge, alle hatten Angst, und alle hatten die gleiche Angst.

Sie war ein kollektives Gefühl, keines, das mich isolierte wie in Deutschland, keines, vor dem man sich in einem Schrank versteckte.

Keines, das zwischen mich und mein Heimatland unbewusst einen Graben grub.

Meine Großeltern hatten in Hamburg eine Nachbarin, die ich mochte. Ich weiß nicht genau, warum, aber sie brachte mir immer Lübecker Marzipanherzen mit, möglicherweise war es deshalb. Sie trank Kaffee mit meiner Großmutter, manchmal sogar Cognac, goss ihre Blumen, wenn wir in Israel waren und sagte sehr oft »Nein! Pfui! Das macht man nicht!« zu ihrem Dackel.

Sie war eine sehr pflichtbewusste feine Dame, die wusste, was sich gehörte mit ihrem Netzhut und ihren Stöckelschuhen und ihrem Dackel, der doch an jeder Ampel brav Sitz machte, denn tief im Herzen war auch er ein pflichtbewusster Dackel, der nichts von politischem Ungehorsam verstand.

Immerzu roch sie nach Kölnisch Wasser, und auch der Dackel roch danach, denn er wusste es nicht besser. Zu ihr würde ich gehen, sollten die anderen verhaftet werden, sie würde ich um Hilfe bitten. Sie wusste, was Recht und Unrecht war. Sie war steinalt und kannte sich aus mit Dingen dieser Art.

Sie hatte das alles schon mal erlebt.

Zunächst vertraute ich mich meinem Vater an, in seiner Klugheit fühlte ich mich geborgen und sicher.

Er sagte, die Nachbarin und ihr Dackel, die würden heute sicher nicht mehr wegschauen. Es würde auch niemand mehr einfach so verhaftet. Seine Gelassenheit war falsch, denn die Nachbarin war ganz früher auch schon da. Wahrscheinlich hatte sie damals einen anderen Dackel, aber sie war schon da, das wusste ich, denn sie sprach immerzu davon, so, wie alte Leute es tun. *Hat man die einfach so weggebracht! Man konnte ja nichts tun. Man hätte ja was gesagt, aber das hat man nicht gemacht. Man hatte ja auch Angst.*

»Das war früher«, sagte mein Vater. Heute würde sie sicher etwas tun, sie würde etwas unternehmen mit mir, irgendwas, vielleicht würde sie *sie* mit ihrem Kölnisch Wasser in die Flucht schlagen, sie würde empört mit ihren Stöckelschuhen herumstöckeln und alle würden es hören und sich mit ihr empören.

Der Dackel würde bellen. »Unrecht! Unrecht! Unrecht!«, würde er bellen, denn er hatte über die Jahre dazugelernt, und schließlich würden wir alle zusammen nach Hause gehen, einen Cognac trinken auf die Freiheit, und alles wäre gut. Alles wäre sicher.

Sie würde nicht zulassen, dass ich allein im Schrank zurückblieb.

Ich wusste, dass er sich das ausdachte.

Aber meine Angst wurde irgendwann weniger.

»Sie haben einen sogenannten transgenerationalen Konflikt«, sagte der Psychoanalytiker, der damals Hannah Arendts Haus besetzte.

Ich schüttelte den Kopf.

»Was soll ich damit?«, fragte ich ihn.

Er faltete die Hände im Schoß, zuckte mit den Schultern und seufzte.

»Nichts«, sagte er. »Setzen Sie sich damit auseinander.«

Niemand hat das Recht zu gehorchen, sagte der Kopfschmerz.

»Möglicherweise tragen sie unbewusst die unverarbeiteten Traumata der Generationen vor Ihnen in sich«, sagte der Psychoanalytiker.

Ich betrat die Praxis mit einem Problem – Kopfschmerzen. Und verließ sie mit zwei Problemen, Kopfschmerzen und einem transgenerationalen Konflikt.

Ich wollte das nicht.

Ich sagte dem Psychoanalytiker, dass ich das alles nicht selbst erlebt hatte. Dass ich die Geschichten von Konzentrationslagern, Krieg, Hunger, Untergrund und Flucht nur aus Erzählungen kannte. Dass ich *Zuhörerin* war, nicht *Erzählerin.*

Er nickte. »Davon kommt der transgenerationale Konflikt.«

Ein transgenerationaler Konflikt also.

»Geht das wieder weg?«, fragte ich.

Er dachte eine Weile nach.

Vielleicht dachte er an seine eigene Kindheit, an seine Eltern und ihre Erzählungen. Vielleicht hatte er selbst einen transgenerationalen Konflikt.

»Nein«, sagte er schließlich. »Aber man kann damit leben.«

Nach fünfundvierzig Minuten ist die Therapiesitzung drüben zu Ende. Sie hat mich erschöpft. Ich fühle mich steif und kalt, und Jitzchak neben mir unter der warmen Decke kann mir nicht helfen, denn er weiß ja von nichts.

Ich muss jetzt fort von hier.

Ich muss raus, irgendwas sehen, irgendwas anfassen. Etwas von heute. Jerusalem im Sonnenschein sehen.

Ich will Jitzchak nicht meine Gedanken erklären müssen. Womöglich würde er sie sogar verstehen. Und dann?

Ich bin nicht mehr das Kind von damals. Ich habe keine

Angst mehr, auf Parkbänken in deutschen Parks zu sitzen. Habe keine Angst mehr, alleine im Schrank zurückzubleiben. Es ist auch niemand mehr da, den sie wegholen könnten.

Ich weiß überhaupt nicht mehr, wovor ich eigentlich Angst habe. Ich weiß nicht, ob das normal ist.

Ich will diese Gedanken nicht teilen müssen. Will jetzt alleine sein. Ich sage Jitzchak, dass ich gehen muss, ziehe mich an, öffne seine Zimmertür, Avraham steht davor.

Ich verabschiede mich, und er sieht mich warm an, hält für einen kurzen Moment meine Hand.

»Es ist gut, dass du gekommen bist.«

Ich weiß nicht, was er damit meint.

»Du bist jederzeit willkommen.« Ich bedanke mich, ziehe meine Lederjacke an und verlasse die Wohnung. Draußen ist es nicht kalt, aber es weht ein starker Wind. Ich laufe einfach geradeaus, in die Richtung, in der ich das Stadtzentrum vermute.

Ich muss jetzt laufen.

Ich weiß, dass das helfen wird.

Kapitel 15 –
Der Fotograf

Heimweh, wonach?

Wenn ich »Heimweh« sage, sag ich »Traum«.
Denn die alte Heimat gibt es kaum.
Wenn ich Heimweh sage, mein ich viel:
Was uns lange drückte im Exil.
Fremde sind wir nun im Heimatort.
Nur das »Weh«, es blieb.
Das »Heim« ist fort.

MASCHA KALÉKO

Meine Großmutter hieß Heide. Sie war schöner als die Heide und verlor sich manchmal am Horizont, so wie die Heide mit ihrem zartlila Blütenteppich.

An einem Tag vor zehn Jahren, am Ende des Spätsommers, rief sie mich an. Mein Großvater war ein Jahr zuvor gestorben, und sie war seitdem nicht mehr dieselbe Großmutter. Vielmehr war sie verblüht, und ihre Stimme klang ferner als früher, so als käme sie von weit her, als wäre sie nur noch zu Besuch auf der Welt.

»Die Kisten auf dem Dachboden, die müssen weg«, sagte sie in den Telefonhörer.

Sie meinte den Dachboden ihrer Hamburger Wohnung, in der sie allein zurückgeblieben war. Ein Jahr nach seinem Verlassen begann sie aufzuräumen und sich auf den Tag vorzubereiten, an dem auch sie nicht mehr sein würde. Ganz oben mit dem Dachboden fing sie an und arbeitete sich systematisch bis hinunter in den Keller, bis unter die Erde.

Ihr Wohnhaus war fast so alt wie die Lebensjahre meiner Großeltern zusammengerechnet, es stammte aus der Gründerzeit und hatte eine Eingangshalle mit viel Marmor und großen verzierten Spiegeln, die von Engeln gehalten wurden. Die Engel schauten ernst und würdevoll auf die Bewohner des Hauses herab, schienen allwissend zu sein, als wäre ihnen eine der wichtigsten Aufgaben des Universums zuteilgeworden. Großmutter Heide sagte, es wären Schutzengel, aber ich hatte meine Zweifel.

Die Spiegel hingen sich in der Eingangshalle gegenüber und spiegelten sich selbst. Sie taten so, als wären da Hunderte von ihnen, dabei waren es nur zwei, und diese hatten einen Hang zum Größenwahn, dass es einem schwindelig werden konnte. Eine ganze Armee, viel zu viele Spiegel, alle in einer Reihe mit weißem Stuck und Zierrat, dazu unzählige Engel mit verklärten Gesichtsausdrücken. Nie wieder sah ich einen so prunkvoll pathetischen Eingang eines Hamburger Hauses. Nie wieder liebte ich ein Haus so, wie ich dieses liebte.

Der Dachboden des Hauses war selbstvergessen, hölzern und von bescheidener Einfachheit. Er stapelte sich mit seinem letzten Stockwerk demütig krönend über das schöne Haus, und das war sehr vernünftig, denn sonst wäre es womöglich in den Himmel gewachsen mit seinem Marmor, seinen Engeln, seinen Spiegeln und seinem Tand.

Eine schmale Treppe aus schlichtem Arme-Leute-Holz führte hinauf, meine Großmutter nannte sie die Halsbrechertreppe, denn eine solche war sie. Niemand im Haus führte Buch, wer sich alles auf der Treppe den Hals gebrochen hatte, aber es gab die wildesten Gerüchte. Wenn sich nun wieder einer den Hals zu brechen drohte, schrien die Engel unten *Jaja, wir haben's euch doch gesagt!*, und sie warfen einen Spiegel nach ihm, denn es waren ja noch genügend Spiegel da. Ich glaube, sie verachteten die Menschen, die immer alles zugleich machen wollten und sich nie auf eine einzige Tätigkeit konzentrierten. Eigentlich mochte ich Engel nie besonders.

Großmutter Heide sagte, sich auf der Treppe den Hals zu brechen, ist Blasphemie. Ich wusste nicht, was das bedeutete, aber sie sagte nur: Das macht man nicht. Und dann verschloss sie sich in sich selbst.

Man musste das verstehen. Sie hatte einmal einen Mann geliebt, der sich auf einer Treppe den Hals gebrochen hatte. Es war eine andere Treppe und es war ein anderes Haus gewesen, und es war lange bevor sie meinen Großvater liebte. Aber sie war deswegen noch immer sehr verärgert, und ich konnte nicht an Schutzengel glauben, solange sie verärgert war.

Oben roch es nach trockenem Holz, und man hätte meinen können, dass sich hier seit Jahrzehnten keine Menschenseele aufgehalten hatte. Auf Dachböden verändern sich die Dinge nur sehr langsam, denn es gibt meist keine Notwendigkeit, sie zu erneuern. Sie bekommen kein neues Gewand, keinen neuen Anstrich, so wie alles andere um sie herum.

Dachböden sind die Archive der Städte. Sie sind Archivare von Stadtmenschenzeug, und sie vergessen nichts, geradeso wie der Teil in der Hirnrinde des menschlichen Gehirns, in dem sich das Langzeitgedächtnis befindet. Was dort hineingeritzt wurde, hinterlässt einen Abdruck, auch wenn er sich irgendwann verflüchtigt.

An Dachbodenbalken erhängten sich Generationen von Unglücklichen, und in Dachbodenecken lasen sich junge Verliebte heimlich Gedichte vor. Still und staubig observiert ein jeder Dachboden die Geheimnisse der Hausbewohner. Sie stellen ihr eingemachtes Obst dort hoch und vergessen es, sie hängen auch ihr Hochzeitskleid dort hin, und es kommt aus der Mode und wird womöglich von Motten zerfressen. Irgendwann vergessen sie auch das. Sie stapeln die Liebesbriefe ihrer Vorfahren in Kisten und tragen sie auf den Dachboden, und nach dem Krieg hängten sie die Uniformen mit den Hakenkreuzen dort auf, denn sie brauchten sie nicht mehr, aber ganz sicher waren sie nicht.

Alles, was man vergessen, aber dennoch behalten muss, stellt man auf den Dachboden.

Auf dem Hamburger Dachboden meiner Großeltern gab es Fledermäuse und auch noch allerlei anderes unnützes Getier, auch ein totes, das war der Fuchspelz von Uroma Batsheva.

Batsheva, genannt Betty, kam aus Berlin, und es wurde behauptet, dass sie den Pelz zu Chanukka in der Synagoge trug. Er war auch damals schon nicht koscher, aber das machte ihr nichts, denn sie war eine stolze deutsche Frau, das war weit vor meiner Zeit, und sie sah die Dinge auf ihre Art. Sie ging nicht in die Synagoge »der Sache wegen«, sondern, um nachzudenken.

Nach dem Krieg wanderte sie nach Israel aus und kam nach kurzer Zeit wieder zurück, weil ihr Israel zu heiß war und sie ihren Pelz nicht tragen konnte. Sie schimpfte über die Latkes meiner Großmutter, von denen sie sich reichlich in den Mund steckte, wenn keiner hinsah. Man ließ sie gewähren. Ihr Fuchspelz roch nach Kontemplation, Batsheva war eine Freidenkerin.

Jeder Schritt auf den Dachbodendielen machte ein Geräusch. Knarren, ächzen, stöhnen, alles war lebendig, alles war Musik. Es pfiff und sang durch das Gebälk.

Zu der Zeit, als ich noch an Geister glaubte, stellte ich mir vor, der Wind würde ihnen Geschichten erzählen. Er war ein Meister im Reisen, kam viel herum und wusste viel zu berichten.

Gelegentlich bestieg ich zusammen mit meiner Großmutter die Halsbrechertreppe, um etwas auf dem Dachboden zu suchen.

Heide lagerte Einmachobst, so wie Großmütter es tun, denn sie dachten an den letzten Krieg, oder an den nächsten, und das Obst war lange noch genießbar.

Durch eine winzige Dachluke konnte man ein Stück des Himmels sehen wie durch einen kleinen, einspurigen Fernseher mit Blick hinaus in eine andere Welt. Wir standen oft gemeinsam darunter und warteten auf eine besonders interessante Formation der Wolken. Dann erzählten wir uns, was wir sahen. Einen Wal, ein Schiff, ein Ungeheuer. Oder einen Engel. Meine Großmutter sah viele Engel, sie sah überall welche.

Ich habe nie einen gesehen.

Die Kisten, von denen sie am Telefon sprach, waren mir bekannt. Ich wusste, wo sie standen und was sie enthielten: Fotos, Dias, Negative, unentwickelte Filme, Briefe und anderes Zeug. Die alte Canon meines Großvaters und ein paar staubige Objektive.

Damals, nach ihrem Anruf, nahm ich die U-Bahn vom anderen Ende der Stadt und fuhr zu ihr. Viele Menschen waren draußen unterwegs, um die letzten Sonnenstunden in sich aufzunehmen. Es lag schon ein Hauch von herbstlicher Melancholie über allem. Bald würde der Sommer in seiner Euphorie müde werden. Der Herbst würde die Luft kühler werden lassen, und der Wind von der See würde den Hamburgern die Mantelkragen aufstellen und das Laub von den Bäumen fegen, und die sommerliche Ausgelassenheit würde in eine ruhige Geschäftigkeit in Vorbereitung auf den Winter übergehen.

Die Leute würden lange im Café sitzen und Zeitung lesen, sie würden anfangen zu frieren und zueinander sagen: »Ist es nicht kalt geworden!« Es war jedes Jahr das Gleiche, aber sie sagten es jedes Mal wieder so, als hätten sie es neu entdeckt. Die Hamburger mochten ihren Winter, er war eine Notwendigkeit, eine unabänderliche Tatsache, und daran änderte sich nichts, auch nicht, wenn man sich ihm in den Weg stellte.

Nur die großen Frachtschiffe im Hafen würden eine Ahnung bringen, dass es anderswo nicht Winter war. Sie brachten Bananen und Zitrusfrüchte und schaukelten beständig auf und ab, bis sie irgendwann im Eis feststeckten. Ich dachte an den Winter in Israel, so wie mein Großvater es getan hatte, und es machte mich sehnsüchtig, so wie es auch ihn sehnsüchtig gemacht hatte.

An der Station in der Nähe der Wohnung stieg ich aus und ging die Treppen vom Bahnsteig hinunter. Langsam spazierte ich den vertrauten Weg bis zu ihrer Haustür, vorbei am Blumenladen, in dem sie ihre Blumen kaufte, und über die kleine Brücke, die sich über das Hamburger Fleet spannte, und auf der ein akkordeonspielender Straßenmusiker seinen Platz hatte, der

Vlado hieß, oder sich zumindest so nannte. *VLADO* stickte meine Großmutter zur Weihnachtszeit in ein Handtuch, wickelte einen Stollen hinein und brachte es ihm. Dafür durfte sie sich ein Lied wünschen, sie wünschte sich *Oh Tannenbaum*, das konnte er nicht, und er spielte stattdessen ein serbisches Volkslied. Das gefiel ihr auch.

Der Eingang zu ihrem Haus lag etwas erhöht, auf dem messingfarbenen Klingelschild stand ihr Name ganz oben. Der Name meines Großvaters stand auch noch dort, obwohl er schon nicht mehr hier war.

An den wichtigtuerischen Engeln vorbei beschritt ich die Eingangshalle. Nahm nicht den Fahrstuhl, sondern ging alle Treppen der fünf Stockwerke zu Fuß, bis ganz unters Dach.

Meine Großmutter empfing mich nicht an der Wohnungstür. Ich hörte sie in der Küche singen, als ich hineintrat und die Tür hinter mir zuzog. Es roch nach Filterkaffee und Gebäck und nach dem eigentümlichen Geruch, der dieser Wohnung anhaftete, der an Familie, an rauschende Feste und alte Bücher erinnerte.

Ich legte meine Jacke über den Korbsessel neben dem Telefontischchen im Flur, von dem mein Großvater früher auf verschiedenen Sprachen in die Welt korrespondiert und irgendwann alles durcheinandergemischt hatte. Sein Notizbuch lag noch darauf, es hatte jetzt seine Bedeutung verloren.

Es kam auch immer noch Post für ihn an, und meine Großmutter legte sie auf seinen Schreibtisch. Gäste kamen nur noch selten und vereinzelt.

Der alte jüdische Professor, der die gleichnishaften Witze erzählte, die in großer Runde viele anerkennende *Ahs* und *Ohs* hervorriefen, kam nicht mehr. Vielleicht legte seine Frau ihm auch die Post auf den Schreibtisch. Die Nachbarin mit dem

Dackel kam nicht mehr, und auch die meisten der anderen, die diese Wohnung zu einem Zuhause gemacht hatten, waren nicht mehr da.

Großmutter Heide verbrachte ihre Nachmittage damit, allein zu sein.

Ich zog meine Schuhe aus und ging barfuß über die dicken, schweren Perserteppiche in Richtung der Küche.

Sie stand am Küchenfenster und goss Kaffee in ihre Kaffeekanne. Ich gab ihr einen Kuss, und wir setzten uns gemeinsam in die kleine Nische in der Küche auf die hölzernen Bänke, die immer unsere Nische gewesen war. Sie war so winzig, dass nur drei Menschen in ihr Platz hatten. Großmutter Heide und ich und früher der Großvater.

An diesem Spätsommertag waren nur noch wir beide da.

An Shabbat, und wenn Gäste kamen, saßen wir früher im Esszimmer. Früher kamen oft Gäste, und sie diskutierten im Arbeitszimmer über Politik und Literatur und Religion. Immer wieder der Nahostkonflikt.

Früher war noch nicht so lange her und schien doch schon eine Ewigkeit her zu sein.

Im Arbeitszimmer stritten sie über Martin Buber und Hannah Arendt, dabei luden sie sie nie zum Essen ein. Das schien mir nicht besonders höflich, wo sie doch ständig über sie sprachen. Aber was wusste ich schon.

Beim Essen versöhnten sie sich schließlich, meine Großmutter konnte sie alle versöhnen.

Gieß Wasser zur Suppe, heiß alle willkommen, sagte sie. Und sie deckte immer ein Gedeck für einen weiteren Gast, falls noch einer kam.

Am jenem Spätsommertag vor zehn Jahren stiegen Heide und ich ein letztes Mal auf den Dachboden.

Auf der Holztreppe wurde es spürbar wärmer. Der Sommer dauerte auf den Dachböden immer noch eine Weile länger an. Es war, als würde er sich dort versammeln, ein letztes Mal im Jahr, bevor er weiterzog, aus den Kronen der Häuser, hinaus in die fernen Landschaften, in denen er überwinterte. Die Zugvögel taten es ihm gleich, sie flogen ihm hinterher, und es war ein Trost, dass sie nicht fort waren, sondern nur verreist.

Ich atmete mit dem Holz, das schon viel erlebt hatte, das, nach dem großen Brand von Hamburg erbaut, zwei Weltkriege überdauert hatte und beharrlich darüber schwieg. Ich hatte keine Eile, denn das Haus war ein altes Haus, es hatte beizeiten seinen Rhythmus gefunden und ließ sich durch nichts mehr aus der Ruhe bringen.

Wir öffneten die Tür zu dem kleinen Bretterverschlag, hinter dem die Kisten standen, und dort ließ sie mich allein, denn sie hatte nicht mehr genug Gegenwart für diesen Teil der Vergangenheit übrig.

Unter der Dachluke blieben wir schon lange nicht mehr stehen.

Die Kisten mit den Fotos und Negativen waren sorgfältig beschriftet. Sie hatten meinem Großvater gehört, der ein Jecke war, und ein Jecke beschriftet alles sorgfältig.

Sie standen in einer Reihe auf dem Boden, einige waren übereinandergestapelt.

Die kleinste von ihnen trug die Aufschrift *Berlin 1945*.

Schwarz-weiße Fotografien der zerbombten Hauptstadt waren darin. 1945 war kein gutes Jahr. Leere, ausgestorbene Plätze, zertrümmerte Straßenzüge, Stunde Null. Sehr lange her. Berlin, seine Heimatstadt.

Hamburg 80er-Jahre, besagte der Inhalt einer anderen.

Die Alster, der Stadtpark, der Hafen.

1980 lebte mein Großvater bereits seit einer ganzen Weile wieder in Deutschland. Auf den Bildern sah er immer noch aus wie ein Tourist.

Die beiden Kisten rahmten ein Leben ein, das – unfreiwillig – in Etappen gelebt worden war. Die mittlere Etappe war in der dritten Kiste. Bunte Bilder aus Israel waren darin. *Das Land, das ich dir zeigen will*, stand handgeschrieben auf dem Deckel.

Die Rückseiten der Bilder waren zweisprachig beschriftet, Deutsch und Hebräisch. Sie stapelten sich bis zum Rand des Kartons, quollen beinahe hinaus.

Das grüne Galiläa, der See Genezareth und die staubtrockene Negev-Wüste. Der Sonnenaufgang vor der Festung Masada, Steinböcke im Nationalpark En Gedi und der Weg über den Wüstenhighway zum Toten Meer, von einer Kamelherde blockiert.

Akko, Eilat, Be'er Sheva.

Menschen, Straßen, Alltag in Jerusalem.

Menschen, Straßen, Alltag in Tel Aviv.

Menschen, Straßen, Alltag in Haifa.

All das jetzt ohne ihn.

Mein Großvater machte alle diese Bilder. Er schrieb *Das Land, das ich dir zeigen will* auf den Deckel der Kiste. Und ließ sie hier zurück.

Für irgendwen.

Für mich?

Ich spürte, dass in dieser Kiste ein Anfang lag.

Orte und Jahreszahlen waren notiert, fein säuberlich, geradezu pedantisch, in seiner markanten, spitzen Handschrift. Der Beweis seiner Existenz.

Er fotografierte, fast schon manisch, um alles zu erfassen, um sich an alles zu erinnern, um alles zu dokumentieren. Um all das aufzuholen, was nicht mehr aufzuholen war, was nicht mehr erinnert, nicht mehr dokumentiert werden konnte, was ihm unabänderlich genommen war. Was ohne ihn in Vergessenheit geriet.

Die letzte Kiste lag unter den anderen in einer Ecke.

Die Berliner Häuser stand in kleinen, halb verblassten Buchstaben darauf. Ich kannte den Inhalt dieser Kiste nicht, sie war mir nie aufgefallen. Ich kniete mich hin und öffnete ihren Deckel. Die Berliner Häuser waren auf eine Art banal, sonderbar und redundant, für Außenstehende geradezu nichtig. Die Kiste beinhaltete Farbfotos von intakten Wohnhäusern, nicht die Zeugnisse unmittelbarer Zerstörung als Kriegsfolge wie in der ersten. Der Beschriftung nach stammten sie aus den Jahren 1975 bis 1978, und sie zeigten ein menschenleeres Berlin, den Blick eines vertrauten Fremden, eines Auswanderers, der einst hier beheimatet war und der später wieder zu einem Einwanderer wurde.

Häuserfassaden mit bröckelndem Stuck, unsanierte Hauseingänge, leere Straßenzüge mit Laub und Berliner Schmutz, wenige Autos.

Es wirkte, als hätte es im Berlin dieser Jahre überhaupt kein menschliches Leben gegeben, als wäre alles verwaist gewesen.

Oder, als hätte der Fotograf gewartet, bis alle Menschen aus seinen Bildern herausgelaufen waren.

Die Abwesenheit menschlicher Spuren machten sie auf eine gewisse Art zeitlos. Es sah danach aus, als hätte mein Großvater sich bemüht, Bilder genau solcher Art anzufertigen.

Ich denke über den Grund dieser Aufnahmen nach.

Ein wenig fühle ich mich wieder wie das Kind, das früher auf diesem Dachboden nach vergessenen Schätzen suchte. Jederzeit bereit, sie mit unbeteiligter Miene wieder zurückzulegen, sollte einer ihrer Besitzer hinaufkommen.

Barnimstraße Nummer 15, Friedrichshain, stand auf der Rückseite einer Aufnahme, die die Häuserfront eines stuckverzierten weißgrauen Klinkerbaus zeigte.

Ritterstraße Nummer 4, Kreuzberg, auf der eines bräunlichen Biedermeierhauses.

Kollwitzstraße 7, Prenzlauer Berg, auf einer anderen, und so weiter.

Straßenname, Hausnummer, Stadtteil, immer in dieser Reihenfolge.

Am Boden der Kiste lag ein kleiner Stapel Briefe. Einige waren Luftpostkuverts, mit rot-blau gestreiftem Rand, von der Art, wie man sie damals verschickte.

Mit einem dünnen Faden waren sie zusammengehalten.

Sie waren an die Jerusalemer Anschrift meines Großvaters adressiert, er musste sie von dort nach Hamburg mitgenommen haben. Der Großteil der Briefe war aus Israel versendet, zwei aus den USA, einer aus Bolivien.

Sie waren alt, rochen alt, fühlten sich alt an, und auch die Gedanken und Geschichten ihrer Verfasser waren alt.

Ich ahnte, dass niemand von ihnen jemals wieder hierherkommen würde. Dass ich viel Zeit haben würde, sie zu betrachten.

Ich wollte den Sinn dieser Bilder verstehen. Sie hatten ihre ganz eigene dokumentarische Sprache. Sie erinnerten mich an die Aufnahmen von Fukushima oder Tschernobyl, von verwaisten Städten nach dem Eintritt einer Katastrophe, verlassen von ihren Bewohnern. All das Leben und der Charakter dieser Orte waren mit den Menschen, die hier gelebt hatten, verschwunden.

Eine Schreiberin namens Ida Friedman verfasste den obersten Brief. Sie schrieb aus Jerusalem, und ihr Name stand in spitzen, mit Füllfederhalter geschriebenen Buchstaben auf dem Kuvert. Der Poststempel war auf den 22. Februar 1977 datiert.

»Ich danke Ihnen für die Korrespondenz bezüglich der alten Berliner Adresse. Das Haus hat sich doch tatsächlich seit damals kaum verändert.«

Seit wann?, fragte ich mich. Seit wann hat es sich nicht verändert? Ich verstand nicht, warum das wichtig sein könnte. Dann öffnete ich den nächsten Brief.

Er stammte von einem Emil Rosen mit kindlicher Handschrift, ebenfalls aus Israel.

»Ich möchte mich bedanken für Ihre Bemühungen über das Aufsuchen der alten Heimatadresse. Haus ist kaum wiederzuerkennen, ganz verändert. Erstaunlich. Haben Sie sich auch Zugang zum Innenhof beschaffen können? Wir lebten im Hinterhaus, fünfte Etage. Zwei Zimmer. Es ist wahrscheinlich komplett ausgebombt gewesen. Die Familie war im Lager, haben Bombennächte zu Hause nicht mehr erlebt.« Der Brief hatte mehrere Seiten. Das Papier war dünn wie Backpapier, es fiel mir schwer, die Schrift zu entziffern, und ich ließ ihn irgendwann sinken. Langsam verstand ich, worum es hier gehen könnte.

Von einer unleserlichen New Yorker Adresse schrieb Rivka Davis auf Englisch: »Groß ist meine Dankbarkeit an Sie für diese Erinnerung. Nunmehr besteht sie auf dem Papier fort. Mein Elternhaus ist tatsächlich einst so gewesen wie auf dem Bild. Es ist so schön wie schmerzlich, das alles noch einmal zu sehen. So ist das nun alles Vergangenheit geworden, jetzt ist es damit vorbei. *Sincerly, with best regards.*«

Eine Frau Katz schrieb mit kantiger hebräischer Druckschrift aus Jerusalem, sie schien das Hebräische noch nicht gut zu beherrschen und entschied sich trotzdem, in dieser Sprache zu schreiben: »*Chaver sheli*, mein lieber Freund. Ich danke Dir für das Ende dieser, meiner Reise. Das Herz kann jetzt ruhen. Es kann heilen, wenn es davon eine Heilung gibt.«

Ich las einen Brief nach dem anderen. Die Briefeschreiber sprachen wie Stimmen in meinem Kopf. Ich wollte ihnen nahekommen.

Anita Nussbaum hatte eine schöne, mädchenhafte Handschrift. Sie schrieb auf Deutsch. Ihr Brief wurde aus Haifa versandt, mit altmodischen, verschnörkelten Buchstaben schrieb sie: »Dies Bild, Ihre so wohl gelungene Fotografie meines Elternhauses, sie wird mich für immer an die Heimat erinnern. Ach, Sie wissen sicher selbst, welch' schöne Erinnerung man dort verbrachte. Es ist, wie meine Mutter sagte, Stein und Mörtel bauen ein Haus, Geist und Liebe schmücken es aus. Mutter ist mit den anderen in Belsen geblieben, Sie wissen es ja. Dies aber war ihr Heim, nur dort war sie glücklich. Unser Deutschland aber kann meine Heimat nicht mehr sein, deshalb bin ich rüber gegangen. Ich danke Ihnen von ganzem Herzen, dass sie mir diese mir so liebe Erinnerung zukommen ließen.«

Max Samuel Peretz schrieb aus Bolivien auf der Schreibmaschine. »Als mein Freund mir sagte, Sie seien in Berlin und können dort hinfahren und mit Ihrem Apparat diese Bilder aufnehmen, da wollte ich zuerst nicht. Ich dachte, es ist besser, es nicht zu tun. Das Haus war ein Judenhaus, da ist dann später keiner hin zurückgekehrt. Die sind alle ins Lager. Es macht meine Seele unruhig, das Bild. Seit Jahren war sie nicht so unruhig. Aber es ist gut, etwas zu haben, jetzt, nach so langer Zeit. '38 nach der Pogromnacht bin ich raus. Ich bin nie zurückgekehrt. Nun haben Sie es ja für mich getan. Ich bedanke mich bei Ihnen. Hochachtungsvoll, M. S. Peretz.«

Ida, Emil, Rivka, Frau Katz, Anita und Max Samuel.

Sie waren früher Berliner gewesen, und nun waren sie überall verstreut.

Sie hatten in diesen Häusern gewohnt, bevor sie sich an ein neues Leben in der Ferne gewöhnten.

Sie hatten es die Halsbrechertreppe hinauf in dieses Haus geschafft, auf diesen Dachboden, und die sonderbaren Engel wachten über sie, Schutzengel, die doch keine waren.

Sie setzten ihre Leben auf Hebräisch, auf Englisch oder auf Spanisch fort, sie träumten und schrieben irgendwann auf Hebräisch, auf Englisch und auf Spanisch, aber sie kamen doch nicht los von der Heimat, die eine unauslöschliche Sehnsucht in ihrem Herzen war, und ein Loch in dem Teil ihres Gehirns, in dem sich ihr Langzeitgedächtnis befand.

Sie lebten in einer Unruhe, bis sie meinen Großvater schickten, diese zu stillen.

Ilse, Samuel, Rivka, Frau Friedman, Ida, Max Abraham waren inzwischen zu Dachbodenfiguren geworden. Ihr Heimweh geriet irgendwann in Vergessenheit. Es wurde zu einem unbestimmbaren *Weh*, dem kein Heim mehr anhaftete.

Max Abraham Rosenzweig schloss seinen Brief mit einem PS:

»Ich habe gehört, Sie gehen zurück. Ich respektiere Ihre Entscheidung, wieder nach Deutschland zu gehen. Ich werde nicht zurückgehen, nie mehr. Die Kraft kann ich nicht aufbringen, auch wenn ich hier, in der Hitze, nie wirklich zu Hause war. Deutschland hat uns damals nicht gewollt. Vergessen Sie das nicht. Vielleicht ist es heute anders. Vielleicht wird es anders werden. Mit besten Wünschen. Und auf ein neues Deutschland.«

Kapitel 16 –
Auschwitz' Enkel und die Gegenwart der Vergangenheit

»Lo toda, ein li tsoreh bemadrih. –
Nein danke, ich brauche keinen Führer.«

DEUTSCH-HEBRÄISCHES REISEWÖRTERBUCH, 1978

In Jerusalem ist der dritte Tag von Chanukka inzwischen vorübergegangen. Rafi hat in der Bar die ersten drei Kerzen der Chanukkia angezündet, inzwischen sind sie schon ein Stück heruntergebrannt. Heute ist er ein bisschen erkältet und lehnt träge hinter der Theke, während ich Bier für die Gäste zapfe. Ich habe Wein getrunken und spüre leichte Kopfschmerzen. Rafi hat unter der Israelflagge im Lagerraum einen Karton mit zwanzig Jahre alten Weinflaschen gefunden. Ein ausgezeichneter Jahrgang, hat er gesagt.

Seitdem bewegt sich der Abend zielstrebig in einen Abgrund.

Plötzlich stürmt eine atemlose Braunhaarige hinein. Alle Augen richten sich auf sie, denn sie ist hübsch wie ein Gemälde, aber brüllt wie ein Stier.

»Bacon? Bacon bist du hier?«

Sie trägt eine hochgeschlossene Bluse und goldene Kreolen, die der Farbe ihres gut frisierten Haares einen edlen Schimmer verleihen. In der Hand hält sie eine Leine, an der kein Hund mehr hängt.

»Bacon! Wo ist das Vieh?«

Für einen Moment wirft sie mir einen Blick zu, nicht lange genug, um ihn deuten zu können.

Es ist einundzwanzig Uhr dreißig. Die Dunkelheit liegt bereits über dem Jerusalemer Abend, und die ersten Gäste sitzen auf den Barhockern. Kerzen werfen ihr warmes Licht in den Raum.

Zwei Chassidim sitzen an einem der vorderen Tische, der eine hat die linke Hand um eine Flasche Bier gelegt, der andere raucht *Noblesse*, die billigsten israelischen Zigaretten mit dem höchsten Teergehalt. Die beiden gehören zu den wenigen Frommen, die regelmäßig in die Bar kommen. Auf ihrem Kopf die schwarze Kippa aus Samt, darunter das braune Haar, an den Seiten zu zwei langen *Pejes* gedreht.

Gerade werfen sie dem kleinen aufgedrehten Hund, der soeben in die Bar rannte, Oliven aus einem Schälchen zu. Er verschluckt sie gierig, wähnt sich im Spiel und läuft bellend von einem zum anderen.

»Bacon! Da bist du«, ruft die Schöne mit der lauten Stimme. »Komm her, lass die Leute in Ruhe!«

Einer der beiden hält in der Bewegung inne und richtet sich auf.

»Bacon? Wie ein unkoscheres Stück Fleisch? Ernsthaft?«

»Ach, lass mich doch zufrieden mit deiner Indoktrination!«, brüllt sie sofort los. »Du bist doch auch nur hier, um Frauen aufzureißen! Tu doch nicht so scheinheilig.«

Er schaut sie entgeistert an.

»Ja, schau nur! Schau dir ja alles genau an«, schreit sie jetzt und deutet mit beiden Händen an ihrem Körper hinunter. Ihre roten Fingernägel blitzen auf, sie wiegt kurz mit den Hüften. »Nachher kehrst du zurück nach Mea Shearim oder Beit Israel, oder wo ihr Verrückten wohnt, und schreist »Shikse, Shikse, Shikse« mit den anderen Gehirnwäschern, wenn eine keinen langen Rock trägt. Mit euch geht dieses Land zugrunde!«

Die wenigen Gäste, die an der Bar hocken, haben ihre Getränke sinken lassen und starren jetzt mit offenen Mündern auf die Unruhestifterin und die Frommen.

Rafi hat ein Händchen für das Vorhersehen von Eskalation. Er ist wachsam geworden und hat seine diplomatische Streitschlichter-Miene aufgelegt, um die er sich bemüht, wenn etwas in der Bar aus dem Ruder läuft.

»*Nu, Chevre,* liebe Freunde«, sagt er mit beruhigendem, wohlwollendem Unterton. »Es gibt doch keinen Grund zu streiten.«

Er kommt hinter der Theke hervor und fragt die aufgebrachte Braunhaarige, ob sie etwas trinken möchte.

Ich löse mich aus dem Überraschungsmoment und gehe nach oben, um Gläser zu spülen.

Es gibt einiges zu tun, und ich lasse mir Zeit. Nebenbei koche ich Kaffee und versuche, durch das schmutzige Fenster einen Eindruck von der Wettersituation zu bekommen.

Unten läuft *Somebody To Love* von Queen und ich denke darüber nach, wie leicht man seinen Glauben an Gott verlieren kann.

Lord, what you're doing to me, yeah, yeah
I have spent all my years in believing you
But I just can't get no relief, Lord!

Irgendwann steht sie plötzlich in der Tür – sie, die eben noch unten die Frommen anbrüllte.

Im Türrahmen lehnt sie, still und beobachtend. Ich hatte sie nicht kommen hören und die Tür zum Lagerraum nicht verschlossen, wie Rafi es mir aufgetragen hatte.

Dann tritt sie hinein. Aufmüpfig schön sieht sie aus, offenbar vollständig besänftigt und irgendwie fordernd. Mit verspielt mädchenhaftem Charme und einer donnernden Erscheinung, die erahnen lässt, dass sie in der Lage ist, sich um ihre eigenen Belange zu kümmern.

»Die Toilette ist nebenan«, sage ich vorsichtig und deute mit nasser Hand auf die Wand, hinter der sich die Toilette befindet.

»Ich weiß«, erwidert sie und hebt forsch das Kinn. »Aber ich will dort nicht hin. Ich wollte zu dir.«

Sie kommt einen Schritt auf mich zu. Riecht nach Wein, Wein hat sie getrunken, das sehe ich. Sie glänzt in den Augen, und ihre Lippen sind rot.

Sie tritt noch näher an mich heran, die Hände in den Hosentaschen. Selbst die Art, wie sie geht, ist elegant.

»Hast du schon mal eine Frau geküsst? Weißt du, wie schön das ist?«

Unvermittelt sanft fasst sie mir ins Haar. Ihre Aura von Wein umschließt mich, jetzt riecht sie auch nach Süße, wie eine Blumenwiese, und nach Karamell.

»Ich mag Frauen, weißt du«, haucht sie zart in mein Gesicht, ganz nah steht sie vor mir. »Frauen wie dich.«

Meine Hände sind nass vom Spülwasser. Ich lasse sie sinken und spüre, wie die Tropfen an ihnen hinunterlaufen. Sicher sehe ich aus wie ein müdes Küchenmädchen, ganz glanzlos und stumpf, im Gegensatz zu ihr.

Dann sehe ich plötzlich Rafi in der Tür stehen. Sein Mund ist geöffnet, seine Stirn zornig in Falten gelegt, es ist kein Zeichen von Begeisterung.

»Seid ihr verrückt geworden?«, schimpft er los. »Unten warten Gäste. Ich habe dir gesagt, du sollst diese Tür verschließen!«, donnert er weiter »Verschließen! Hörst du?«

Der Zauber fliegt aus dem Raum. Sie wirft mir noch einen süßlichen Blick zu und entschwindet aus meinem Sichtfeld, die Treppe hinunter.

Rafi knallt mit der Tür.

Einen Moment lang ist es still, und ich starre in die Leere. Trotz der Musik und der lärmenden Gäste im unteren Raum höre ich hier oben den Wasserhahn tropfen. Ich reiße mich aus meiner Erstarrung, nehme einen Schluck Kaffee und spüle die restlichen Gläser.

Als ich wieder nach unten gehe, suche ich mit den Blicken zuerst nach Rafi. Seelenruhig steht er hinter der Bar und füllt Oliven in kleine Schälchen. Versöhnlich lächelt er mich an.

»Da«, sagt er und deutet mit dem Kopf hinüber zu den Tischen. »Ich hab deine Lesbe zu den Frommen gesetzt.«

Erschrocken folge ich seinem Blick. Sie, die eben noch dicht vor mir stand, sitzt jetzt auf einem der vier Holzstühle am Tisch der Chassidim und nimmt sich gerade eine *Noblesse* aus der Packung, die einer der beiden ihr hinhält. Auf dem Stuhl neben ihr hockt der Hund, ganz aufrecht, als würde er an ihrer Konversation teilnehmen.

»Wie hast du das gemacht?«, frage ich bewundernd.

Rafi zuckt mit den Schultern.

»Ich habe ihnen von dem Wein gegeben. Jetzt sind sie friedlich.«

Am Tisch sind sie offenbar noch damit beschäftigt, sich miteinander bekannt zu machen.

»Yael, sagst du?« Er deutet auf sich. »Nathan.«

Sie hat Nathan die Hand entgegengestreckt.

Grinsend winkt er ab. »Nein, das geht nicht, Yael. Berühren können wir uns nicht.« Stattdessen lüftet er theatralisch seine Kippa, ohne einen Körperkontakt einzugehen.

»Woher kommst du?«

»Boston.«

»Ah, Boston. Dein Hebräisch ist gut.«

»Ich bin hier aufgewachsen. Mein Vater ist Israeli, meine Mutter Amerikanerin.«

Yael spricht mit amerikanischem Akzent, scheinbar haben die Staaten ihren Einschlag hinterlassen.

»Ich wette, ihr habt noch nie mit einer getrunken, die Frauen mag. Da bin ich sicher«, quasselt sie plötzlich los und schenkt allen dreien Wein aus der Flasche nach, die Rafi ihnen auf den Tisch gestellt hat.

Der andere Chassid, der sich als Nachman vorgestellt hat, zieht an seiner Zigarette.

»Weißt du, für uns ist das in Ordnung«, erwidert er.

Er spricht ruhig und hat sich mit verschränkten Armen in seinem Stuhl zurückgelehnt.

»Im *Schulchan Aruch* steht, dass der Samen nicht verschwendet werden darf. Ihr verschwendet wohl keinen Samen bei dem, was ihr da tut«, fügt er grinsend hinzu.

Perplex schaut sie ihn an.

Rafi öffnet eine weitere Flasche Wein aus dem Karton und schenkt mir und sich selbst etwas davon ein. Triumphierend schaut er mich an. Dann kramt er eine Tüte karamellisiertes Popcorn unter der Theke hervor und öffnet sie, ohne den Blick von den dreien am Tisch abzuwenden. Er reicht sie an mich weiter, steckt sich das Popcorn in den Mund und schiebt den Wein zu mir herüber.

»L'Chaim«, sagt er. »Ganz großes Kino.«

Das Popcorn schmeckt zuckersüß.

Der Wein ist sauer und völlig vergoren.

In den nächsten Stunden kommen und gehen Leute, verlangen nach Bier oder Arak und bekommen von Rafi Wein aufgeschwatzt.

»Ein guter Jahrgang.«, sagt er zu allen.

Sie werden lustig, fangen an zu tanzen, kommen mit Fremden ins Gespräch, singen Karaoke und übergeben sich schließlich oben auf der Toilette.

Irgendwann sind alle fort.

Um vier Uhr morgens mache ich mich auf den Weg in den Techno-Club. Rafi gibt mir die Bezahlung für die letzten Stunden und statt Trinkgeld ein paar Flaschen zwanzigjährigen Wein.

Vor dem Club sehe ich Yael wieder. Sie sitzt auf einer Holzbank und lehnt mit geschlossenen Augen an der Wand, ein verklärtes Grinsen im Gesicht und Bacon auf dem Schoß. Offensichtlich ist sie sternhagelvoll.

Vor ihr sitzen zwei reichlich angetrunkene junge Männer auf hölzernen Klappstühlen und unterhalten sich auf Deutsch.

»Parlamentarische Demokratie!«, lallt der eine.

»Ist doch keine, wenn's einen König gibt«, erwidert der andere und kann sich nur mit Mühe gerade halten.

»Die haben keinen König, du Idiot.«

Sie bemerken mich, als ich einen prüfenden Blick auf Yael werfe.

»Die ist okay!«, sagt einer von beiden freundlich mit dem konzentriert angestrengten Blick eines Betrunkenen. »Wir passen drauf auf. Ist unser Job, auf Frauen aufzupassen.«

»Auf jüdische Frauen«, fügt der andere hinzu, klopft sich auf die Schenkel und fängt dröhnend an zu lachen. Er verstummt abrupt, als ihm der andere mit dem Ellenbogen in die Seite boxt.

»Also ich bin Polizist. Das meinte ich«, sagt er, räuspert sich und deutet mit einer fahrigen Geste auf sich selbst. »Und der hier«, er zeigt in Richtung seines Kameraden, »der ist auch Polizist.«

Der andere nickt.

Ich setze mich zu ihnen.

Sie sind aus Ostdeutschland und machen zehn Tage Urlaub in Israel, Jerusalem ist ihre erste Etappe. Danach wollen sie ans Tote Meer und nach Tel Aviv.

»Wollten die Hühnersuppe mal im Land selbst essen.«

In Deutschland leisten sie Dienst in einem Wachhäuschen vor einer Synagoge.

»Samstags bringen die Frauen immer Suppe raus. Die sind echt gut zu uns, obwohl wir ja, na ja, du weißt schon… Deutschsein und so.«

Ich öffne eine Flasche Wein und wärme das Huhn in der chaotischen Küche des Clubs auf. Um vier Uhr dreißig teilen wir Abdallahs Huhn und trinken Rafis Wein.

Yael ist wieder redseliger geworden und Jonathan, ein alter Bekannter, hat sich dazugesellt. Er ist einer von Rafis Bargästen, die tagsüber ein frommes Leben als chassidische Ehemänner führen und die Donnerstagabende sehnsuchtsvoll in der Bar oder im Club verbringen, ekstatisch tanzend, die Pejes unter einer Schirmmütze verknotet, die Zizit in die Hosen gestopft, verkleidet, getarnt als gewöhnliche Jerusalemer Partymenschen, um ein bisschen was von dem zu schmecken, was es in ihrem Leben nicht gibt, nicht geben darf. Jonathan führt ein Doppelleben. Er ist einer von uns, aber immer nur für einen Abend.

»Bist du auch deutsch?«, fragt ihn einer der beiden. Jonathan versteht fast jedes Wort der Deutschen und antwortet ihnen auf Jiddisch, das sie für eine Fantasiesprache halten.

Er macht eine vage Geste mit dem Kopf.

»Mayn mishpoke iz fun Frankfurt. Aber zey zenen nisht geblibn. Epes iz gekumen.«

»Gekommen? Etwas ist dazwischengekommen?«, fragen die Deutschen neugierig.

»Nun, der Holocaust ist dazwischengekommen«, sagt Yael ungeduldig. Sie scheint alles zu verstehen.

Die Deutschen nicken betreten und scharren mit ihren Schuhen im Dreck.

»Wo waren deine Großeltern während des Holocaust?«, fragt einer der Deutschen zusammenhangslos an Yael gewandt.

»Polen. Aber mein Großvater wurde auch in Deutschland geboren.«

»Dann sind wir ja eigentlich alle irgendwie deutsch«, sagt er grinsend.

Yael schaut ihn irritiert an.

Ido, der an der Bar arbeitet und guten Wein von schlechtem unterscheiden kann, stattet uns einen Besuch ab. Er nimmt einen großen Schluck von unserem Wein, verzieht angewidert das Gesicht und spuckt ihn neben sich aus.

»Ein guter Jahrgang«, sage ich.

»Igitt, was ist das denn?«, flucht er. »Reicht euch Deutschen der Holocaust nicht? Wollt ihr uns jetzt auch noch mit Wein vergiften?«

Die nächsten Stunden schwinden aus meiner Erinnerung.

Wir tanzen. Im Club, in dem wir scheinbar irgendwann gelandet sind, wird es hell, dunkel, hell, dunkel. Einer der Deutschen ist mit Bacon nach draußen gegangen, der andere tanzt mit Yael.

Jonathan tanzt mit sich selbst – ohne jemanden zu berühren. Ein sinnlicher Exzess.

Wir trinken, uns geht es gut dabei, dann schlecht vom Wein, dann wieder gut, und alles andere wird unwichtig.

Als ich erwache, fühlt sich mein Kopf wie der Proberaum einer Brassband an. Trompeten und Fanfaren kreischen darin um die Wette. Meine Glieder sind wie betäubt. Ich kann die Stellung meiner Augen nicht lokalisieren, alles zuckt wild durcheinander und hämmert im Takt meines Herzschlags.

Ich befinde mich auf der unteren Matratze eines Stockbetts, und mein Kopf liegt auf einem Arm, zu dem eine Hand mit rot lackierten Fingernägeln gehört. Ein schmaler goldener Armreif liegt auf der ebenmäßig-jugendlichen Haut.

Daneben ist eine fünfstellige Nummer eintätowiert. Ich bin von dem Anblick völlig überfordert.

Langsam drehe ich meinen schmerzenden Kopf in Richtung Decke, versuche ruhig gegen die aufkommende Übelkeit zu atmen und spüre jetzt noch eine warme Hand an meiner Hüfte, die alles zu besänftigen scheint. Sie schiebt sich zart unter den Stoff meiner Kleidung. Ich weiß nicht, zu wem sie gehört, aber ich bin auf eine Art froh, dass sie da ist. Es fühlt sich an, als würde sie mich zärtlich zum Verweilen überreden. Vorsichtig lege ich meinen Kopf zurück auf die Matratze und ziehe den Arm zu mir heran. Mit dem Zeigefinger streiche ich über die schwarzen Ziffern darauf. Sie sind warm, das Fleisch darunter pulsiert. Während ich noch mühsam versuche, die Dinge zusammenzubringen, höre ich plötzlich gedämpft eine bekannte Stimme hinter mir.

»Das ist die Nummer meines Großvaters.« Sie klingt wie eine verstimmte Geige und rückt jetzt etwas näher zu mir heran. Ich höre den Lattenrost des schmalen Bettes unter uns knarren.

»Ich darf nicht vergessen, ihn anzurufen. Wir telefonieren immer an Shabbat.«

Sie scheint es mehr zu sich selbst zu sagen als zu mir.

Die Gedanken in meinem Kopf ordnen sich nur langsam.

»Das ist aber nicht seine Telefonnummer? Diese hier?«, frage ich mit einer Stimme, die nicht zu mir gehören zu scheint. Sie klingt noch erschreckend heiser von letzter Nacht.

»Nein«, sagt Yael. »Das ist seine andere.«

Ich fühle mich, als wäre ich durch die Zeit gefallen. Als hätte ich gestern irgendwo aufgehört, wo ich nun nicht mehr anknüpfen kann. Ich erinnere mich vage, dass ich irgendwann in der Nacht Angst hatte zu sterben. Und dass das nicht nur mit dem Alkohol zu tun hatte. Ich habe von Stockbetten geträumt, nicht von den Stockbetten hier im Techno-Club, auf denen ich häufig schlafe, sondern von Stockbetten irgendwo an einem Ort, in einer Zeit, in der ich nie gewesen bin. Bis gestern Nacht.

Irgendwann stehe ich auf und koche Kaffee für alle, die diesmal die Nacht im Club verbracht haben. Weil ich nicht weiß, was ich sonst tun könnte.

Die Deutschen wanken mit bleichen Gesichtern aus den anderen Stockbetten, Bacon hat bei ihnen geschlafen.

»Scheiße, was war denn mit dem Wein gestern?«, murmelt einer von ihnen gequält in den leeren Raum. »Ist der hier immer so schlimm?«

Auch Jonathan hat es nicht bis nach Hause geschafft. Wir finden ihn schlafend auf dem Sofa unten im Club, die Schirmmütze ist ihm vom Kopf gerutscht und legt seine Schläfenlocken frei. Seiner Frau wird er sagen, er habe in der Yeshiva geschlafen.

Wir versammeln uns im Halbkreis um ihn, trinken müde und in schläfriger Geselligkeit unseren Kaffee. Es tut gut, jetzt nicht alleine zu sein.

Niemand ist in der Lage, ein vernünftiges Gespräch in Gang zu bringen. Lange Zeit sagt keiner etwas, alle hängen ihren Gedanken nach oder ihrer Gedankenlosigkeit. Die Discokugel an der Decke dreht sich wie von Geisterhand und wirbelt silberne Lichtschnipsel durch den Raum. Die Zeit scheint gelähmt zu sein. Eine Minute ist kaum von einer Stunde zu unterscheiden.

»Mein Großvater weiß, dass ich auf Frauen stehe«, sagt Yael irgendwann in die Runde. »Er bezahlt mir das Studium hier in Jerusalem mit eurem Steuergeld.«

Verständnislos schauen die Deutschen sie an.

»Wiedergutmachungszahlung. Sagt ihr das nicht so in Deutschland?«

Yael trinkt ihren Kaffee und krault ihren Hund. Plötzlich bringt sie nichts mehr aus der Ruhe.

»Dein Tattoo da sieht aus wie eine Nummer aus Auschwitz«,

sagt schließlich einer der Deutschen, um irgendwas zu sagen. Alle schauen Yael an. Ich schaue zur Discokugel, und mir wird schlecht davon.

»Das ist die Nummer von meinem Großvater«, sagt sie.

»Seine *echte* Auschwitz-Nummer?«, fragen die Deutschen ungläubig in die verstörte Stille hinein. In ihren Blicken liegen Entsetzen und so etwas wie Anerkennung.

»Warum hast du das gemacht?«, fragen sie.

»Warum lässt du dir *das* tätowieren?«

Yael schaut im verwüsteten Raum umher, wo vor einigen Stunden noch ekstatisch getanzt wurde. Zum ersten Mal fällt mir auf, dass ihre Augen grün sind.

Sie schweigt, als hätte sie die Frage nicht gehört.

»Damit darüber gesprochen wird«, sagt sie irgendwann.

»So wie jetzt« sagt einer der Deutschen leise.

»So wie jetzt«, sagt sie und nickt.

Jonathan ist erwacht.

»Dos iz farbotn«, sagt er auf Jiddisch. »Das ist für uns Juden verboten. Man soll die Haut nicht beschädigen, steht geschrieben im –«

»Ach, ihr Frommen!«, unterbricht sie ihn, und plötzlich wird sie wieder wütend. »Immer wisst ihr alles. Immer müsst ihr alles erklären. Ist mir egal, was geschrieben steht. Ist denn nicht ein atmender Jude die beste Warnung? Ist nicht ein lebendiger Jude das beste Mahnmal für die Shoah?«

Die Deutschen schauen von einem zum anderen.

»Aber ist es *das*, was du von deinem Großvater in Erinnerung behalten willst?«, mischt sich einer von ihnen zaghaft in das Gespräch.

Yael stochert gedankenverloren mit einem Löffel in ihrem Kaffeesatz herum.

»Der Holocaust ist doch sowieso überall. Wenn ich ihn nicht auf dem Arm trage, trage ich ihn im Kopf. Wenn ich irgendwann Kinder habe, werden sie mich nach dieser Nummer fragen. Und ich werde ihnen erzählen, woher sie kommt. Die Leute vergessen sonst viel zu schnell.«

Wie eine gestrandete Gruppe Fische liegen wir herum, fast bewegungslos, und warten darauf, dass etwas passiert.

»Habt ihr schon Pläne für Shabbat?«, fragt Yael irgendwann.

Einer der Deutschen räuspert sich und schüttelt dann doch nur den Kopf, statt etwas zu sagen.

Ihre Gesichter sehen kläglich aus.

Sie holt ihr Telefon aus der Tasche und wählt eine Nummer. Als sie ihrem Großvater *Shabbat Shalom* wünscht, klingt sie wie eine rauchige Bluessängerin. Dann nickt sie den Deutschen zu.

»Ihr seid eingeladen. *Saba* sagt, das ist okay. Er will *die* kennenlernen, die das Studium seiner Enkelin bezahlen.« Sie grinst und zeigt auf sich selbst.

Eine müde Stille liegt im Raum, jeder sinniert vor sich hin, Reste von vergorenem Wein in den Gedanken.

»Ist das denn, also ich meine … ist das für ihn, für deinen Großvater, wir haben das ja jetzt nicht direkt bezahlt …«, beginnt einer der Deutschen. Der andere stößt ihn mit dem Ellenbogen in die Seite, und er verstummt.

»Ob das für ihn okay ist, dass zwei Deutsche kommen?«, vervollständigt sie seine Frage.

Er nickt. »Weil er doch im KZ war«, fügt er hinzu.

Sie hält ihren Hund auf dem Schoß und kämmt mit den Fingern durch sein Fell.

Bacon liegt ganz still.

»Buchenwald, Treblinka, Auschwitz. Wir sind hier in Israel, Leute, was habt ihr erwartet? Unsere Großeltern waren alle irgendwo.«

Irgendwann machen sie sich auf den Weg.

In der gleichen Kleidung von gestern Abend bleibe ich mit meinem dritten Kaffee zurück und schaue ihnen hinterher. Ich bin ganz froh, jetzt meine Ruhe zu haben. Als Yael dem Hund die Leine anlegen will, macht er einen Satz und läuft davon.

»Bacon! Verdammt, Bacon. Nicht schon wieder«, schreit sie mit Bluessängerinnen-Attitüde.

Fröhlich schwanzwedelnd läuft das Zotteltier zwei Chassidim hinterher, die mit wehenden Schläfenlocken und leicht gebückter Haltung rasch die Straße überqueren. Ab dem frühen Freitagnachmittag sind sie nur noch in Eile anzutreffen. In wenigen Stunden beginnt das große Beten, und sie scheinen immer spät dran zu sein.

»Bacon!«

Angewidert springen die Chassidim vor dem Hund zur Seite.

»Pfui, *Busha*! Schande!«, ruft der eine.

»Tfu!« Der andere spuckt vor dem kläffenden Hund auf die Straße.

Eine Sekunde später steht Yael wie eine Furie vor ihnen. Holt kurz Luft. Dann brüllt sie ihnen auf Englisch ins Gesicht.

»Passt euch der Name nicht? Wie kann man es euch recht machen, wie? Sagt's mir, was findet ihr Gottesanbeter besser? *Blondi* vielleicht? Na, gefällt euch das?«

Die Chassidim weichen nun auch vor der wütenden Frau zurück und suchen schimpfend das Weite.

Es wird wieder still um die kleine Gruppe, der Hund hat einen Schreck bekommen und lässt sich bereitwillig anleinen.

»*Blondi*?«, flüstert einer der Deutschen dem anderen zu.

Sie schauen ehrfürchtig auf Yael.

»Hitlers Schäferhund«, raunt der andere zurück.

Kapitel 17 –
Die Irrfahrt des Propheten

Ahmed Abu Daja hat einen Laden in Gaza-Stadt. Als er das erste Mal von dem Streit um die dänischen Mohammed-Karikaturen hörte, war ihm klar, was seine Kunden wollten: Fahnen verbrennen. Er bestellte 100 dänische und norwegische Flaggen, die in der Region normalerweise selten sind. Das Geschäft lief sofort sehr gut, berichtet er einem Reporter. »Ich nehme keinen politischen Standpunkt ein. Ich mache Geschäfte«, sagt er über sich. »Aber dieses Mal war ich von der Beleidigung des Propheten Mohammed betroffen.« In den Palästinensergebieten sind seit einigen Tagen überall Palästinenser zu sehen, die Flaggen von europäischen Staaten verbrennen. Normalerweise sind es die »Stars and Stripes« der USA und der blaue Davidstern Israels, die auf den Straßen in Flammen aufgehen. Viele seiner Fahnen werden in Taiwan produziert. Israelische Flaggen erhält er gewöhnlich von einem Händler aus Israel.

Wütende Moslems kaufen sich in diesen Tagen bei Abu Daja Fahnen der skandinavischen Staaten, um sie auf der Straße zu verbrennen. »Mit unserem Blut und unseren Seelen werden wir dich verteidigen, o Prophet«, rufen viele dabei. Eine solche Fahne kostet in Abu Dajas Shop 11 Dollar. »Ich wusste, dass es eine Nachfrage nach Flaggen geben würde, denn die Leute reagierten sehr wütend auf die Beleidigung des Propheten Mohammed.«

ISRAELNETZ, ARTIKEL VON 2006

Aviv hat in einer Tel Aviver Seitenstraße eine einäugige Katze überfahren. Mit dem Fahrrad.

Es tat ihm ein bisschen leid, aber sie hätte auch besser aufpassen können, die Katze, mit ihrem anderen Auge, sagt er. Die Katze ist ihres Lebens noch nicht überdrüssig, als er sie in unsere Wohnung bringt. Es ist eine alte schwarze Katze mit einer auffälligen Fellzeichnung, und vielleicht kenne ich sie von früher.

Wir bringen die Katze zum Tierarzt. Der Tierarzt ist ein alter Mann, Dr. Weizman heißt er, sein Vater war ein Jude aus Österreich, und das doppelte *N* in seinem Namen ist auf dem Weg von Europa nach Israel verloren gegangen, da es im Hebräischen kein doppeltes *N* gibt. Nur ein einfaches *Nun Sofit.* Dr. Weizman macht das nichts, er ist daran gewöhnt, und er entstammt einer Zeit, in der man Katzen aß, obwohl Katzen nicht koscher sind, da man nichts anderes als Katzen zu essen hatte.

»Wie heißt sie?«, fragt er und schaut auf die Katze. Wir sagen, wir wissen es nicht genau, und ich sage, möglicherweise heißt sie Mohammad.

»Das ist Blasphemie«, sagt Dr. Weizman und schüttelt den Kopf.

Wenn Katzen neun Jahre alt werden können, dann könnte sie Mohammad heißen.

Vor neun Jahren sollte ich ein verrücktes Pferd zähmen. Mohammad, der damals noch nicht DJ in einem Jerusalemer Techno-Club war, holte mich mit seinem alten Subaru ab, bog falsch in alle Einbahnstraßen im Süden Tel Avivs und sagte, wir gingen reiten im Norden. Es war ein heißer Sommer, und wir hatten schon nach einer halben Stunde im Subaru ohne Klimaanlage genug von der Fahrt. Immerhin funktionierte das Autoradio, und wir hörten eine CD mit arabischen Popsongs, bei deren Klang ich noch heute an verrückte Pferde und Katzenbabys denken muss.

Bis Netanya fuhren wir auf der Hauptstraße, dann bogen wir westlich irgendwo ab und rumpelten bis kurz vor Tira querfeldein. Als es dem Subaru zu bunt wurde, blieb er einfach stehen, und wir ließen ihn eine Weile abkühlen. Das hilft bei überhitzten Pferden so gut wie bei alten Autos.

Nach einer Weile ging es weiter, wir fuhren und holperten unter der sengenden Sonne durch das Gelände und hielten schließlich vor einem heruntergekommenen Pferdestall. Davor standen drei Halbbeduinen und ein weiterer hetzte einen schwarzen Araberhengst über eine abgezäunte Sandfläche. Sie hatten alle die gleiche Beduinenmutter und den gleichen arabischen Vater, deswegen waren sie nur zur Hälfte beduinisch, und es gab noch zwölf weitere Brüder, die hatten andere Mütter, aber den gleichen Vater, der drei Frauen geheiratet hatte. Jeder von ihnen hatte er ein Pferd geschenkt, ihr und ihren Söhnen. Ein schönes stolzes Araberpferd.

Zwei von ihnen waren recht vernünftig, so vernünftig, wie es Pferde eben sind, aber das dritte war verrückt geworden.

»Ist sie das?«, fragte einer der Brüder unter vorgehaltener Hand.

»Das ist sie«, bestätigte Mohammad und schloss kraftvoll die Autotür. Alle nickten.

Wir setzten uns auf eine Beduinenmatte unter einem weißen Sonnensegel und tranken Tee mit viel Zucker. Schön und still war es dort, aber es lag eine gewisse Unruhe in der Luft. Der heiße Beduinentee kühlte die heißen Körper und die heißen Köpfe, eine paradoxe Reaktion.

Mohammad übersetzte:

Das Pferd ist *madschnoun*. Es hatte eine Schlange gesehen, vielleicht auch einen *Dschinn*, und seitdem ist es madschnoun. Deshalb wurde ich hergebracht. Ich sollte ihm helfen, ich sollte den Dschinn austreiben. In Deutschland, da gäbe es so eine spezielle Methode, wie man den Pferden den Dschinn austreibt, das hatte einer der Beduinenbrüder im Fernsehen gesehen.

Mir wurde Tee nachgeschenkt, dann wurden trockene Waffeln und saftige Pfirsiche gebracht.

Als es nichts mehr zu verzehren gab, bildete man eine Quadrille und führte mich zu dem besessenen Tier. Es stand in einer Gitterbox und zitterte. Schweißüberströmt war es, und es webte hin und her, und selbst das wenige Stroh, das auf dem Steinboden lag, hatte es schon nass geschwitzt.

Als es uns kommen sah, legte es die Ohren an und schrie und sprang. Einer der Brüder nahm einen Strick und ein Halfter, bäumte sich vor dem Pferd auf, fuchtelte herum, flehte zu Allah und nannte es den Sohn einer Hure. Das Pferd fluchte und stieg, und ich sah, dass ein erbitterter Kampf geführt wurde, der nicht eher besiegelt sein würde, sofern nicht ein Sieger aus ihm hervorging.

Ich tat das einzig Vernünftige und bat um einen Pfirsich. Er wurde sogleich gebracht, und ich schickte sie alle weg, denn ich wollte die deutsche Methode anwenden, von der ich doch nichts verstand.

Das Pferd allerdings wusste auch nicht, dass ich nichts davon verstand. Ich ging zu ihm hinein, das sei gefährlich, hatten die Beduinenbrüder gesagt, niemand sollte da hinein, es frisst einen womöglich auf. Ich ging hinein, denn durch ein Metallgitter kann man keine Geister austreiben. Ich sah ihm nicht in die Augen. Ich sah auf seine Beine, es hatte vier Beine, und es scharrte mit ihnen abwechselnd nervös auf dem harten Boden. Es bleckte die Zähne und sperrte die Nüstern auf, mit den schwarzen Augäpfeln rollte es hin und her, sodass mitunter nur das Weiße übrig blieb. Es atmete wild und schnell, und ich sah, wie sein Herzschlag aus seinem Leib von innen auf sein nasses Fell trommelte.

Um die deutsche Methode anzuwenden, erzählte ich ihm zunächst etwas über Bodenbeläge in deutschen Altbauwohnungen. Da gab es Laminat und Parkett, außerdem PVC und Fliesen. Kork war auch im Kommen und natürlich der gute alte Teppichboden.

Zunächst spürte ich seinen Widerstand. Das war richtig so, denn schließlich gibt kein kluges Pferd seine Geister freiwillig auf. Mit der Zeit aber geschah das Unglaubliche: Das Pferd begann sich zu langweilen. Die Lektüre war auch wahrlich zu öde. Es hörte auf zu zittern und gähnte.

Die zweite Stufe meines Exorzismus leitete ich mit einem Kanon ein, doch es war nicht der richtige Kanon, denn das Pferd sang nicht mit. *Hejo, spann den Wagen an. Denn der Wind treibt Regen übers Land.*

Mit einem Ruck hob das Tier den Kopf und sah mich böse an. *Ya Allah*, zurück zu den Bodenbelägen.

Dann ein neuer Versuch. *Weit übers Land wird mein Pferdchen heute traben. Und dann soll's zum Lohne ein Zuckerstückchen haben.*

Mashallah! Es stellte die Ohren nach vorn. Leider kannte ich nur die erste Strophe des Liedes und betete sie erneut herunter. Das Pferd ließ mit jeder Wiederholung nacheinander alle seine Muskeln los, außer denen, die es zum Stehen brauchte. Schließlich schaute es mondän aus dem Fenster und ließ mich mit hinausschauen. Es war wieder ein Pferd, und der Dschinn war fort. *Alhamdulillah.* Wir teilten den Pfirsich, ich tätschelte es, dann durfte ich ihm ein Halfter anlegen und führte es hinaus in die Sonne.

Den Brüdern stockte der Atem, sie wollten ein Feuerwerk des Dankes erheben, aber ich legte den Finger an die Lippen, denn ich hatte gerade mühsam ein Pferd gezähmt.

Ich gab ihnen Instruktionen. Von nun an keine Fuchtelei und keine Hatz. Pferdefreundliche Lieder, vorzugsweise arabische, da es sich um ein arabischsprachiges Pferd handelte, und Pfirsiche.

Mohammad übersetzte.

Er stand stolz am Stall, lehnte an einem Heuballen und rauchte.

»Sie wollen dir zum Dank etwas schenken«, sagte er.

Das war gut, denn ich konnte einiges gebrauchen. Ein Pferd zum Beispiel, mein Fahrrad war schon lange kaputt. Ich würde ein Pferd schon unterkriegen. Ich kannte einen, der hatte eines in Jaffa in einem Hinterhof. Es wohnte dort auf sechs Quadratmetern und war nicht unglücklich, denn es wurde oft an den Strand geführt, um dort den Sonnenuntergang anzusehen.

Einer der Beduinenbrüder ging fort und kam mit einer Pappschachtel zurück. Aus der Schachtel nahm er zwei winzige schwarze Kätzchen und reichte sie mir.

Katzen brauchte ich überhaupt nicht.

Die Kätzchen miauten, denn sie waren zu klein, um ohne

ihre Mutter zu sein. Sie hielten die Augen geschlossen und bewegten die großen Köpfe blind hin und her.

Mohammad übersetzte: Ihre Mutter war gestorben. Und ich sollte sie nun haben, denn Mädchen lieben Kätzchen, und Kätzchen lieben Mädchen.

Ich nickte, nahm die Katzen entgegen und drückte sie an mich. Beduinengastgeschenke abzulehnen, ist unhöflich.

Zufrieden standen die Brüder um mich herum und beobachteten jede unserer Bewegungen.

»Und?«, fragten sie.

Mohammad übersetzte.

Wie ich die Katzen nennen werde, wollten sie wissen.

Ich stand ziemlich unter Druck. Schaute in die Gesichter der Anwesenden.

»Mohammad«, sagte ich dann. Ich nannte beide Katzen Mohammad, mir fiel nichts anderes ein.

Zwei der Anwesenden hießen Mohammad, arabische Väter nennen ihre erstgeborenen Söhne nach dem Propheten Mohammad.

Wie töricht von mir.

Die Beduinenbrüder nickten.

»Okay«, sagte einer, und die anderen nickten.

Dann schoben sie den alten Subaru für uns an, denn der verhielt sich störrischer als ein Esel.

Durch die karge Landschaft fuhren wir zurück nach Tel Aviv. Die Kätzchen riefen nach ihrer Mutter oder nach Allah oder nach Milch, wir wussten es nicht, denn wir verstanden die Sprache der Katzen nicht.

Dr. Abd al-Yasu' Habash aber verstand sie, und deswegen fuhren wir zu ihm. Er war arabischer Christ und hatte seine Praxis in Jaffa.

»Wie heißen die Katzen?«, fragte er.

»Mohammad«, sagte Mohammad.

Dr. Abd al-Yasu' Habash runzelte die Stirn. Dann schüttelte er seufzend den Kopf und zuckte mit den Schultern.

»Das ist Blasphemie«, sagte er.

Wir nickten, er musste es wissen, denn sein Name bedeutete übersetzt *Sklave von Jesus.*

Aviv und ich pflegen die Katze, die vielleicht Mohammad sein könnte, wieder gesund.

Jedenfalls hat sie ihrem Namen keine Ehre gemacht, es ist ein wildes, undankbares, blasphemisches Straßenviech geworden. Ein richtiger Streuner. Sicher hat sie ihr eines Auge in einem Kampf verloren. So was passiert, wenn man den Propheten beleidigt.

Kapitel 18 –
Namenlose Vögel und Landstreicherei

»Ein Vagabund kann zart oder roh sein, kunstfertig oder tölpisch, tapfer oder ängstlich, immer aber ist er im Herzen ein Kind, immer lebt er am ersten Tage, vor Anfang aller Weltgeschichte. Er kann klug sein oder dumm; er kann tief in sich wissend sein, wie gebrechlich und vergänglich alles Leben ist, immer ist er der Gegenspieler und Todfeind des Besitzenden und Seßhaften, der ihn haßt, verachtet und fürchtet.«

HERMANN HESSE

Einige Tage nachdem Chanukka zu Ende gegangen ist, scheint wieder durchgehend die Sonne. Rafi wird in der Bar ein Wochenende ohne mich auskommen müssen, denn ich möchte eine Freundin besuchen. Mein Arm ist schwer geworden, ich halte ihn seit geschlagenen zwanzig Minuten auf die Straße gerichtet, und langsam werde ich etwas schläfrig. Ich will in Richtung Norden fahren. Sechs oder sieben Autofahrer haben bereits angehalten und mit neugierigen Gesichtern gefragt, wohin ich will. Dann sind sie lächelnd und kopfschüttelnd von dannen gefahren.

Eigentlich ist es nicht so schwer. In Israel kann man nur nach oben oder nach unten fahren. Im Westen liegt das Meer, im

Osten sind die Araber. Das Land ist zu klein, es gibt nicht viele Wege. Alles liegt auf dem Weg nach irgendwohin. Trampen ist eine natürliche Sache.

Wie praktisch, sagte mein Großvater, so kann man sich nicht verlaufen. Im Westen ersäuft man, und überall sonst ist man nicht willkommen. Schilder im Westjordanland weisen darauf hin: *»Diese Straße führt zur Area A, das der palästinensischen Autonomiebehörde untersteht. Der Zugang für israelische Bürger ist verboten, lebensgefährlich und verstößt gegen das israelische Gesetz.«*

Als ich so alt war, dass ich ihm gerade bis zur Brust reichte, besuchten wir den Tempelberg in Jerusalem. Sahen uns die Al-Aqsa-Moschee und den Felsendom an. Und wir fuhren zusammen nach Bethlehem. Seit der Zweiten Intifada war das aus Sicherheitsgründen für jüdische Israelis verboten, mein Großvater zeigte an der Grenze nur seinen deutschen Pass.

»Fritz?«, fragten sie.

»Fritz«, sagte er.

In Bethlehem schauten wir uns die Geburtskirche Jesu an und den Busen Marias in der Milchgrotte und den Viehmarkt der Beduinen, aber wir kauften kein Vieh, sondern einen Teppich bei einem Teppichhändler. Der Teppich war schön und teuer, und der Teppichverkäufer brachte Tee und Datteln und seinen Sohn, der den Deutschen *Guten Tag* sagen sollte.

»Guten Tag, Fritz«, sagte der Sohn.

»Guten Tag«, sagte mein Großvater, der Fritz Moshe Shalom hieß.

Schließlich kehrten wir in den Laden von Ali ein, der Kebabverkäufer war. Ali wusste, dass mein Großvater Jude war, das wusste er einfach. Er machte uns einen Sonderpreis, und wir durften das Doppelte zahlen. Dafür bekam er eine extra Portion Zucker in den Tee.

Mein Großvater lebte dreißig Jahre im Nahen Osten. Ich habe ihn niemals handeln sehen.

»Das ist mein Freund aus Deutschland«, sagte Ali zu seinen anderen Gästen und klopfte meinem Großvater auf die Schulter.

Alle waren freundlich zu den Deutschen.

Heute Vormittag fahren alle Leute, die für mich anhalten, entweder nach Ramat Gan, nach Petach Tikwa oder nach Bnei Berak. Als hätten sie sich verschworen.

Auf keinen Fall will ich nach Bnei Berak. Der orthodoxe Tel Aviver Vorort eignet sich schlecht, um in Richtung Norden mitgenommen zu werden, insbesondere wenige Stunden vor Beginn des Shabbat, wenn in Bnei Berak alle mit den Vorbereitungen beschäftigt sind.

Dafür ist es nicht besonders schwer, in Bnei Berak zu landen. Religiöse Fahrer nehmen mich mit, weil sie eine *mitzwa*, eine gute Tat vollbringen wollen. Kurz vor Shabbat, wenn ihnen hektisch bewusst wird, dass ihre *mitzwot* in dieser Woche noch keine ruhmreiche Anzahl erreicht haben, halten sie für mich an.

Die Fahrten verlaufen meist in freundlicher Zurückhaltung und ohne dass es einen Blickkontakt gibt. Gäbe es einen Blickkontakt, wäre die schöne mitzwa gleich wieder dahin. Die orthodoxen Fahrer, die nach Bnei Berak fahren und für mich anhalten, schauen an mir vorbei, wenn sie fragen, wohin ich möchte. Körper und Kopf sind mir zugewandt, die Augen schauen auf einen unbestimmten Punkt irgendwo hinter mir, als würden sie mit meinem Schatten sprechen, oder als würden sie ein wenig schielen. Auf diese Art machen sie eine Kommunikation möglich, wo eigentlich keine sein sollte.

Mir gefällt das. Aber heute will ich nicht mit ihnen fahren. Ich möchte nach Haifa, Debbie besuchen.

Haifa ist neunzig Kilometer von Tel Aviv entfernt, zwei Stunden per Anhalter – wenn man Glück hat.

Debbie hätte mich mitgenommen.

Ein kleines Auto, farblich unscheinbar und schmutzig wie Wüstensand, hält mit einem ungelenken Schlenker auf dem Seitenstreifen. Der rechte Seitenspiegel ist kaputt und mit silbernem Klebeband am Wagen befestigt. Auf der Heckscheibe klebt eine Regenbogen-Israelflagge mit einem bunten Davidstern in der Mitte.

Drinnen sitzen zwei Frauen, die aussehen, als wären sie auf dem Weg zu einem multiethnischen Schönheitswettbewerb. Die eine ist Schwarz, hat kurze Haare und große Rehaugen mit langen Wimpern. Sie trägt eine enge Jeans und an jedem Finger ihrer Hände, mit denen sie energisch das Lenkrad umfasst, einen Ring. Grüner Stein, silberner Drache, indisches Ornament, Bergkristall.

Ihre Beifahrerin hat helle Haut und rote Lippen wie ein Pinup aus den Fünfzigerjahren, ihre blonden Locken sind drahtig glänzend wie Pferdehaar und von außergewöhnlicher Schönheit. Das strahlende Lächeln ist authentisch und völlig unangebracht. Sie trägt ein hellblau gepunktetes Kleid, das aussieht, als wäre es direkt auf ihre Haut gemalt.

»*Yalla*, du kannst mitfahren, aber du musst das Baby oder die Katze auf den Schoß nehmen«, sagt sie, und in ihrem Gesicht geht die Sonne auf. Sie deutet nach hinten.

»Alles klar«, sage ich und suche nach dem Baby auf dem Rücksitz, wo noch allerlei anderes Gerümpel liegt.

»Ich muss nach Haifa.«

»*Nu, beseder,* steig ein«, sagt die Fahrerin und winkt mir ungeduldig.

Schlafend, in einem Maxi-Cosi, liegt das Baby. Es trägt einen bunten Strampler, quer über seinem winzigen Körper liegt eine schlanke Regenbogen-Giraffe mit süßlichem Kinderlächeln.

Daneben sitzt eine riesige graue Katze mit einem roten Halsband und schaut theatralisch. Vorsichtig schiebe ich mich unter die Katze. Sie gerät aus dem Gleichgewicht und stößt einige Laute des Unwillens aus, bevor sie ihre Balance wiederfindet.

Die Fahrerin des Wagens stellt sich als Tali vor, ihre Beifahrerin heißt Maya.

Tali fährt ruckartig und ohne Vorwarnung an, ich halte mich an der Katze fest und beschließe, wachsam zu bleiben.

Die Katze legt sich routiniert in die Kurven, wie ein zotteliger Rennfahrer, schicksalsergeben, stolz und gelangweilt. Scheinbar bin ich die Unerfahrenste in diesem Wagen.

»Wir haben ein Baby gemacht«, eröffnet Tali das Gespräch. »Frag uns nicht, wie wir das gemacht haben.«

Ich hatte nicht vor, das zu fragen.

»Die Katze haben wir nicht gemacht, die war schon im Auto, als wir's gekauft haben«, fügt sie hinzu und lacht. »Na ja, so ganz stimmt das nicht«, fällt ihr Maya sofort ins Wort.

Sie grinst über das ganze Gesicht und dreht sich zu mir um. »Wir haben das Auto billiger bekommen, weil der Verkäufer seine Katze loswerden wollte. Er war ziemlich alt, weißt du. Und er hat gesagt, wenn wir die Katze nehmen und uns um sie kümmern, dann gibt er uns Rabatt auf das Auto. Sie ist ja auch schon alt.«

Die Katze schaut mit irrem Blick starr geradeaus. Tali fährt ziemlich wild.

Werden Katzen reisekrank?

»Wir fahren übrigens nach Netanya«, sagt Tali.

Sie dreht das Radio auf.

Maya dreht es wieder leiser.

»Ihr habt ein schönes Baby«, sage ich vorsichtig, um etwas zu sagen. Ich kann nicht erkennen, welcher von seinen beiden Müttern es ähnlicher sieht.

»Ist es ein Junge oder ein Mädchen?«

»Das ist doch nicht wichtig«, sagt Tali unwillig und wirft sich einen Kaugummi in den Mund. »Das mit dem Geschlecht ist so eine von der Gesellschaft gemachte Ideologie. Du musst entweder das eine sein oder das andere, sonst gehörst du nicht dazu.«

Maya cremt sich die Hände mit rosa Handcreme ein.

Es riecht nach Erdbeeren und nach alter Katze.

»Wie heißt es denn?«, frage ich weiter.

»Nenn es einfach Baby«, sagt Tali und wippt mit ihren Fingern im Takt zur Musik auf dem Lenkrad. »Die Katze heißt Pussy, falls dir das weiterhilft«, fügt sie hinzu, und ihre Stimme hat jetzt einen provokanten Klang.

Maya lächelt sie süßlich von der Seite an.

»Und du, was machst du? Du bist nicht von hier, oder?«, fragt Tali an mich gewandt.

»Ich bin aus Deutschland.«

»Bist du jüdisch?«

Gespräche beim Trampen verlaufen immer nach dem gleichen Muster:

Wer bist du, woher kommst du, warum bist du hier, bist du jüdisch? Manchmal in umgekehrter Reihenfolge.

»Frag sie doch nicht, ob sie jüdisch ist, wenn du ihr noch nicht mal sagst, wie dein Baby heißt. Das geht uns doch gar nichts an, das ist privat«, empört sich Maya.

»Ich kann fragen, was ich will«, entgegnet Tali ungehalten. »Sie ist aus Deutschland und steht hier auf der Autobahn rum. Da will ich wissen, warum.«

»Warum denn nicht?«, fragt Maya.

»Weil die Leute nicht ohne Grund in dieses überteuerte, rassistische Drecksland kommen. Wenn einer hier freiwillig herkommt und nicht jüdisch ist, dann will ich wissen, warum.«

Maya übernimmt wieder das Wort: »Aber sie ist doch jüdisch! Sie hat doch gar nicht gesagt, dass sie nicht jüdisch ist. Bestimmt ist sie jüdisch!« Dann spricht ihr strahlend lächelnder Mund zu mir. »Du bist doch jüdisch?«

»Siehst du, jetzt willst du's auch wissen«, spottet Tali und lacht laut auf. »Es gibt keine Privatsphäre hier. Du musst dich immer vor jedem für alles rechtfertigen. Wer du bist, warum und wie lange noch. Und dann kommentieren alle, wie sie das finden. Warum du mit wem Kinder hast und welches Geschlecht die haben. Da gibt es dann nur zwei Kategorien und die entscheiden, ob sie dir deine Vorhaut abschneiden oder nicht und ob sie dich für zwei oder drei Jahre an die libanesische Grenze stellen.«

Sie schnaubt verächtlich und dreht das Radio wieder lauter.

Maya dreht es wieder zurück. Sie haut Tali auf die Finger, als sie es erneut lauter schalten will. Entschuldigend dreht sie sich wieder zu mir um.

»Du musst wissen, wir lieben unser Land. Aber es ist eben nicht perfekt. Tali liebt es auch. Es ist ja auch ihr Land.«

Tali schüttelt den Kopf. Vor uns hat sich ein Stau gebildet. Sie bemerkt es zu spät, bremst scharf ab und flucht laut.

»Schau doch wie die Leute hier Auto fahren. Völlig unzivilisiert. In Deutschland gibt es so was sicher nicht.«

Pussy steht plötzlich der nackte Wahnsinn ins Gesicht geschrieben. Ihre Augen sind weit geöffnet, sie hat das Fell am Rücken aufgestellt und sich in meine Jeans gekrallt. Ich atme tief ein und aus.

»Du bist selber unzivilisiert!«, schimpft Maya. »Du bist echt eine scheiß Autofahrerin. Pussy wäre fast durch die Windschutzscheibe geflogen. Und in Deutschland warst du auch noch nie.«

»Fahr doch selber, wenn's dir nicht gefällt, wie ich fahre!«, schimpft Tali jetzt.

Maya hat eine riesige Zornesfalte zwischen den Augen. Einen Moment schaut sie Tali mit offenem Mund an, als würde sie sich überlegen, welche Beschimpfung jetzt die passendste wäre. Dann zerfällt ihre Stirnfalte in tausend kleine Sonnenstrahlen. Ich sehe ihr Lächeln im Rückspiegel.

»Du bist so schön, wenn du wütend wirst.«

Tali grinst und schiebt Maya unter ihrem Kleid eine Hand zwischen die Beine.

Pussy entspannt sich und schaut wieder theatralisch.

Alles ist wieder so wie am Anfang.

Kurz vor Netanya halten wir an einer Tankstelle.

»Steig nur bei guten Leuten ins Auto, *Chamuda*. Und pass auf dich auf«, verabschiedet mich Maya.

»Ja, nur bei solchen wie uns, Süße.« Tali lacht laut auf, dann zieht sie Maya an den langen Locken zu sich herüber und küsst sie leidenschaftlich auf den Mund. Trotz noch geöffneter Autotür fährt sie los, Maya dreht sich noch kurz um, winkt und zeigt ihr strahlendes Lächeln.

Ich winke hinterher.

Mir ist etwas schwindelig. Die Sonne scheint, und ein lauer Wind liegt in der Luft. Drei dunkelhaarige Lkw-Fahrer haben unsere Verabschiedung gaffend verfolgt und haben nicht den Anstand, wegzuschauen, als ich zurückgaffe.

Ich bin noch etwas steif von der starren Haltung mit Pussy auf dem Rücksitz, schüttle mein Haar und bewege meine Gliedmaßen. Dann schaue ich mich nach möglichen Fahrern für die Weiterfahrt um.

Neben den drei Lkw-Fahrern stehen noch einige Pkw an der Tankstelle. Ein junger Typ steckt sich neben einem *Rauchen-verboten*-Schild eine Zigarette an.

Auch er starrt mich unverhohlen an. Möglicherweise hat er noch nie eine Landstreicherin gesehen.

Landstreicher, auch Vagabunden genannt, waren relevante Leute, über sie wurde vieles berichtet. Die Literatur wäre ärmer ohne die Landstreicherei, es gäbe ohne sie keine Geschichten. Ein Vagabund trägt Aufbruch und Entwurzelung in sich, Einsamkeit und Freiheit. Nicht gesellschaftsfähig sein, nicht gesellschaftskonform. Allein sein müssen, allein sein können.

Sogar eine eigene Künstlerbewegung gründeten die Landstreicher, in der *Bruderschaft der Vagabunden*.

Außenseiter, Aufwiegler, Anarchisten, sagten die Leute.

Hermann Hesse schrieb über Vagabunden, so wie Karl May und Mark Twain und alle Märchenerzähler.

Maler malten romantische Bilder von Landstreichern. Museen hängten sie in goldene Rahmen, und die Leute schauten darauf mit Verachtung und mit Sehnsucht, mit Verlangen, Scham und Hingabe.

Der Postkartenmaler Adolf Hitler war strikt gegen das Vagabundieren. Dabei war er selbst in jungen Jahren ein Vagabund gewesen und hatte sich dabei sogar mit einem Juden ein Zimmer geteilt.

Karl May wurde im Januar 1870 in Böhmen wegen »Vagabundentums« festgenommen. Hitler verehrte May, und so kam die Landstreicherei lange nicht zum Erliegen.

Landstreicherin wollte ich früher werden. Über die Jahre wurde ich Landstreicherin, und ich war immer schon eine halbe Landstreicherin, blutsmäßig, denn mein Vater war ein Landstreicher.

Er las mir alle Vagabundengeschichten vor, er sagte, dass ich sie kennen muss, denn man muss schließlich wissen, wer man ist.

Das *Vazieren*, sagte er – so nennt man das Landstreichen in der Hochsprache des Landstreichertums – ist eine Lebenseinstellung.

Er war von überall nach überall *vaziert,* und er vazierte auch noch, als er genug Geld verdiente, um eigentlich nicht mehr vazieren zu müssen.

Beim Vazieren trifft man die Leute, sagte er.

Beim Vazieren im Auto eines alten Nazis hatte er einmal sein israelisches Visum verloren. Das war in den Sechzigerjahren. Vielleicht war der dann mit dem Visum nach Israel gefahren oder gar selbst vaziert, um sich das alles mal anzuschauen. Vielleicht ist er auf den Geschmack gekommen, sagte mein Vater.

Alles ist für irgendwas gut.

In Paris wurde mein Vater verhaftet.

Vagabondage sagte man auf Französisch.

Landstreicherei sagte man auf Deutsch.

Vaziration sagte mein Vater, der ein belesener Landstreicher war und auch beim Herumtreiben Wert auf kultivierte Sprache legte.

In Paris war es untersagt, auf Parkbänken zu übernachten. So wollte es das Gesetz. Das wusste mein Vater, aber er war Student und hatte kein Geld für ein Hotelzimmer, und er wollte den Eiffelturm sehen.

Er hatte nichts weiter bei sich als eine Geldbörse ohne Geld, die Adresse einer Pariser Freundin, die *disparu* war, und ein paar gelbe Reclam-Hefte, die ihm in dieser Angelegenheit nicht weiterhalfen.

Mon dieu, diese Landstreicher, murrten die Pariser Gendarmen, sie murrten es auf Französisch, und so klang es ganz schön. Sie nahmen meinen Vater mit, und er schlief auf einer Pritsche in einer Zelle mit einer Wolldecke. Morgens gab es französische Croissants und französischen Milchkaffee, und er wurde entlassen und suchte sich eine neue Parkbank für die nächste Nacht.

Das war durchaus empfehlenswert, sagte mein Vater.

Er blieb ein Fahrender, die israelischen Straßen blieben ihm die liebsten.

Die Fahrer der Pkw an der Tankstelle fahren nach Kfar Yona oder in andere kleinere Ortschaften, die nicht auf dem Weg nach Haifa liegen.

»Komm mit mir, ich fahre dich ins Paradies!«, ruft mir einer mit schmutziger Häkel-Kippa zu. Ich schüttle unwillig den Kopf. Ein Tankwart nickt in seine Richtung und tippt sich an die Stirn.

Auf die starrenden Lkw-Fahrer habe ich keine Lust.

Also setze ich mich einen Moment auf einen Stein in die Sonne und warte.

Auf den israelischen Schnellstraßen gibt es strenge Geschwindigkeitsbegrenzungen, anders als in Deutschland, und dennoch rasen die Autos vorbei, dass es einem schwindelig werden kann.

Einige Augenblicke später fährt ein klappriger weißer Lkw in langsamem Tempo an die Tankstelle. Ein müde aussehender Mann mittleren Alters steigt aus und betankt sein Fahrzeug. Sein Haar ist dunkel und irgendwie unscheinbar, eine altmodische islamische *Takke* liegt darauf.

Ich gehe zu ihm hinüber.

»Nach Caesarea«, beantwortet er meine Frage nach dem Wohin. Sein Hebräisch mit arabischem Akzent klingt so angestrengt, als hätte er es gerade erst erlernt. Ich darf mitfahren, wenn ich die Tiere festhalte, sagt er, und er klingt dabei so, als würde ihn schon lange nichts mehr interessieren.

Ich seufze innerlich auf und frage mich, um welche Art von Tieren es sich diesmal handelt.

Er bezahlt die Tankfüllung und signalisiert mir mit einer knappen Geste, einzusteigen. Ich schwinge mich die Stufe zum Fahrerhäuschen des Lkw hinauf, stelle meinen Rucksack zwischen meine Beine und schließe kraftvoll die schwere Beifahrertür.

Er gibt mir vorsichtig eine kleine Pappschachtel mit Löchern darin auf den Schoß. Wie ein rohes Ei hält er sie in seinen Händen, streicht flüchtig darüber.

»Das sind die Tiere?«, frage ich ihn belustigt.

Er nickt und fährt schwerfällig los. Scheint kein Mann des Wortes zu sein, starr schaut er geradeaus.

Ich halte den Karton an mein Gesicht, kneife ein Auge zu und versuche, mit dem anderen in der Dunkelheit etwas zu erkennen. Im Inneren des Kartons höre ich leises Scharren, und dann singt jemand ein fragendes hohes C.

»Vögel«, bemerke ich.

Er nickt wieder und schweigt. Dann scheint er es sich anders zu überlegen und bricht das Schweigen: »Du musst sie sehr vorsichtig halten, sonst fallen sie durcheinander.«

Ich verspreche es. Die Vögel haben kaum ein Gewicht. Es hätten auch nur ihre Federn in dem Karton sein können oder die Idee von Vögeln. Es hätte keinen Unterschied gemacht. Sicher muss man sehr vorsichtig mit ihnen sein.

Mein Auge gewöhnt sich langsam an die Dunkelheit im Karton, und ich sehe zwei Zebrafinken darin immer heller werden.

Winzig klein sind sie, ihre knallroten Schnäbel leuchten durch das spärliche Licht aus den kleinen Luftlöchern im Deckel.

»Schön sind die«, sage ich anerkennend, mein offenes Auge immer noch auf die Vögel gerichtet.

Er sagt nichts. Dafür zwitschern die Vögel jetzt leise vor sich hin.

Mit ihren orangefarbenen Wangen, orangefarbenen Füßen und weißen Bäuchen sehen sie aus wie kleine Clowns. Möglicherweise lächeln sie sogar. Wenn Vögel lächeln könnten, dann würden sie lächeln.

Plötzlich sagt er dann noch etwas.

»Die Vögel sind für meine Töchter. Sie haben ihre Mutter verloren. Und jetzt brauchen sie etwas, das sie wieder glücklich macht.«

Stumm schaue ich auf.

Seine Hände umklammern mit festem Griff das riesige Lenkrad des Lkw. Die Haut ist schroff wie Holz und von Öl und Farbresten so durchzogen, dass sie so aussieht, als wäre sie noch niemals richtig sauber gewesen. Eine Narbe zieht den rechten Handrücken zusammen, das letzte Fingerglied des rechten Ringfingers fehlt. Der goldene Ring glänzt schwach an dem unvollständigen Stumpf.

In seine Unterarme sind amateurhafte Tätowierungen geritzt, ein Herz, eine Schlange, ein arabischer Name. Tiefschwarz die Ränder unter den Nägeln. Neun an der Zahl, einer ist fort. Weiße Fingerknöchel treten hervor.

Draußen zieht die Landschaft an uns vorbei. Der Norden Israels ist grün. Zypressen wechseln sich mit Pinienwäldern ab, auch Laubbäume gibt es viele. Auf den Feldern wachsen Melonen, Paprika und Tomaten. Sie werden durch Tröpfchenbewässerung genährt, einer Bewässerungsmethode, die ein jüdischer Ingenieur in den Dreißigerjahren in der Negev-Wüste erfand. Durch die spezielle Art der Bewässerung kann in sehr trockenen Gebieten wie dem Wüstenstaat viel Wasser eingespart werden, und selbst Melonen, die zu mehr als neunzig Prozent aus Wasser bestehen, können heranreifen.

Die Vögel haben sich im Karton auf den Bauch gelegt und ruhen sich aus. Sie wissen, dass ihnen eine wichtige Aufgabe bevorsteht. Töchterseelen sollen sie heilen.

Dicht aneinandergeschmiegt liegen sie da, halten die Augen halb geschlossen und bereiten sich darauf vor.

Der Lkw fährt nicht so schnell wie die anderen Autos, daher nähern wir uns nur langsam der antiken Kreuzfahrerstadt Caesarea und ihren römischen Aquädukten.

Wahrscheinlich wohnt die Familie meines Fahrers in Jisr az-Zarqa oder einem der anderen arabischen Dörfer in der Umgebung, ich frage nicht weiter nach, ich will ihn ruhen lassen.

»Wie werden deine Töchter die Vögel nennen?«, frage ich irgendwann stattdessen.

Er fährt und schweigt.

»Sie werden ihnen keine Namen geben«, sagt er schließlich. »Wem man einen Namen gibt, an den gewöhnt man sich. Der wird einem lieb. Wenn dann einer der Vögel davonfliegt oder stirbt, dann ist es wie bei ihrer Mutter. Diese Vögel werden keine Namen haben.«

Er lässt keinen Widerspruch zu. Jetzt nicht, und es gebührt auch kein Widerspruch.

Wir schweigen, und die Vögel schweigen auch, und ich kann nichts weiter tun, als sie festzuhalten.

Schließlich verlangsamt der Lastwagen mit einem Ruckeln die Fahrt.

An einer Abzweigung der Schnellstraße zwischen Chadera und Caesarea lässt er mich aussteigen. Ich würde jetzt gerne das Meer sehen. Weit schauen und für einen Moment an nichts denken. Aber es ist nicht in Sicht.

Also schaue ich ihm nach, wie er mit seinen Vögeln auf der Straße zwischen den anderen Fahrzeugen verschwindet.

Kapitel 19 –
Die Toten auf dem Feld

> *»Die Suche nach den entführten israelischen Schülern Eyal Yifrach (19), Naftali Fraenkel (16) und Gilad Shaar (16) ist noch ohne Ergebnis. Vor einer Woche waren sie beim Trampen arabischen Hamas-Terroristen in die Hände gefallen und gelten seitdem als vermisst.«*
>
> PRESSEMELDUNG *TIMES OF ISRAEL*, 2014

Um mich herum ist ein rasantes Tempo. Autos pfeifen, Autos rauschen, Autos zischen mit hoher Geschwindigkeit an mir vorbei. Nur Waghalsige werden hier für mich anhalten, auf sie muss ich warten. Trampen ist gut gegen die Angst.

Viele sind gut, nicht alle.

Man muss wachsam bleiben.

Die Landschaft um mich ist grün in vielen Farben. Die Luft riecht nach Wald, nach Freiheit und Sonne und nach zu schnell fahrenden Autos.

Die meisten Autos in Israel sind weiß oder hellgrau oder cremefarben, weil es in dunklen Autos unter der nahöstlichen Sonne schnell zu warm wird.

Nach einer Weile schert ein Waghalsiger aus der geradeaus

fahrenden Norm. Der Wagen verlangsamt, hinter ihm wird gehupt, denn Verlangsamen ist hier nicht vorgesehen. Der Fahrer lässt sich nicht beirren und hält an, direkt vor mir, auf dem schmutzigen Seitenstreifen.

Eine schöne Frau Ende fünfzig steckt ihren Kopf zum Beifahrerfenster heraus, ihre kurzen Locken sind fast vollständig ergraut, was elegant aussieht. So, als hätte ihr Haar sein ganzes Leben lang auf genau diese Farbe gewartet.

»Mädchen, bist du verrückt geworden? Du kannst hier nicht trampen. Das ist lebensgefährlich.« Sie spricht schnell und aufgeregt.

»Alles in Ordnung«, erwidere ich beschwichtigend. »Ich wurde hier rausgelassen und möchte weiter nach Haifa.«

»Ja, komm. Steig ein!«, sagt sie, der Mann neben ihr nickt zustimmend.

Sie schüttelt mit tadelndem Gesichtsausdruck ihre Locken. »Wir fahren nur ein Stück in deine Richtung. Nach Zichron Ja'akov. Aber wir lassen dich an einer weniger gefährlichen Stelle raus.« Nach hinten gewandt fügt sie hinzu: »Meine Enkel machen da Platz für dich.«

Ich öffne die hintere Autotür, bereit, wieder Kinder und Tiere auf den Schoß zu nehmen. Neben einem sommersprossigen Jungen im Teenageralter, der nicht auf den Schoß genommen werden will, quetsche ich mich auf die Rückbank. Er gibt seinem etwa elfjährigen Bruder den Rucksack, welcher vorher neben ihm auf dem Rücksitz lag, und beide rücken noch etwas näher zusammen.

Ich frage mich, ob sie wohl misstrauisch mir gegenüber sind.

Sie scheinen aber keine Vagabundenscheu zu haben und schauen neugierig zu mir herüber.

Ich beuge mich etwas nach vorne, um besser zu ihnen hinüberschauen zu können, und frage, ob sie einen Ausflug nach Zichron Ja'akov machen.

»Ja«, sagt der eine schüchtern lächelnd. »Mit Oma Dorit und Opa Benny.«

Ich mag das schöne Städtchen mit den ausladenden Gärten, in denen Baron Rothschild und seine Frau ihre letzte Ruhestätte fanden.

»Ich war in Zichron Ja'akov, als ich so alt war wie ihr«, sage ich.

Das war, als mein Vater noch vagabundierte.

»Es ist schön dort«, füge ich hinzu.

Es war schön mit ihm.

Oma Dorit wickelt aus einem Stück Alufolie einen Kuchen, schneidet kleine Scheiben davon ab und reicht sie uns nach hinten. Dann füllt sie Coca-Cola in Plastikbecher und reicht uns auch diese.

Sie hat den Kuchen selbst gebacken, sagt sie. Die Resonanz darauf scheint ihr wichtig. Opa Benny macht eine warnende Geste mit den Augen, die besagt, jetzt *bloß nichts Falsches sagen*. Er lächelt stillvergnügt, sagt nicht viel, hält mit einer Hand seinen Kuchen und hat Puderzucker im Schnauzbart. Wir können es im Rückspiegel sehen und kichern darüber.

Knie an Knie mit den beiden Jungen auf der Rückbank, eng beieinander, fühle ich mich für kurze Zeit wieder jung wie sie. Denke daran, wie ich als Kind von allen israelischen Autos am liebsten die mit den Ledersitzen mochte. Wie ich in der Hitze der israelischen Sommer ihre Kühle genoss, wenn ich mich tief in sie hineinsinken ließ und einfach nur da war, während die Erwachsenen sich um das Autofahren und alles andere kümmerten. Ich beschließe, mich für die kurze Dauer dieser Autofahrt noch einmal so zu fühlen, unbeschwert und voller Abenteuer, und mich mit meinen neuen Freunden auf der Rückbank in ihrer Jugendlichkeit zu verbünden.

Der Kuchen schmeckt süß, und die in Rum getränkten Rosinen darin machen uns alle lustig. Die Jungen erzählen, dass sie mit ihren Eltern in Haifa wohnen. Die Großeltern wohnen in einem Vorort, sie sehen sich an jedem Wochenende. In Caesarea haben sie eine Tante besucht.

Die Zeit vergeht schnell. In stiller Komplizenschaft sitzen wir auf der Rückbank, Großvater Benny fährt ruhig und entspannt, manchmal reguliert er die Klimaanlage, ansonsten passiert nicht viel. Gelegentlich erzählt er etwas zu den Ortschaften, an denen wir vorbeifahren, zur Vegetation oder zu den Störchen, die in Israel ihr Winterquartier beziehen, und die jetzt überall auf den Feldern verstreut zu sehen sind.

Vögel folgen Gelegenheiten, sie sind wie die Landstreicher. Störche fliegen dem Mähdrescher nach, der die Frösche für sie zerschreddert.

Möwen kreisen über dem Fischkutter, von dem die Fischer die Fischreste über Bord werfen.

Der Bussard sitzt an der Autobahn und wartet darauf, dass der dumme gehetzte Autofahrer ein dummes gehetztes Kaninchen für ihn überfährt.

Sie sind Meister darin, zu wissen, wie man das Beste aus allem macht. Lebenskünstler, könnte man sagen.

Überlebenskünstler. Sie erinnern mich an meinen Vater.

Wir nähern uns langsam der Abfahrt, die nach Zichron Ja'akov führt, vorher muss ich aussteigen.

Es wird diskutiert, wo der beste Ort dafür ist, und Dorit möchte mir Geld für die Weiterfahrt geben.

»Trampen ist zu gefährlich!«, wiederholt sie, und nur sie selbst weiß, woran genau sie dabei denkt.

Ich möchte kein Geld annehmen. Vagabundenehrenkodex. Geld darf man beim Trampen nicht annehmen, denn dann wäre es schmarotzen und schmarotzen ist nicht ehrenhaft, sagte mein Vater. Beim Trampen halte ich mich an seine Regeln. Das gilt für alle Situationen außer Extremsituationen, da ist das Gesetz außer Kraft gesetzt. Wenn es unbedingt nötig ist und sich nicht vermeiden lässt. Das kommt allerdings so gut wie nie vor.

Wenn Lebensgefahr besteht zum Beispiel.

Draußen scheint die Sonne, es ist mitten am Tag, und alles ist gut.

Lebensgefahr besteht nicht.

In einem Land, in dem es Terrorismus gibt, kann man Opfer von Terrorismus werden. Man kann aber auch von guten Leuten mitgenommen werden, die Angst haben, dass man sonst Opfer von Terrorismus wird.

Zu Zeiten meines Vaters war Trampen in Israel noch sehr lebendig. Große Teile der Gesellschaft fuhren regelmäßig per Anhalter, allen voran Studenten, Orthodoxe, Soldaten und Siedler.

Studenten, Orthodoxe und Soldaten hatten zu wenig Geld fürs Busfahren. Siedler hatten keine Verkehrsanbindung in die Siedlungen. Diese Dinge haben sich bis heute nur wenig verändert. Für Soldaten ist Trampen inzwischen verboten.

Dorit wird ganz unruhig, weil ich ihr Geld nicht annehmen will. Schließlich zählt sie die arabischen Ortschaften im Umkreis auf. Fureidis, Jisr al-Zarka, Baqa el-Jarbiya. Es gibt so viele, sagt sie.

»*Safta*, das ist rassistisch!«, unterbricht sie der ältere ihrer Enkel neben mir. »Du tust gerade so, als seien alle Araber Terroristen, es gibt gute und schlechte. Und es gibt es auch Schlechte unter den Juden.«

Er hat sich nach vorne gebeugt und schaut sie stirnrunzelnd an.

Der jüngere Bruder blickt erwartungsvoll auf den älteren.

Für einen Moment lang hören wir nur das monotone Geräusch des Motors. Opa Benny sagt nichts. Auch er wartet aufmerksam auf die Fortsetzung der Unterhaltung.

Safta Dorit denkt nach. Sie denkt gut nach, denn es ist ihr ernst. Sie hat die Augen starr auf das Armaturenbrett gerichtet, als wäre dort eine Souffleuse versteckt. Ich sehe ihr Gesicht im Seitenspiegel.

Kerzengerade sitzt sie da, hält ihren Kopf beim Nachdenken ganz ruhig, keine Bewegung ist in ihren Locken. Die Stille hat einen angespannten Klang. Schließlich wird sie von Dorits Stimme durchbrochen, die klingt, als wäre sie von weit her zurückgekehrt.

»Natürlich, mein Schatz«, sagt sie leise. »Natürlich gibt es Gute. Bestimmt viele sogar.« Sie sagt es sanft und dreht sich halb zu ihm um. Sie macht eine Pause und setzt dann wieder an.

»Aber erinnerst du dich auch an Gilad, Naftali und Eyal? Erinnerst du dich daran?«

Niemand sagt etwas. Safta Dorit spricht die Worte so, als würde sie sie in ihren Enkel hineinlegen wollen, tief in seinen Kopf, in sein Bewusstsein.

»Weißt du noch, dass sie sich nach der *Jeschiwa* an die Straße gestellt haben? Dass sie sorglos zu jemandem ins Auto gestiegen sind, als kein Bus mehr fuhr? Weißt du noch, wie wir gewartet haben, wie wir gehofft haben? Wir alle und das ganze Land.«

Opa Benny legt ihr eine Hand auf das Knie. Die Hand hilft

ihr jetzt nicht, das sieht man. Eine große Anspannung ist in ihrem Knie und in ihrem Körper, als sie weiterspricht:

»Zwei Wochen später hat man sie erschossen auf dem Feld gefunden. Wollt ihr, dass ich so was auch erleben muss? Wollt ihr das?!« Ihre Stimme bricht. Sie ringt jetzt mühsam um Beherrschung. »Niemals, niemals dürft ihr so was tun und per Anhalter fahren. Nicht in diesem Land, hört ihr? Niemals!«

Sie ist lauter geworden, als sie wollte, das spürt man. Atmet jetzt hörbar angespannt die Luft aus und lässt sich zurück in die Lehne ihres Sitzes fallen.

Alle schweigen, denn es gibt nichts zu sagen.

Die Sonne scheint unbeteiligt vom Himmel, die Felder liegen gekämmt und aufgeräumt in ihrem Licht.

Oma Dorit legt den Kopf nach vorn in ihre Hand, eine Weile verharrt sie in dieser Position.

»Ich – bin – keine – Rassistin«, sagt sie schließlich leise, als sie sich wieder aufrichtet und betont jedes Wort.

»Aber ihr seid mir das Wichtigste auf der Welt.«

An einer ruhigeren Stelle auf der Schnellstraße halten sie an und lassen mich aussteigen. Ich will sie noch nicht verlassen, würde ihr gerne noch etwas sagen zur Besänftigung, aber mir fällt gerade nichts Sinnvolles ein. Dorit schreibt mir zum Abschied ihre Telefonnummer auf einen Zettel, damit ich jemanden habe, den ich anrufen kann, falls ich einmal in Schwierigkeiten gerate.

Das Geld lehne ich erneut ab. Dorit wirft es mir aus dem offenen Autofenster zu, als Benny losfährt. Dann sind sie weg.

Die Wintersonne scheint am wolkenlosen Himmel, sie ist inzwischen höher gestiegen, und es ist ziemlich warm. Ich ziehe meine Jacke aus und binde sie auf meinen Rucksack.

Die Landschaft hier ist völlig ereignislos. Auf meiner Seite der Straße ist ein Feld. Eine beklemmende Stille liegt darüber. Es ist keines dieser Felder, in denen erschossene Teenager liegen, denke ich. In diesem wachsen bunte Wildblumen, es ist einfach nur ein Feld.

Es ist ein friedliches Feld, sage ich zu mir selbst, um mich zu beruhigen.

Nur ein friedliches Feld.

Neben mir steht eine halb verdorrte Palme. Auf der anderen Seite ist überhaupt nichts. Nur Sand, Steine, Sträucher und Stille.

Ganz weit hinten sind ein paar kleine weiße Ortschaften in die grünen Hügel gestreut, der ausdruckslos blaue Himmel spannt sich darüber. Vögel sind von irgendwo zu hören, gelegentlich fährt ein Auto vorbei. Ansonsten ist es ruhig und schön. Ich betrete das Feld, um ein paar Wildblumen zu pflücken. Vorsichtig setze ich meine Schritte. Meine Gedanken sind noch im Auto.

Mit einem kleinen Strauß Wildblumen stelle ich mich wieder zurück an die Straße. Debbie wird sich darüber freuen.

Bereits das nächste vorbeifahrende Auto verlangsamt.

Drinnen sitzt ein alter Jude mit wildem Bart und einer großen Kippa, die schief auf seinem Kopf liegt.

»Wohin?«, fragt er, mürrisch, eilig und ruhelos. Er hält nicht einmal richtig an, sondern lässt mich im Schritttempo neben dem geöffneten Autofenster hergehen.

»Haifa.«

Er brummt etwas und schüttelt den Kopf.

Ein Abschiedsgruß verfängt sich in seinem Bart, und er fährt davon. Dann wird es wieder still.

Einige lange Minuten passiert gar nichts. Ich schließe die Augen und horche in die Stille, bis ich schließlich in der Ferne wieder ein Motorengeräusch vernehme.

Das Auto kommt näher, ich strecke ihm meinen Arm entgegen, doch der Fahrer winkt nur lächelnd ab und zeigt im Vorbeifahren in Richtung der nächsten Ortschaft.

Glücklicherweise habe ich keine Eile. Wenn die Sonne scheint, wenn es warm ist, habe ich keine Eile.

Auch das nachfolgende Auto hält an.

Ein aufgedrehter Typ um die vierzig, dem die Hälfte seines linken Schneidezahns fehlt, öffnet das Fenster. Er sieht etwas zwielichtig aus, aber nicht zwielichtig genug, um ihn nicht als Fahrer in Erwägung zu ziehen.

»Sind die Blumen für mich?«, fragt er. »Das wäre ja nicht nötig gewesen. Wohin willst du denn?«

»Haifa«, sage ich.

»Ich auch!«, ruft er, eine Spur zu begeistert. »Willst du mit?«

Ich nicke, ziehe eine kleine Kornblume aus meinem Strauß und reiche sie ihm.

»*Shukran*«, sagt er grinsend, steckt sie sich hinters Ohr, und ich steige ein.

Im Fußraum des Beifahrersitzes liegt eine riesige Rolle Draht, auf dem Rücksitz ein Stapel Holz. Vorsichtig versuche ich, meine Beine links und rechts neben der Drahtrolle zu positionieren. Einige scharfe Enden ragen spitz aus ihr heraus.

»Ich will einen Zaun bauen. Im Garten. Keine Angst«, sagt er erklärend und zeigt auf den Draht. »Das Land ist voll von Zäunen, da muss man ja mithalten können, stimmt's?«, fährt er unbeirrt fort, trommelt mit seinen Händen auf das Lenkrad und wirft den Kopf im Takt der Musik hin und her. »Woher kommst du, was machst du, wohin willst du, und für wen pflückst du hier Blumen?« Er atmet einmal aus und wieder ein. »Du siehst aus wie die Frau aus der Schokoladenwerbung, die mit der Kuh. Du bist nicht von hier, oder? Ich heiße Mustafa. Sicher hat dir dein Vater verboten, bei solchen wie mir ins Auto zu steigen.« Er lacht dröhnend. »Ich bin einer von den Guten, kannst du mir glauben.« Er dreht das Radio lauter. »*Ya Habibti, ana ahabbuk, ya habibti*«, singt er und greift sich mit der rechten Hand ans Herz. Dann bekommt er einen Hustenanfall.

Ich muss grinsen.

»Mein Vater wäre wahrscheinlich zu dir ins Auto gestiegen«, nutze ich die kurze Gesprächspause für eine Antwort. »Andere raten mir eher ab.«

Er hört auf zu husten, zündet sich eine Zigarette an und nickt verständnisvoll.

»Es passiert so viel Scheiße hier. Jeder baut seinen eigenen Zaun, alles nur noch Egoisten«, sagt er und nimmt einen langen Zug von seiner Zigarette. Mit den Lippen hält er sie fest, er braucht eine Hand zum Autofahren und die andere, um Nachrichten in sein Handy zu tippen.

»Und du, du baust dir jetzt auch deinen eigenen Zaun?«, frage ich.

»Ja, gleich morgen! Der blöde Hund meiner Kleinen läuft immer zu den Nachbarn rüber. Finden die gar nicht gut, ziemlicher Stress ist das, kannst du dir nicht vorstellen. Ich war gegen den Hund, aber meine Tochter hat mich immer so angeschaut, da musste ich ihr den kaufen. Sie hat ihn sich gewünscht. Meine Frau hat nur den Kopf geschüttelt. Ich habe genug davon. Jetzt baue ich einen Zaun.«

Auf seinem Handy zeigt er mir Bilder seiner Tochter mit ihrem kleinen weißen Hund. Man kann nicht erkennen, welcher

Teil des Hundes in die Kamera schaut, das Mädchen aber hat ihr Gesicht glücklich in seinem Fell vergraben.

Mustafa wird unkonzentriert, und der Wagen macht einige kleine Schlenker in Richtung der Leitplanke.

»Weißt du, meine Frau ist Jüdin«, sagt er nach einer Weile unvermittelt. »Meine Mutter ist Christin, und mein Vater war Muslim, er ruhe in Frieden, inshallah. Hättest du nicht gedacht, was?« Er trommelt auf das Lenkrad.

Ich schaue ihn von der Seite an. »Und deine Tochter?«

»Na, die wird irgendwann mal einen ordentlichen Identitätskonflikt bekommen.« Er fängt erneut dröhnend an zu lachen. »Bei den Juden wird die Religion über die Mutter weitergegeben, im Islam über den Vater. Bei den Christen, keine Ahnung, die sind sich ja ohnehin bei allem uneinig. Das mit dem Identitätskonflikt ist jedenfalls gut so. Es ist nicht gut für die Menschen, wenn sie immer genau wissen, wohin sie gehören. Das führt nur zu noch mehr Problemen, die richten sich dann da ein, werden stolz und bequem und elitär. Stell dir vor, es gäbe eine Anti-Religions-Diktatur. Die Regel wäre, dass jeder jemanden aus einer anderen Religionsgemeinschaft heiraten muss, nur nicht aus der eigenen. Das wäre doch was! Irgendwann werden die Leute dann alle verrückt, weil sie denken, dass sie identitätslos geworden sind. Aber die beruhigen sich schon wieder. Oder sie finden andere Lösungen.«

Ich genieße den kühlen Fahrtwind auf meinem Gesicht und denke über seine Worte nach. Er ist wie ein Krieger, einer der mit Worten statt Steinen um sich schmeißt, der vehement seine kleine Utopie verteidigt und am Ende für den Frieden doch auch nur einen Zaun bauen kann, so wie alle anderen.

Mustafa krempelt seinen Ärmel hoch. Er entblößt ein *Coexist-*

Tattoo auf der Innenseite seines linken Unterarms. Das *C* ist als arabischer Halbmond dargestellt, das *X* zu einem Davidstern abgewandelt, und das *T* wird durch ein christliches Kreuz repräsentiert.

»Weißt du, ich glaub da dran«, sagt er. »Wirklich.

Ich hab das gemacht, als meine Tochter geboren wurde. Manchmal bereue ich es. Aber jetzt ist es da und geht nicht mehr weg.« Er zuckt mit den Schultern. »Ein Tattoo ist für immer, ein Kind auch. Als ich noch jung war, habe ich Dinge getan, auf die ich heute nicht mehr stolz bin. Habe Steine geworfen auf die Besatzer, auf die Zionisten und so. War sogar mal einige Wochen im Gefängnis. Jetzt hat mein Kind eine jüdische Mutter. Das ist doch lächerlich. Wenn ich sie anschaue, denke ich, walla, reiß dich zusammen, Mann.«

Fast schon zu schnell erreichen wir Haifa. Mustafa fährt mich bis vor Debbies Haustür. Ich schwinge mein Bein über die Drahtrolle, und kurz spüre ich einen stechenden Schmerz. Zum Abschied höre ich ihn hupen.

Wieder stehe ich auf der Straße. Ich schaue an mir herunter und sehe, dass der Draht ein Loch in meine Jeans gerissen hat. Direkt neben dem Knie ist eine blutige Schramme. Ich verziehe das Gesicht, betaste die Stelle und werfe mir den Rucksack über die Schulter. Dann öffne ich das kleine Tor zu Debbbies Garten. Ein paar Augenblicke später stehe ich bereits vor ihrer Haustür und klopfe an. Kaum eine Sekunde danach lässt sie auch schon von innen die Tür auffliegen, als hätte sie direkt dahinter gewartet. Freudestrahlend reißt sie mich in ihre Arme. »Schön!« Sie schreit fast. »Schön, dass du da bist!« Sie zieht mich hinein, nimmt die Blumen, und dann sieht sie die Schramme.

»Mein Gott, was ist das? Was ist da passiert, woher hast du die?«, ruft sie entsetzt und setzt mich auf einen Stuhl.

Es tut gut, jetzt in ihrer Obhut zu sein. Ich bin müde von der langen Fahrt, ich weiß, sie wird jetzt auf alles achtgeben und sich kümmern.

Immer noch steht sie fragend vor mir und schaut auf die Schramme.

»Von einem Araber. Die ist von einem guten Araber«, antworte ich und denke an Dorit.

Debbie schüttelt den Kopf. Dann gibt sie Jod auf die Schramme. Es tut noch eine ganze Weile weh.

Kapitel 20 –
Shabbat

Alexander Levy, der Architekt der Stadtvilla auf der Allenby Street 54, wurde 1883 in Berlin geboren. Nach seinem Studium war er in leitender Stellung in einem erfolgreichen Berliner Architektur-Büro tätig. Schon früh war Levy zionistisch engagiert, entwarf Pläne für Wohnanlagen für Neueinwanderer, den Hafen von Jaffa, Prototypen für Häuser und Hotels. 1919 gründete er die Palästina-Baugesellschaft, die Projekte westeuropäischer jüdischer Architekten in Palästina förderte. Ein Jahr später wanderte er selbst nach Palästina aus und eröffnete ein kleines Büro in Tel Aviv. Die Auftragslage war schlecht und Levy hatte als deutscher Jude allgemeine kulturelle Schwierigkeiten, sich im Land anzupassen. 1927 kehrte er nach Berlin zurück.

Am 28. August 1942 wurde Alexander Levy nach Auschwitz deportiert und dort vergast.

TEL AVIVER STADTARCHIV SOWIE ARTIKEL »ZWISCHEN BERLIN UND TEL AVIV – ZUR ERINNERUNG AN ALEXANDER LEVY«

In Unterhose sitze ich auf Debbies Couch. Sie sitzt im Sessel neben mir und flickt meine Hose. Ihr buntes Nähkästchen steht aufgeklappt auf dem Boden. Es erinnert an ihre Großmutter.

Debbies Wohnung ist ein Ort, den man *Zuhause* nennt.

Auf dem Tisch, auf dem eine dünne weiße Spitzendecke liegt, stehen Blumen, die wie Wildblumen aussehen, aber keine sind, da sie aus dem Supermarkt kommen. Meine echten Wildblumen hat sie in eine kleine Vase daneben gestellt. An den Wänden hängen gerahmte Bilder, kleine Teppiche und Holzschnitte. In den Bücherregalen stehen die großen schweren Bücher ganz unten und die kleinen auf Augenhöhe.

Dazwischen allerlei Zeug, das sie *Andenken* nennt.

Alles in dieser Wohnung erinnert an irgendetwas.

Auf dem Herd köchelt eine Suppe vor sich hin. Sie erinnert daran, dass heute Shabbat beginnt.

Der Sessel, in dem Debbie sitzt, wird von einer alten Stehlampe beleuchtet, die aus ineinandergesteckten Klarinetten besteht. Ein cremefarbener Stoff umspannt den Lampenschirm, der die messinggoldenen Klarinetten sanft glänzen lässt. Die Lampe erinnert an ihren Vater, er war Klarinettist und hat sie gebaut.

An der gegenüberliegenden Wand steht ein Klavier aus braunem Holz mit zwei altmodisch verschnörkelten Kerzenleuchtern. Es ist ziemlich alt, und sie hat es vor vierzig Jahren bei ihrer Aliyah von Kanada nach Israel überschiffen lassen. Das Klavier erinnert an ihre Mutter, sie hat darauf gespielt.

Am Klavier lehnt ihr Cello, still und elegant, der schwarze Steg bildet einen Kontrast zum warmen Holz. Debbie bewahrt es nicht in einem Cello-Koffer auf, denn sie sagt, das wäre, als würde man es lebendig begraben. Wie in einem Sarg. Wenn sie darauf spielt, überragt der Hals des Instruments sie um ein Stück.

Vor zwölf Jahren hat sie es gekauft, und vielleicht erinnert es sie an nichts, aber mich erinnert es an meinen Vater, denn er spielte Beethovens Streichquartette auf seinem.

Er sagte, das Cello sei unter allen Instrumenten jenes, das der menschlichen Stimme am ähnlichsten wäre. Debbie findet das auch. Wenn sie spielt, höre ich seine Stimme.

Debbie, zu der ich auch einmal ins Auto stieg, ist eine Abenteurerin. Ihre sechzig Jahre versteckt sie unter einem Temperament, das sie für gewöhnlich wie eine Biene durch den Raum schwirren lässt. Ihr rostrotes Haar ist kein bisschen ergraut.

Sie hat drei Söhne. Der erste hat einen Mann geheiratet und lebt in Tel Aviv, der zweite ist fromm, trägt Kippa und Zizit und hat drei Kinder mit einer orthodoxen Frau. Der dritte ist nicht verheiratet und hat einen Hund. Debbie sagt, man darf sie nicht verwechseln. Nicht auszudenken, was das für ein Theater gäbe.

Wenn Debbie Auto fährt, hält sie nach Trampern Ausschau.

»Die haben gute Geschichten zu erzählen«, sagt sie.

Debbie kann nicht genug bekommen von guten Geschichten.

Wenn man mit ihr spazieren geht, kommt man immer irgendwo vom Weg ab und muss sich durch die Büsche schlagen. Besonders gut kann man mit ihr in alte Stadtvillen einbrechen.

Bei ihrem letzten Besuch in Tel Aviv fanden wir eine prunkvolle weiße Villa, frisch renoviert, nobel für neureiche Mieter aus dem Ausland hergerichtet und außerordentlich traurig. Sie hatte in ihrem Leben wohl schon zu viele Abschiede erlebt.

Sie sah aus, als hätte sie sich über die Jahre nach Einbrechern gesehnt, als wäre ihr vom Leerstand so öde und langweilig geworden, dass sie zu zerbröckeln begann.

Früher, als noch gewöhnliche Menschen in ihr ein und aus gingen und sie eine Mädchenschule war, sehnte sie sich nach Boheme. Nach goldenen Champagnerfesten und Frauen mit mondänen Federhüten.

Als über die Jahrzehnte auch die gewöhnlichen Leute ausblieben, hätte sie bestimmt wieder mit der Bourgeoisie vorliebgenommen, aber irgendwann nagelte man ihr Bretter vor die Türen und Fenster, und sie wurde in ihrem nostalgischen Herzen ganz einsam. Sie hatte den Bezug verloren zu der Stadt, die sie umgab und in der sich der Fortschritt und die Wolkenkratzer nicht mehr aufhalten ließen.

Schließlich stand sie so herum auf der schmutzigen Allenby Street und wäre sicher gerne von irgendwem aufgesucht worden, damit sie auf ihre alten Tage noch eine Romanze, einen Skandal oder ein Geheimnis hätte beherbergen können.

Frisch verputzt ragte sie nun zwischen den heruntergekommenen Bauhäusern hervor und demonstrierte ihnen, was ihnen noch bevorstand.

Glücklicherweise hatte ein törichter Arbeiter an diesem Abend vergessen, die Villa nach Vollendung der Renovierungsarbeiten angemessen für das Gesindel zu verschließen.

So fand das Gesindel seinen Weg hinein, und es brachte die jüdische Elite mit.

Debbie nahm mich bei der Hand und zog mich mit. Wir kicherten beim Eintreten wie kleine Mädchen, flanierten herum und taten, als wären wir die Eigentümerinnen. Ganze stattliche zwanzig Minuten lang, bis man uns wieder hinauswarf.

Unsere erfundenen Ehemänner spielten im Herrenzimmer Karten und rauchten Zigarren, während wir in unserer Fantasie in rüschigen Kleidern, rauschend steifer Stoff beim Gehen, unsere Gäste empfingen. Wir führten sie in den Salon, wo sie von weiß beschürzten Dienstmädchen bewirtet wurden.

In der großzügigen Eingangshalle, in der man auch einen Elefanten hätte abstellen können, nahm Debbie der gerade eingetroffenen Sarah Aaronsohn den Mantel ab. Die Spionin aus dem Ersten Weltkrieg war für unseren Empfang extra aus Istanbul angereist, wo sie bis 1915 lebte. Natürlich war sie inkognito unterwegs und trug einen Hut mit einem schwarzen Netz vor dem Gesicht.

»Na, wie ist das Spionageleben?«, fragte Debbie, aufrichtiges Interesse heuchelnd.

»Shh!«, machte sie sogleich ärgerlich und legte sich selbst einen Finger auf die Lippen. Dann hängte sie den imaginären Mantel an eine imaginäre Garderobe. Mit dem gleichen Zug aus Istanbul erfand Debbie auch die Ankunft von Jizchak Ben Zwi, der später der zweite Präsident Israels wurde. Von 1912 bis 1914 studierte er zusammen mit David Ben Gurion in Konstantinopel Jura.

»Guten Abend, Genosse Ben Zwi«, begrüßte Debbie den Politiker der zionistischen Arbeiterbewegung mit hochachtungsvoller Miene. »Ich hoffe, die Fahrt verlief angenehm?« Sie machte einen großen Schritt nach vorn, drehte sich schwungvoll um, schlug ihren Mantelkragen nach oben und nahm eine offiziersstramme Haltung an. Mit tief verstellter Stimmte versuchte sie sich im Jiddischen: »*Oy*, mit den Türken es *iz a konflikt.* David und ich, kein *Massel* haben wir *nischt* gehabt. *Nu, aroysgeshtoysn*, rausgeworfen haben sie uns, die osmanischen Behörden, wegen der zionistischen *tetikeyt.*«

Sie hielt kurz inne, räusperte sich und fuhr fort: »Dafür ich hab im *vogn* in der Eisenbahn auf dem Rückweg eine *sheine Froy getroffn. Ir nomen iz Rachel. Zi zitst* da draußen in der Droschke.«

Debbie machte einen Schritt zurück und nahm wieder ihre vorherige Position ein.

»Bitten Sie sie doch herein!«, ereiferte sie sich in Richtung des imaginären Politikers, der in ihrer Vorstellung nun genau dort stand.

»In Ordnung!«, sprach wieder die stramme Stimme von der Gegenseite. »Ben Gurion, er lässt *zeyn antshuldikn*, er hat Influenza, geht ihm *gurnisht* gut.«

Dann ertönte aus ihrem Mund der Gong einer alten Türklingel.

»Wer kommt jetzt wohl?«

Sie riss die Tür auf, niemand stand davor. »Anna!«, rief sie freudestrahlend ins Nichts. »Anna Ticho, meine liebste Malerin. Kommen Sie herein, wir haben Sie schon erwartet.«

Ich lehnte an der Wand und genoss das Schauspiel, mein Lachen unterdrückend, um Debbie in ihrer Idee nicht zu stören.

»Oh, Sie haben ein Gemälde als Gastgeschenk mitgebracht, das wäre doch nicht nötig gewesen. Darf ich ihnen den Mantel … ah, Sie behalten ihn lieber an. Auch gut. Ich werde das Bild über den Kamin hängen, sehen Sie, hier.«

Sie hängte mit einer ausschweifenden Geste ein großes imaginäres Gemälde an eine Wand in der frisch verputzten Villa. »So kommt dieser, äh, Knochen hier besonders gut zur Geltung«, sagte sie angetan. Dann trat sie einen Schritt zurück, musterte das Werk kritisch und drehte den Kopf wieder in Richtung der Tür.

»Ach, nein? Es ist kein Knochen, sondern ein Baum? Ja, schön, sehr schön.«

Anna Ticho schien etwas zu antworten.

»Ach, das Bild hängt falsch herum? Verzeihung, wie einfältig von mir, es hätte mir gleich auffallen müssen…«

Augenverdrehend drehte sie sich zu mir. »Künstler…«, wisperte sie leise. Ich konnte mich nicht mehr zurückhalten und musste laut loslachen.

Wir gingen hinüber ins Herrenzimmer.

»Ah, da ist ja auch der Herr Feldenkrais. Na, was macht der Rücken, mein Lieber? Ah, sie haben sich neue Übungen ausgedacht! Sehr gut, sehr vorbildlich. Da haben wir schließlich alles was davon.«

In meine Richtung gewandt fügte sie unter vorgehaltener Hand hinzu: »Er hat's immer im Kreuz.«

Ich hatte bereits Seitenstechen vom Lachen.

»Wen laden wir für die Musik ein?«, wollte ich wissen.

»Hm.« Sie überlegte. »Vielleicht die Mendelssohns? Mit wem wolltest du dich denn immer schon einmal unterhalten?«

Ich dachte einen Moment lang nach.

»Vielleicht mit einem Bauhaus-Architekten von früher? Dem könnten wir sagen, dass die Bausubstanz damals offensichtlich ziemlich mies war. Und dass jetzt ein Haus nach dem anderen abgerissen wird, an deren Stelle Luxuslofts gebaut werden, die sich kein Mensch mehr leisten kann. Dass sie die Stadt immer mehr in ein kapitalistisches Luxusparadies verwandeln. Vielleicht könnte er da was machen, vielleicht könnte er das aufhalten.«

Ich dachte an das alte Tel Aviv von früher, das noch nicht mit unzähligen Stockwerken in modern gläsernen Wolkenkratzern in den Himmel wuchs, umringt von charakterlosen Baukränen und Betonwüsten, auf denen irgendetwas Fremdes neu entstand.

Das Tel Aviv, das von Wind und Meer gezeichnet war, Stadt der Fischer, Stadt der Künstler und Musiker aus aller Herren Länder, mit verwegenen und verfallenen Ruinen, zerfressen vom Salz des Meeres, voller Geschichten, voller Abenteuer und Fantasie und Straßenkunst an den Fassaden. In dessen uralten Hauseingängen man noch alte, sozialistisch geprägte Zionisten traf, die von den Jahren in Europa erzählen konnten. Die aus einer Zeit kamen, in der man noch mit dem Schiff fuhr und telegrafierte und wochenlang nichts hörte von den Leuten in Übersee, die immer gleiche Runden drehten, weil sie zu müde waren für Veränderung. Die irgendwann am Stock gingen und es schließlich nur noch mit ihrem Gehwagen auf die Bänke vor ihren Häusern schafften. Die dort tagein, tagaus in der Sonne saßen und auf nichts warteten. Die nicht mehr in diese Stadt passten, weil sie längst eine andere geworden war.

Sie hätte ich gerne eingeladen.

Dann fiel mir noch etwas ein.

»Wir sollten den Legionär Joseph Trumpeldor herbestellen und ihm erzählen, dass wegen seines verlorenen Arms ein Hund nach ihm benannt wurde. Der Hund wohnt in einem Café hier ganz in der Nähe und hat nur drei Beine. Trumpeldog nennen sie ihn.«

Debbie lachte laut auf. »Wirklich?«, fragt sie und fügte dann hinzu: »Ja, das machen wir. Vielleicht würde ihm das gefallen.«

Nach und nach kamen und gingen weitere Hirngespinste, und die Villa frohlockte und war ganz außer sich vor Glück.

Als der Sicherheitsdienst kam, um uns hinauszuwerfen, weinte sie bittere Tränen und ließ ihre Wände erzittern, das konnten wir spüren.

»Was machen Sie denn hier?!«, fragte der Mann mit Schlagstock und Handschellen am Gürtel entgeistert. Sein unwilliger Unterton ließ erkennen, dass er für eine Erklärung gar keine Geduld hatte.

»Die Frage ist wohl eher, was machen *Sie* hier?«, blitzte Debbie den irritierten Mann an. »*Sie* sind überhaupt nicht eingeladen!«

»Gehen Sie, so ein Quatsch!«, schimpfte er. »Ihnen gehört hier nichts.«

Wir konnten die Villa seufzen hören. Ein tiefer, schmerzerfüllter Seufzer, denn sie wusste, dass wir verloren hatten.

»Wem gehört diese Stadt?«, frage Debbie den Sicherheitsdienst, als er uns unsanft durch die prunkvolle Eingangstür, die gerade noch die unsere gewesen war, hinausschob.

Er zuckte mit den Schultern.

»Weiß nicht. Mir nicht.«

Wir ließen ihn dort zurück und schoben uns wieder in den drängelnden Strom der Menschen auf der Allenby Street.

Die Tür der Villa wurde verschlossen. Für uns und für die meisten anderen Leute. Im Inneren blieb nichts zurück als eine stille Leere. Die Villa passte sich an, sie gewöhnte sich an die neue Zeit. Als ein Immobilienunternehmen die Räume im unteren Stockwerk bezog, hängten sie ein Schild mit der Aufschrift *Real Estate – Luxuary Housing* an die Tür.

Die Immobilienmakler aber, sie wussten nichts von der Traurigkeit und den Ursprüngen ihrer Villa. Auch der Sicherheitsdienst, die Arbeiter oder die Passanten, die achtlos vorübergingen, ahnten nichts davon. Denn es gab nicht einmal eine Plakette, nichts, rein gar nichts, das an früher erinnert hätte. Und es gab nichts, das von ihrem Architekten erzählte.

Am heutigen Abend beginnt Shabbat. Am späten Nachmittag beginnen Debbie und ich mit den Vorbereitungen für das Abendessen. Ich weiß, wo sie das gute Silberbesteck für die fleischigen Speisen aufbewahrt und decke den Tisch mit dem geerbten Geschirr. Es erinnert an die Shabbat-Tafel ihrer Großeltern im weißrussischen *Schtetl*.

Debbie benutzt das Besteck nur an Feiertagen. Ich poliere es mit einem Baumwolltuch, bevor ich es auf die weiße Tischdecke lege.

Als der Nachmittag in den Abend übergeht, schiebt sie den Fisch mit einer Dillsauce in den Ofen, die Suppe ist fertig, und irgendwann kommt Yoram nach Hause. Er hat das *Challa* für den *Kiddusch* dabei und umarmt mich zur Begrüßung.

»Wie geht es ihr?«, fragt Debbie und meint seine neunzigjährige Mutter, die ihre Schwiegermutter ist und in einem Heim lebt. Er besucht sie jede Woche vor Shabbat.

Yoram, der nur spricht, wenn er etwas zu sagen hat, murmelt etwas und macht eine abwinkende Geste.

Debbie zündet die Kerzen an und spricht die *Bracha*. Yoram vollzieht den Kiddusch und bricht das Brot. Wir essen die Suppe und den Fisch, mit dem glänzenden Besteck wird es ganz feierlich. Es hat den eigentümlichen Geschmack von altem Silber. Festlich und nach vergangenen Zeiten. Die Löffel sind etwas zu groß für unsere Münder und an den Spitzen ausgedünnt. Die kosmopoliten Löffel haben oft die Küchen gewechselt, und sie erinnern an Beständigkeit und Vergänglichkeit. Debbies Großeltern zogen rechtzeitig fort vom Schtetl. Die späteren Auswanderer durften ihr Silberbesteck nicht mehr mitnehmen. Es kann sie heute nicht mehr erinnern.

»Wie ist es, gehst du inzwischen mal mit jemandem aus?«, fragt mich Yoram völlig unvermittelt. Debbie schaut ihn irritiert von der Seite an. Er bemerkt ihren Blick und sagt schulterzuckend an sie gewandt: »Wieso schaust du so. Eine junge Frau, und immerzu allein. Das ist doch nicht gut.«

Ihr Gesicht hat sich in kritische Furchen gelegt. »Lass gut sein, alter Mann«, sagt sie und tätschelt seine Hand.

Yoram trinkt von seinem Wein und schweigt. Auch ich schweige.

»Du brauchst einen *Shidduch*«, bricht es schließlich aus ihm heraus.

Debbie lacht laut auf.

»Und du, du willst der *Schadchan* sein? Der Kuppler? Du?«

Sie lacht immer lauter. Ich muss grinsen.

Yoram sagt nichts. Debbie hört nicht auf, ihn zu taxieren. Nach einer Weile lächelt er bedeutungsvoll und still in sich hinein. Sie hält es nicht länger aus.

»Wer, Yoram? Wer ist dir in den Sinn gekommen?«

»Da gibt es einen in der Nachbarschaft, der ist nur einige Jahre älter. Ein junger, gebildeter Mann. Ich würde sagen, er sieht auch recht passabel aus. Seine Frau ist vor einem Jahr gestorben. Wir zeigen ihm ein Foto, und dann arrangieren wir ein Treffen.«

Mit seinem silbernen Messer und seiner silbernen Gabel trennt er fein säuberlich das letzte Stück Fisch auf seinem Teller von den Gräten.

Debbie schaut ihn entsetzt an. Sie hat ihre Gabel auf halbem Weg zum Mund sinken lassen. »Du kannst sie doch nicht mit einem frisch verwitweten Mann verkuppeln!«

»Warum nicht?«, fragt er verständnislos. »Er ist allein, sie ist allein. Es ist nicht gut für die Menschen, zu lange allein zu sein.«

Ich lasse die beiden reden und genieße das Gefühl von Familie, das mich hier überkommt, obwohl wir doch keine sind.

Wir schweigen, trinken unseren Wein, und jeder hängt seinen Gedanken nach.

»Und wenn er gar nicht einsam ist?«, beginnt Debbie, der die Sache keine Ruhe lässt, irgendwann von Neuem.

Yoram schüttelt den Kopf. Er ist der Patriarch und entscheidet, wann jemand einsam ist. Schadchan spielen ist sein geheimes Hobby.

»An Einsamkeit kann man sich gewöhnen, aber davon geht sie nicht weg. An Shabbat soll man Liebe machen. Man soll nicht allein sein. So steht es geschrieben.«

Debbie schaut zu mir herüber, sie schaut mich mit gesenktem Kopf an, zwinkert mir zu, verschwörerisch. Sie weiß, dass das Leben in Tel Aviv kein Leben von Traurigkeit ist.

Er bemerkt ihren Blick und legt energisch sein Besteck beiseite.

»Mit dem Ehemann! Mit dem eigenen Ehemann soll man Liebe machen.«

Irgendwann steht er auf und trägt die Schalen mit dem übrig gebliebenen Essen in die Küche zurück. Dort wird er gleich anfangen, die Reste in kleine Dosen zu füllen, um diese im Kühlschrank zu verstauen. Sie wird dazukommen und sagen: »Das heben wir nicht auf, das werfen wir weg!«

Er wird erwidern: »Nein, das werfen wir nicht weg, das heben wir auf und essen das morgen!«

Yoram sagt, in Israel gibt es zwei Sorten von Menschen:

Die einen heben alles auf, weil man es noch brauchen könnte. Sie werfen nie etwas weg und erinnern sich daran, was ihre Eltern oder Großeltern erlebt hatten.

Die anderen werfen weg, wo immer sie es können. Weil sie endlich genug von allem haben. Weil ihre Eltern oder Großeltern nie genug von allem hatten. Und weil sie heute sorglos wegwerfen können.

In Haifa gehen die Leute früh schlafen.

In Tel Aviv wird gefeiert, in Jerusalem gebetet und in Haifa gearbeitet. Dort brauchen die Leute ihren Schlaf.

Debbie hat mir das Bett in dem Zimmer bezogen, in dem früher ihre Söhne schliefen. Das Kinderzimmer.

Einige Kinderbücher stehen noch im Regal, und ein gerahmtes Foto zeigt drei Soldaten in kakigrünen Uniformen. Daneben steht eine messinggoldene Patronenhülse, in der eine getrocknete Blume steckt. All das erinnert an die Jugend ihrer Söhne. Und an den Krieg.

Debbie muss immer weinen, wenn sie das Lied *Where have all the flowers gone* hört. Wer in Israel drei Söhne hat, muss dabei weinen.

Where have all the young men gone?
Long time passing
Where have all the young men gone?
Long time ago
Where have all the young men gone?
Gone to soldiers every one
When will they ever learn?
When will they ever learn?

Yoram rollt mir den kleinen Elektroofen neben das Bett. Sicher hat er Mitleid mit mir oder mit meiner Einsamkeit.

Es ist kalt geworden, und die Kälte mischt sich in die feiertägliche Stille. Als einziges Lebendiges im Wohnzimmer verbleiben die beiden Flammen der Shabbat-Kerzen. Ich genieße ihr Spiel und fühle mich behütet. Durch den geöffneten Spalt meiner Tür kann ich sie beobachten. Wie zwei kleine schlafende Geister zucken sie leuchtend die ganze Nacht in ihren Glaskolben. Sie kommen nie ganz zur Ruhe, wachen über den heiligen Schlaf der Menschen in dieser Nacht. Das Öl, das sie nährt, ist dickflüssig und gelb, es wärmt den ganzen Raum, und ich bin ein bisschen einsam, aber nur solange, bis der Schlaf mich holt. Er wird mich bis zum nächsten Morgen dahin bringen, wo wieder ein Tag beginnt.

Weiter gibt es jetzt nichts zu tun.

Als ich aufwache, macht Debbie bereits Frühstück. Es riecht nach Kaffee mit *Charob*, ein klebriger Sirup aus Johannisbrotbaumschoten.

An den Shabbat-Morgen geht sie mit Yoram ins Schwimmbad. »Zu den Russen«, sagt er. Im Winter gehen dort nur die Russen schwimmen, es sei nicht beheizt, und Russen frieren nicht, sagt Yoram. Es sind tatsächlich immer nur Russen dort.

Zu dritt gehen wir die kurze Strecke in der warmen Wintersonne.

Debbie hat mir einen alten Badeanzug geliehen. In der Damenumkleide ziehe ich mich aus, erst den Pullover, dann die Hose, deren Riss sie mit grobem Garn geflickt hat.

Ich probiere den Badeanzug an und betrachte meinen Körper im Spiegel. Er ist schmaler geworden in den letzten Monaten. Schlüsselbein und Beckenknochen ragen deutlich hervor. Die Beine sind blasser als die Arme und das Gesicht. Ich fühle mich manchmal erschöpft.

Wir gehen zum Schwimmbecken, und sie mustert mich kritisch von oben bis unten.

»Isst du auch genug in Tel Aviv? Du bist dünn geworden. Du solltest öfter zu uns kommen.«

Ich schaue mich um. Es sind nur drei Damen im Wasser.

Wir steigen hinein, es ist tatsächlich so kalt, dass mir das Wasser für einen kurzen Moment den Atem nimmt. Man muss ein paar kräftige Züge schwimmen, um nicht mehr zu frieren.

Yoram zieht bereits seine Bahnen, und die russischen Damen haben ein Auge auf ihn geworfen. Mein Herz schlägt im kalten Wasser schnell, und das Blut pulsiert warm in den Adern. Das Wasser nimmt alle Last, und ich gleite wie schwerelos hindurch. Schwimmen ist an Shabbat eine gute Beschäftigung.

Ich spüre die Blicke des Bademeisters, der am Beckenrand sitzt und nichts zu tun hat. Er spricht laut und gelangweilt auf Arabisch in sein Telefon, starrt mich dabei an und achtet nicht auf die russischen Damen.

Eine elegante Dame um die siebzig schwimmt mit weißer Badekappe an mir vorbei. Sie trägt auffällige goldene Ohrringe. Eine grau gelockte Welle schiebt sich resolut unter ihrer Kappe hervor, das restliche Haar ist fein säuberlich darunter verborgen. Ihre Fingernägel, die ich durch das klare Wasser aufblitzen sehe, sind rot glänzend lackiert. Auch ihre Lippen sind rot geschminkt, und auf ihren Wangen liegt eine Schicht von rotem Rouge. Die akkurat gezupften Augenbrauen sind mit schwarzem Kajal nachgezeichnet. Das Wasser scheint ihr nichts anhaben zu können. Würde sie beim Schwimmen nass, wäre das ganze Kunstwerk dahin. Fast bewegungslos hält sie den Kopf über Wasser und bewahrt sich eine vornehme Haltung, während sie damenhaft mit beiden Händen das Wasser zur Seite schiebt, um hindurch zu rauschen. Ein Duft von süßem Parfum weht aus ihrer Richtung zu mir hinüber.

Als ich langsam müde werde, halte ich nach Debbie Ausschau und sehe, dass auch sie genug hat. Sie steigt aus dem Wasser, ihre Wangen sind gerötet, und ihr Herz schlägt sichtbar gegen ihre Brust.

Am anderen Ende des Bades steht ein kleines Holzhäuschen, in dem sich eine Sauna befindet. Beim Hinübergehen wirft sie dem Bademeister einen strengen Blick zu.

Wir öffnen die Tür und schlüpfen schnell hinein, um keine Wärme hinauszulassen. Drinnen riecht es nach warmem Holz, Chlor und süßlichem Parfum. Nach einigen Sekunden haben sich meine Augen an das Dämmerlicht gewöhnt. Ich sehe Yoram und die elegante Dame mit der Badekappe auf den Holzbänken sitzen.

Er schaut angestrengt.

»Lieber ein bisschen korrupt als schwach«, sagt sie mit russischem Akzent und spitzt die roten Lippen. »Ein bisschen korrupt sind heutzutage doch alle. Das ist ganz normal«, fährt sie ungefragt fort. Er schüttelt gequält den Kopf und schweigt, und sie setzt erneut an: »Das heißt doch nicht, dass jemand ein schlechter Politiker ist, wenn er nur ein bisschen korrupt ist.« Jetzt schaut sie ihn auffordernd von der Seite an. Er sagt nichts.

Souverän übernimmt Debbie das Wort:

»Wenn ihr über Korruption reden wollt, dann geht woanders hin. Geht in die *Knesset*! Die Sauna ist ein Raum der Ruhe.«

Die lippenstiftrote Dame schweigt eingeschnappt.

Yoram schweigt, denn er hat nichts zu sagen.

Debbie schweigt auch, denn sie will am Shabbat nicht über Politik reden.

Politik erinnert sie an die Gegenwart.

Kapitel 21 –
Der Wiedehopf

»Curriculum Vitae – Beruflicher Werdegang:

19.4.1926 In Berlin geboren
1932–1940 Volksschule in Berlin
1940–1943 Mechanikerlehre bei W. Feiler, Berlin
1940–1943 Vorbereitungskurse (Abendschule) für die Ing. Fachhochschule
1943–1944 als Mechaniker bei W. Feiler in Berlin gearbeitet
1944–1945 Konzentrationslager Buchenwald«

AUS DEM LEBENSLAUF VON GROSSVATER MOSHE

Auf dem Rückweg vom russischen Schwimmbad gehen wir eine andere Strecke. Unsere Haare sind noch nass vom Wasser, in der Sonne trocknen sie schnell.

Ich möchte jemanden besuchen. Jemanden von früher, und Debbie möchte mich dabei begleiten. Wir gehen eine ganze Weile. Ich zähle acht rote Hibiskusbüsche auf dem Weg, bis wir schließlich das Viertel Merkaz HaCarmel erreichen. Als wir einen neunten Hibiskusbusch passieren, stehen wir vor dem alten Gartentor, von dem ich weiß, dass es früher quietschte, wenn man es öffnete. Ich bemerke, dass es auch heute noch quietscht, daran hat sich nichts geändert. Äußerlich gleicht es allen Gartentoren in dieser Straße, allen in diesem Viertel. Und doch ist es anders als die anderen Tore, denn hinter diesem habe ich früher einmal den Wiedehopf gesucht.

Mein Großvater wusste wohl, wer der Wiedehopf war, aber er kannte seinen Namen nur noch auf Hebräisch. Er begann zu vergessen, und den Wiedehopf auf Deutsch vergaß er zuerst, denn er brauchte ihn nicht so sehr. Er gehörte nicht zu seinen wichtigsten Bekanntschaften.

Viele Jahre, bevor er sich an das Vergessen erinnerte, studierte er am Technion, der technischen Universität in Haifa. Er hätte auch in Berlin studiert, aber es war eben anders gekommen.

Im Haifa der Vierzigerjahre war das Technion eine Institution von deutschen Auswanderern, sogar die Unterrichtssprache am Technion war anfangs Deutsch. Die deutschen Studenten wohnten im Viertel Merkaz HaCarmel. Schon damals gab es hier Hibiskusbüsche und Wiedehopfe.

Debbie und ich stehen vor dem quietschenden Gartentor und sehen, dass dahinter immer noch duftende Rosenbüsche wachsen. Ein paar Meter von ihnen entfernt steht ein altes Haus, das zu schlafen scheint. Neben ihm steht die schläfrige Hollywoodschaukel, die glücklicherweise immer noch da ist. Sie war das Schönste an diesem Haus, das Schönste in diesem Garten. Jetzt ist sie vom Rost ganz braun, ihre Polster sind abgewetzt und von der Sonne verblichen.

Ohne die Schaukel könnte jemand anderes vergessen, dass es hier Menschen gibt oder welche gab, ich aber kann es nicht vergessen, denn ich weiß, dass Eva die Rosen im Garten gepflanzt hat. *Vradim*, die Rosen. *Nadneda*, die Schaukel.

Eva lief früher mit mir durch diesen Garten und gab allem Namen, denn alles hatte mindestens zwei Namen, einen deutschen und einen hebräischen.

Vor den Fenstern hängen noch heute die hölzernen Fensterläden, sie sind alt und ihrer selbst überdrüssig. Ihre hellblaue Farbe haben sie verloren, sie scheinen sie nicht mehr zu brauchen. Sie liegt jetzt zerbröckelt darunter. Zum Sterben sind sie nackt, sie wurden aus Holz gemacht, und jetzt sind sie wieder nur Holz.

Rakefet, das Veilchen, wächst unter dem Fenster und ist mit hellblauer Farbe bestäubt.

Die Rosen stehen ganz still und warten. Vorne in der Straße rauschen die Eukalyptusbäume wie früher. Sie sind seitdem noch etwas höher gewachsen und wispern sich in den Kronen etwas zu. Sie erkennen mich wieder, und ich erkenne sie auch, denn wir waren damals schon miteinander bekannt.

Eva und Zwi Goldberg kamen in den Dreißigerjahren. Zwi und mein Großvater studierten am Technion, und Eva pflanzte Rosen in ihrem Garten. Sie waren aus Deutschland hierhergekommen, denn Deutschland hatte sie nicht mehr gewollt.

Trümmerdeutschland, sagten sie. Das war später, als nichts mehr davon übrig war.

Er sprach etwas Russisch, sie etwas Französisch. Ich weiß nicht, woher.

Die Zimmer im unteren Stockwerk des Hauses vermieteten sie an Gäste, das obere Stockwerk bewohnten sie selbst, es roch dort nach alten Büchern. In Amerika hatten sie eine Tochter, und sie hätten gern auch eine Enkelin gehabt.

Mit Zwi unternahm ich Streifzüge durch den Garten. Wir

sammelten die *Shablulim* aus den Gemüsebeeten, denn Schnecken sind zwar langsamer als Menschen, aber im Dahinraffen von Gemüse sind sie doch meisterhaft.

Gelegentlich sahen wir den *Duchifat* in den Rabatten sitzen. Mein Großvater sagte dann, da sitzt der … dings … und ich sagte, der Wiedehopf, und er sagte, ja, genau der.

Evas Küche war ein mosaisches Schlaraffenland. Es gab Schokoladencreme aus weißer und dunkler Schokolade im Glas, die hellen und die dunklen Schichten zebrafarben übereinandergestapelt. Kuchen in durchsichtigen Plastikverpackungen mit buntfarbigem Zuckerguss. Süßes, weißes Brot. Getrocknete Datteln und Feigen und einen ganzen Schrank nur für Süßigkeiten. Bonbons in allen Farben und Geschmacksrichtungen, die alle gleichermaßen süß schmeckten. Vom Einkaufen brachte sie mir bunte Zuckerperlen in kleinen durchsichtigen Röhrchen und Ketten aus *Sukariot* mit, die man sich um den Hals hängen oder über das Handgelenk streifen und davon abbeißen konnte.

Im Garten fütterte ich den Wiedehopf mit Haferflocken, denn Zucker sei nicht gut für Vögel, sagte Zwi. Ich weiß nicht, ob sie ihm schmeckten, oder ob er sie nur aus Höflichkeit aß. Der Wiedehopf ist ein sehr höflicher Vogel.

Zwi fütterte die Schnecken mit Salz, und im Wohnzimmer hatte er einen Fliegenrastplatz aufgehängt, ein süßlich duftender Klebestreifen, auf dem die Fliegen gerne ihre *Schlafstunde* machten. *Schlafstunde!* sagte Zwi. Er sagte es auf Jiddisch zu den klebenden Fliegen, und dann riss er den Streifen ab und klebte einen neuen an die Wand.

In der Küche half ich Eva beim Kochen. *Sir, koss, zalachat.* Topf, Becher, Teller. Sie sagte es mir vor, bis alles im Haus zwei Namen hatte.

Ich erinnere mich noch bruchstückhaft an das erste Mal, als wir sie besuchten. Ich trug ein geblümtes Sommerkleid und reichte ihr bis zur Hüfte. Fortan wurde ich mit Eva und Zwi jedes Jahr ein Stück älter.

Aus den magnetischen Buchstaben des hebräischen Alphabets schrieb ich Wörter an den Kühlschrank, und sie schaute ernst darauf und nickte, aber eigentlich schaute sie ein bisschen daneben, denn sie hatte einen Silberblick und sah auch ein bisschen wunderlich aus. Mit jedem Jahr verstand ich die Wörter besser, die die Buchstaben bildeten.

Zwi und mein Großvater hatten immer viel zu besprechen. Im Sommer war es sehr heiß, und das Haus war damals schon ein altes Haus und hatte keine Klimaanlage.

Sie stellten große Ventilatoren in alle Zimmer, und ich konnte in der Wohnstube nicht mehr Klavier üben, da sie dort einen lauten Krach verursachten. In den Häusern der europäischen Einwanderer gab es damals in Haifa richtige Klaviere aus Holz.

Mein Großvater trug in der Hitze dünne, gerippte weiße Unterhemden und seine graue Anzughose, weil er nicht vergessen konnte, dass er ein Jecke war. Er band sich vier Knoten in die Ecken seines hellblauen Stofftaschentuchs und legte es sich auf den Kopf, um keinen Sonnenstich zu bekommen.

»So haben wir es 1948 hier als Soldaten gemacht«, sagte er. An die Hitze war er gewöhnt, sie machte ihm nichts aus. »Hitze ist weitaus besser zu ertragen als Kälte. *Seinerzeit*, da haben wir gefroren im Lager, das war viel schlimmer als die Hitze. Kälte tagein, tagaus, das ist schwerer zu ertragen.«

Seinerzeit, sagte er oft.

Ich zog ihn damit auf. »Zu wessen Zeit?«, fragte ich.

»Damals«, sagte er nur und legte mir gedankenverloren eine Hand auf den Kopf.

Seinerzeit war eine Zeit, von der auch damals schon nur die Alten eine Ahnung hatten.

»*Seinerzeit* sind die Leute im Winter erfroren.«

»*Seinerzeit* gab es kaum etwas zu essen.«

»*Seinerzeit* durfte man nicht laut sagen, was man dachte.«

»*Seinerzeit* gingen die Juden weg aus Trümmerdeutschland.«

»*Seinerzeit* haben wir gewusst, wir müssen raus. Wir gehen nach Palästina.«

Seine Hand lag auf meinem Kopf, und ich wusste, jetzt war er hier. Hier bei mir.

Seinerzeit war lange her, und die Sache mit dem Antisemitismus dämmerte mir erst später. Zu meiner Kindheit in Deutschland gehörte ein uraltes rotes Auto, das am Tag meiner Geburt schon ganz Europa gesehen hatte. In Israel war es auch gewesen, damals konnte man es von Thessaloniki aus mit einer Fähre nach Haifa überschiffen.

Auf der Heckscheibe des Wagens klebte ein gutes Dutzend Aufkleber, die Trophäen der Reiselust seines Besitzers. Die rotweiße Flagge Dänemarks und die blau-gelbe Schwedens, das Amsterdamer Wappen, ein norwegischer Elch, der Pariser Eiffelturm und der Big Ben in blau-rot-weißen Farben. Aus Polen brachte das Auto einen weißen Adler mit und aus Österreich eine Delle in der Stoßstange.

Das Auto war ein alter Reise-Veteran, die Leute schauten darauf und raunten: »Ah! Das ist ein Auto von Welt.«

Irgendwann schenkte mein Vater mir einen Israel-Aufkleber mit einem roten Herz und einem blau-weißen Davidstern. »Für deine Sammlung«, sagte er.

Ich klebte ihn auf das Auto.

»Die schmeißen uns die Scheibe ein«, hörte ich ihn in der Küche zu meiner Mutter sagen. »Wir müssen ihr das erklären.«

Es erklärte sich mit der Zeit.

Mein Großvater hatte in Hamburg einen Freund, der ein Ingenieur aus Persien war, und seine Frau war Opernsängerin, auch aus Persien. Sie hatte pechschwarzes Haar und trug einhundert goldene Armreifen an ihren Handgelenken, die bei jeder ihrer anmutigen Bewegungen leise klimperten. Einmal kamen sie an Shabbat zu meinen Großeltern, da setzte sich der Perser eine Kippa auf. Sonst trug er sie nicht, denn er war ein Muslim.

Wenn wir zum Fastenbrechen am Ende des Ramadan zu ihnen gingen, trug mein Großvater keine Kippa. Zum Fastenbrechen gab es Reis mit Berberitzen und Huhn, auf einer schönen silbernen Platte serviert.

An Shabbat trank mein Großvater Wein. Der persische Ingenieur trank dunklen Traubensaft, der so aussah wie Wein.

»Warum?«, fragte ich ihn.

Er sagte, ein Muslim trinkt keinen Alkohol. »Das steht im Koran.«

»Aber ein Muslim feiert Shabbat?«, fragte ich weiter.

Er lächelte. Dann sagte er: »Nein. Aber es gibt auch keinen Grund, es nicht zu tun.«

Alles schien also seine Richtigkeit zu haben. Guten Appetit heißt auf Persisch *nooche jân*.

Es gab keinen Grund für Juden, das nicht zu wissen.

In der Straße meiner Eltern wohnten auch Iraner. Alle Kinder spielten draußen in der Nachbarschaft, schlugen und versöhnten sich, fielen vom Fahrrad und rissen sich dabei die Knie auf.

Es war nicht wichtig, ob dabei einer Russe oder Moslem, Iraner oder Jude war. Es tat allen gleich weh. Der Junge, der am häufigsten vom Fahrrad fiel, war ein Iraner. Wir brachten ihn nach Hause, und seine Mutter verarztete ihn, er weinte nie.

In einer kleinen Zweizimmerwohnung wohnte er mit seinen Eltern und seinen zwei jüngeren Geschwistern.

Bei ihnen hingen keine bunten Teppiche an den Wänden, wie bei den Freunden meiner Großeltern, und seine Mutter trug auch keine Armreifen. Sie band sich einen Hijab um den Kopf, wenn wir kamen, nicht sehr oft, denn wir kamen nur ein paarmal, und sie hatte Kekse für uns in einer verbeulten Dose.

Ich kam irgendwann zum letzten Mal. Der Tag war wie alle anderen. Sie rollte ihren Gebetsteppich zusammen, das Knie wurde verbunden, sie holte die Kekse, und wir Kinder bestaunten die prächtige Wasserpfeife, die in der Wohnzimmervitrine stand, zusammen mit dem Bild eines älteren bärtigen Mannes, der meinem Großvater ein bisschen ähnlich sah, aber nur ein bisschen.

Was mich auch an meinen Großvater erinnerte, war die Wasserpfeife, denn er hatte auch eine solche in seinem Regal. Die des Iraners war aus blauem Glas mit silbernen Beschlägen, und sie glänzte so, dass man sich darin spiegeln und es so aussehen lassen konnte, als wäre ein blauer Geist in ihrem Inneren.

»Aus Iran«, sagte der Vater, und es war das erste Mal, dass er etwas zu uns sagte, obwohl er immerzu dort am Tisch saß und schaute. Ein flüchtiges Lächeln ging dabei über sein Gesicht, er betonte das *I* in *Iran* so wie die iranischen Freunde, wenn sie an Shabbat oder Ramadan von ihrer Heimat erzählten, und das klang vertraut und schön und nach dem Land, in dem man Gäste zu Reis mit Huhn und Berberitzen einlädt und roten Traubensaft statt Wein trinkt.

»Das ist lustig, mein Großvater hat auch so eine. Aus Israel«, sagte ich und berührte das Glas vorsichtig mit den Fingerspitzen, um den Geist darin aufzuschrecken.

»Nein!«, rief der Vater, und dann wurde es ganz still.

Die Mutter, die gerade zurück ins Wohnzimmer kam, erstarrte in ihrer Bewegung. Sie schaute mich mit weit aufgerissenen Augen an.

Er stand auf, und in seinem Blick lag Verachtung. Dann verließ er schweigend den Raum.

Auch zu anderen Begebenheiten lernte ich, dass nicht jeder mein Freund war.

Mein Vater mochte keine Graffiti. Ein wesentlicher Bestandteil unserer Beziehung war das Spazierengehen, und er lehrte mich dabei alles, was man wissen musste. Im Wald lernte ich die Pflanzen kennen, auf den Feldern die Vögel und vor dem Asylantenheim die Neonazis. *Nazis raus* war dort auf eine Wand gesprüht mit einem durchgestrichenen Hakenkreuz daneben. Mein Vater, der keine Graffiti mochte, nannte sie »Schmierereien«. Die Menschen in Hamburg waren an Schmierereien gewöhnt, aber mein Vater gewöhnte sich nicht daran.

Er war ein langsamer Spaziergänger, denn sein Körper hatte über die Jahre an Kraft verloren. Deshalb sah er mehr als die anderen.

Vor diesem Graffiti blieb er lange stehen. »Das ist gut«, sagte er schließlich. »Das ist richtig.«

Und ich wunderte mich, da er doch keine Graffiti mochte.

Und die Nazis, dachte ich. Die waren doch schon lange raus?

Um Punkt acht Uhr schaute mein Vater die Tagesschau.

Wenn der Gong erklang, saß er schon in seinem Sessel.

Jugoslawien war zerfallen, so wie die Sowjetunion und die Mauer, und es kamen neue Menschen in ein neues Deutschland. Auch Juden gab es wieder, mein Großvater war zurückgekehrt, und in die Synagoge gingen jetzt sogenannte *Kontingentflüchtlinge*, die Russisch sprachen. Wiedergutmachungsjuden, sozusagen.

Die Tagesschau brachte Berichte über schwarz vermummte Gestalten, die mit kahl geschorenen Köpfen brennende Fackeln in Asylantenheime warfen.

Mein Vater war erstarrt.

»Das sind Neonazis«, sagte er. »Die Vorsilbe *neo* kommt aus dem Lateinischen und bedeutet *neu.*«

»Neue Nazis?«, fragte ich ungläubig.

Er nickte.

»Wollen wir da rein?«, reißt mich Debbie aus meinen Gedanken.

Sie öffnet das verzogene Gartentor. Es quietscht, und wir betreten den Garten.

Mein Großvater hatte keine Angst vor Neonazis. »Sie sind da«, sagte er. »Und sie werden manchmal unerträglich. Wir müssen damit umgehen.«

Eva und Zwi Goldberg wollten nicht mehr damit umgehen. Sie hörten gerne Wagner, aßen gerne Apfelstrudel, hielten *Schlafstunde*, pflanzten sich deutsche Rosen in den Garten und waren überhaupt sehr deutsch. Hatten deutsch gelebt in der alten Heimat.

Von Trümmerdeutschland und seinen Bewohnern wollten sie nichts mehr wissen.

Als mein Großvater vor elf Jahren starb, ging ich für eine Weile nach Israel und wurde eine *Mitnadevet* in einem Tel Aviver Krankenhaus. Ich kam auch damals schon jeden Morgen zu spät zur Arbeit. Als Strafe sollte ich Malka besuchen, was durchaus keine Strafe war. Auch Malka hatte sich entschieden, Trümmerdeutschland zu vergessen. Sie war damals achtundneunzig Jahre alt und hatte auf dem Weg dahin drei Konzentrationslager durchwandert. Ihren Mann, ihre Tochter und alle anderen hatte Trümmerdeutschland verschluckt.

Nach dem Krieg wanderte Malka nach England aus. In Liverpool bestieg sie ein Schiff und trat die Fahrt über den Nordatlantik nach Israel an. Das war 1955, erzählte Malka. In Hannover wurde Malka geboren. Sie hätte bestes Hochdeutsch sprechen können, aber sie wollte nicht mehr. Stattdessen sprach sie britisches Englisch und *Iwrith* auf ruhige, kultivierte Art. Ihr Deutsch hatte sie, wie sie sagte, in eine Kiste gesteckt und auf der Überfahrt von England über Bord geworfen.

»Im Atlantik ist es ertrunken, und das habe ich so gewollt.«

Vaterland, das war das einzige deutsche Wort, das ich je aus ihrem Mund hörte.

Malka war eine gebildete Frau. Sie hatte die großen Klassiker nicht nur gelesen, sie hatte sie auch verstanden. Ihr Vater war ein jüdischer Reserveoffizier im Ersten Weltkrieg gewesen, er hatte ihr die Klassiker geschenkt, zum Geburtstag und zu jedem Anlass, zu dem man seiner Tochter einen Klassiker schenken konnte.

Für sein *Vaterland,* erzählte Malka, hatte er gekämpft, und 1938 hat das *Vaterland* ihn umgebracht. Ihn, den Veteranen mit den silbernen Auszeichnungen.

Ich kam auch zu Malka zu spät. Sie lag auf dem Rücken in ihrem Bett mit starr an die Decke gerichteten Augen, denn sie war vollständig erblindet.

»Du bist eine komische Deutsche«, bemerkte sie. »Du bist zu spät, es ist ja schon Nachmittag. Kommen die Deutschen jetzt zu spät?« Sie kicherte leise. »Die Deutschen sind pünktlich wie ein Schweizer Uhrwerk, sagt man. Das waren sie damals, und ich dachte, das sind sie noch heute.« Sie war eine echte Dame wie sie da lag und mit ihrem britischen Englisch zu mir sprach. Einen Moment lang dachte sie nach.

»Vielleicht bist du schon eine Israelische und weißt es nur noch nicht.«

Von da an besuchte ich sie jeden Tag, und jede Stunde mit ihr war ein Genuss. Immer lag sie im Bett auf dem Rücken in einem winzigen, stickigen Krankenzimmer ohne Tür. Die russischen Krankenschwestern liefen laut schwatzend in den Fluren hin und her. Von überall hörte man das notorische Piepen von Beatmungsmaschinen oder anderen medizinischen Geräten. Es war unheimlich laut und heiß. Malka lag wie eine vergessene Königin mitten in diesem geschäftigen Treiben auf ihrem Thron aus weißen Laken. Sie herrschte geduldig über die Angestellten und ihre Untertanen. Im gesamten Krankenhaus war sie die geduldigste Patientin. »Warum soll ich ungeduldig sein«, sagte sie. »Ich bin schon so alt und muss nirgendwo mehr hin.«

Ihr Kopf war voller Geschichten. »Weißt du, mein Name, Malka, das bedeutet Königin. Ich bin eine Königin! Hast du das gewusst?«

Ja, sie war eine Königin. Das wusste ich.

Ich brachte ihr mein deutsches Märchenbuch.

»Ich will das nicht hören!«, sagte sie. Zum ersten Mal hörte ich etwas in ihrer Stille, das nicht zu Malka passte. »Nicht in dieser Sprache. Aber du kannst es mir übersetzen.«

Malka forderte mir alles ab. Sie machte mich müde, erschöpfte meinen Geist und pflanzte ihm wieder neue Samen ein. Ich begann zu übersetzen:

Nessicha, die Prinzessin. *Nassich*, der Prinz.

Malka, die Königin.

»Die Geschichten im Märchen enden immer gut. Die Leute sagen, das ist nicht realistisch. Dabei ist es im Leben meist auch so, man muss das nur verstehen«, sagte sie.

Ich habe nie verstanden, wie sie so etwas sagen konnte.

Malka langweilte sich nie. Sie wollte nicht nach draußen in die Sonne, am liebsten lag sie im Bett und dachte nach. »Ich brauche nichts mehr. Ich bin schon so lange auf der Welt, und ich habe so vieles gesehen, ich habe alles, worüber ich nachdenken will, schon da drin«, meinte sie und tippte sich an den Kopf.

Jeden Tag lernten wir zehn neue Wörter. »Bald wirst du alle Bücher übersetzen können«, entschied sie.

Ta'alul, das hebräische Wort für Streich, brachte sie mir bei, denn sie wollte den russischen Krankenschwestern einen Streich spielen. Ich sollte ihn entwerfen.

Ich war furchtbar schlecht im Entwerfen von Streichen, und sie seufzte und war sehr nachsichtig mit mir.

Auf ihrem Nachttischchen lag immer eine angebrochene Tafel Schokolade. Sie war von der Hitze völlig zerschmolzen, eine klebrige, flüssige Masse. »Nimm dir ein Stück«, sagte sie. Ich wollte nicht. Also raschelte ich ein bisschen am Einwickelpapier und tat so, als würde ich etwas Schokolade abbrechen.

»Möchtest du auch?«, fragte ich sie.

»Nein, vielen Dank. Aber du hast dir nichts genommen, Mädchen. Nun nimm dir ein Stück«, sagte sie lächelnd. »Nimm dir die ganze Tafel mit. Ich schaffe sie ja doch nicht mehr.«

Ihre starren, bewegungslosen Augen sahen alles, während sie Richtung Decke schauten.

Debbie und ich gehen auf dem steinigen Kiesweg die Schritte zur Haustür. Der Kies knirscht unter unseren Sohlen. Es klingt unangebracht laut in der Stille, und ich fühle mich wie ein Eindringling in eine Welt, aus der ich längst herausgewachsen bin.

Auf der Stufe vor der Tür liegt verdorrtes Laub, und ich habe eine Ahnung, dass hier niemand mehr wohnt.

Goldberg, steht in geschwungener Schrift auf einem glänzenden Messingschild.

Ich betätige den angelaufenen Türklopfer, der die Form eines Löwenkopfes hat. Niemand öffnet, die Klingel ist tot. Gemeinsam umrunden wir das Haus, die Fensterläden sind überall fest verschlossen. Im hinteren Teil ist der Garten ganz wild und verwahrlost.

»Sucht ihr jemanden?«, hören wir plötzlich eine Stimme über den Zaun rufen. Sie scheint einer Nachbarin zu gehören, die im Garten nebenan ihre Pflanzen wässert.

»Wohnen die Goldbergs nicht mehr hier?«, frage ich.

»Nein.«

Sie scheint selbst schon um die achtzig zu sein, trägt schwer an ihrer Gießkanne und kommt mit langsamen Schritten in unsere Richtung.

»Da kommt ihr zu spät. Er ist letztes Jahr gestorben, sie erst vor einigen Monaten.«

Debbie schweigt neben mir.

»Danke«, sage ich leise. »Das wusste ich nicht.« Ich spüre in diesem Augenblick, dass sich eine Tür zu meiner Vergangenheit unwiederbringlich geschlossen hat, und es tut mir weh, ganz tief im Inneren.

Debbie und ich setzen uns auf die Hollywoodschaukel. Sie quietscht, aber schaukelt noch ganz passabel. Wir heben die

Füße und lassen uns über den Boden schwingen. Die Spätnachmittagssonne hält uns warm, und der Wind weht einen angenehmen Duft aus den Kronen der Eukalyptusbäume zu uns herunter. Jetzt sind nur noch wir beide hier.

Debbie ist hier, weil sie zu meiner Gegenwart gehört.

Ich bin hier, weil das hier ein Teil meiner Vergangenheit ist.

Nadneda, die Schaukel.

Auf ihr habe ich einmal einen jungen Studenten geküsst, der möglicherweise noch nie zuvor geküsst wurde. Ich war ungefähr sechzehn, er war drei Jahre älter als ich und studierte Astrophysik am Technion.

Groß gewachsen war er, dunkelhaarig, sehr hager und mit einer schmalen Hornbrille, daran erinnere ich mich. Er war Amerikaner und lebte als Untermieter im Haus der Goldbergs. Ziemlich unnahbar und still verbrachte er seine Tage, man sah ihn selten, denn er war etwas sonderbar. Nie verwickelte er mich in ein Gespräch, grüßte höchstens flüchtig, wenn ich ihm unten in der Küche oder auf der Treppe begegnete, und dabei sah er mir nie in die Augen.

Freitags ging er in die Synagoge, irgendeine Reformgemeinde in der Nähe. Da war er immer zu spät dran und grüßte überhaupt nicht mehr.

Ich fühlte, dass er mich verachtete. Vielleicht verachtete er mich für meine Familie, weil er selbst keine hatte und ganz alleine zum Studieren nach Israel gekommen war. Vielleicht verachtete er auch unser Deutschsein, Mädchen im Allgemeinen und sonst etwas, ich wusste es nicht.

Er war immer allein, nie bekam er Besuch oder ging aus, und so lebten wir die Wochen im Sommer nebeneinanderher.

An diesem Abend lag ich wie immer auf der Schaukel und las. Er kam von der Straße hinein, öffnete das Gartentor und schloss es leise. Überhaupt bemühte er sich immer, sehr leise zu sein, nicht aufzufallen. Er ging eilig und mit nach vorne geneigtem Kopf über den knirschenden Kiesweg zur Eingangstür, murmelte ein hastiges »Shalom« und sah für einen Moment zu mir hinüber. Ich nickte ihm zu und beachtete ihn nicht weiter.

Es war bereits nach neun, aber immer noch sehr heiß. Im Haus stand die Luft, und die Ventilatoren brachten nur wenig Linderung. Mit leisem Surren wirbelten sie den Staub auf und taten sonst nicht viel Sinnvolles. Die Sonne war bereits untergegangen, und der leichte Abendwind, der vom Meer herüberkam, versprach draußen etwas Abkühlung. Für gewöhnlich war ich während dieser Stunden noch lange im Garten. Die anderen saßen drinnen im Esszimmer und unterhielten sich, ihre heiteren Stimmen und ihr vom Wein beschwingtes Gelächter mischten sich in den Klang der Zikaden und bildeten eine warme Hintergrundmusik. Ich mochte das Alleinsein. Wenn ich ihm überdrüssig wurde, gesellte ich mich zu ihnen. Manchmal vergaß ich aber auch über Stunden, dass sie da waren.

Durch das Geäst des Eukalyptusbaums konnte ich auf dem Rücken liegend die Mondsichel sehen. An den Baum neben mir hatte ich ein Seil geknotet, und wenn ich daran zog, ließ sich bequem und ohne viel Aufwand die Schaukel anschwingen.

»Eine sinnvolle Konstruktion«, lobte mich Zwi, der Ingenieur war und es wissen musste. Einige Stunden zuvor hatte ich ihm geholfen, die Schnecken aus den Rabatten zu sammeln, wie früher.

»Erinnerst du dich noch an den Wiedehopf?«, fragte er mich.

»Natürlich.«

»Er ist lange nicht gekommen.«

»Ja, ich weiß.«

»Früher war er immerzu da.«

Wir drehten die Blätter um, auf der Suche nach Schädlingen, und gingen vorsichtig durch die Beete, er in seinen alten ledernen Sandalen, ich ohne Schuhe.

»Du bist jetzt schon fast eine Frau«, sagte er. Sein Gesicht war das gleiche wie früher, und sein Blick schaute mich auch noch so an. Er war Ende siebzig, und das Bücken fiel ihm nicht mehr so leicht.

In meinen Augen hatte er sich kaum verändert.

In seinen Augen musste sich an mir alles verändert haben.

An diesem Abend auf der Schaukel sprach auf einmal sein sonderbarer Untermieter mit mir.

»Ich habe dich heute auf dem Klavier gehört«, sagte er auf Englisch in die Dunkelheit. »Du bist recht gut.«

Ich zuckte kurz zusammen, hatte ihn weder die Tür öffnen noch die zwei Stufen hinuntergehen hören, an die Stelle, an der er sich jetzt befand. Er stand dort und starrte mich an.

Das *recht* in seinem Satz hatte etwas wohlwollend Lehrerhaftes. Als wisse er genau, ob etwas *recht gut* oder einfach nur *gut* sei. Nach einer Sekunde hatte ich mich wieder gefangen. Wollte mir meine Unterlegenheit aufgrund der Überraschung nicht anmerken lassen.

»Ach ja?«, fragte ich ihn spöttisch. Ganz ruhig stand er da und blickte auf mich hinunter. »Ja«, sagte er schlicht.

Nach einigen Momenten wurde ich unruhig. Wusste nicht, was in dieser Situation angemessen war.

»Danke«, sagte ich schließlich.

Ich begann, ihn ebenso aufmerksam zu taxieren wie er mich.

»Ihr seid aus Deutschland, oder?«, fragte er in die Stille hinein.

Ich nickte.

»Also ist dein Buch auch auf Deutsch?«

Ich schaute auf mein Buch, wie um mich zu vergewissern.

»Ist auf Deutsch«, sagte ich dann.

Er kam einen Schritt auf mich zu und blieb einige Meter vor der Hollywoodschaukel stehen. »Ich bin auch deutsch«, sagte er zögernd. »Also halb deutsch oder so. Mein Vater ist Deutscher. Meine Mutter Amerikanerin. Mein Vater ist ja jetzt auch Amerikaner, er lebt ja schon fast sein ganzes Leben in den Staaten. Aber er ist in Deutschland geboren. In einem DP-Camp. Weißt du, was das ist?«

»Ja, natürlich.«

»Redet ihr über so was in Deutschland?«

Er hatte etwas angespannt Neugieriges in seiner Art, mich auszufragen, und er wusste nicht, wohin mit seinen Händen, während er sprach.

»In meiner Familie reden wir darüber.«

Langsam entspannte sich der verbissene Zug in seinem Gesicht.

»Seid ihr Juden?«

»Wir sind gewissermaßen von allem etwas.«

Er nickte, als würde er verstehen.

»Bringst du mir etwas bei?«, fragte er dann.

»Was denn?«

»Etwas auf Deutsch.«

»Hat dein Vater dir nichts beigebracht?«

»Nein. Hat er nicht.«

»Gar nichts? Kein einziges Wort?«

»Nein, keines.«

Ich überlegte kurz. »Was möchtest du denn gerne hören?«

»Egal. Erzähl mir einfach irgendwas. Ich verstehe es ja doch nicht.«

Er setzte sich nach kurzem Zögern zu mir auf die Schaukel, und ich erzählte ihm vom Wiedehopf.

Er war ganz mir zugewandt, hörte aufmerksam zu, nickte einmal ernst, als ich erklärte, dass Wiedehopfe ihre Beute am Boden jagen und dass sie größere Insekten solange gegen einen Stein schlagen, bis die Insekten tot sind. Schließlich fiel mir nichts mehr ein. Er schaute mich an.

»Das klingt schön, was du erzählt hast. So ganz anders als das Deutsch, das ich kenne und das hier an *Yom HaShoah* im Fernsehen läuft.«

»Ach, tatsächlich?«

Ich konnte meinen Spott in der Stimme nicht verbergen.

»Ich klinge anders als Hitler, wenn ich dir vom Wiedehopf erzähle?«

Er war sichtlich beschämt.

»So habe ich das nicht gemeint. Natürlich klingst du anders. Ganz anders.«

Er wandte den Blick von mir ab und schaute starr geradeaus. Ich spürte, wie die schwere Hitze der Nacht mich langsam müde machte. Ich lehnte meinen Rücken gegen die Polster der Schaukel, hob meine Füße hoch und zog die Knie bis unter das Kinn. Ich trug nur eine knappe Shorts, die meine nackten Beine frei ließ, und umfasste sie mit den Armen. Aus dem Augenwinkel spürte ich kurz seinen Blick darübergleiten. Ich legte den Kopf schief mit der rechten Wange auf mein Knie und schaute ihn von der Seite an. Er erwiderte schließlich meinen Blick und lächelte scheu.

»Wusstest du, dass die Stiefelabdrücke der Mondlandung wahrscheinlich noch in sechs Millionen Jahren auf der Mondoberfläche zu sehen sind?«, fragte er schließlich.

Ich schaute nach oben zur Mondsichel.

»Nein«, sagte ich. »Das wusste ich nicht.«

»Auf dem Mond gibt es keine Erosion durch Wasser oder Wind«, fuhr er fort. »Wenn also kein Meteorit einschlägt und die Fußspuren auslöscht, könnten sie bis in alle Ewigkeit noch da bleiben. Theoretisch.«

»Theoretisch?«, fragte ich zurück.

»Ja«, erwiderte er. »Ist alles theoretisch. Alles, was da oben passiert.«

Sechs Millionen ist eine große Zahl. Ich hatte sie mir oft vorgestellt.

Ich dachte an den Wiedehopf.

»Wenn der Wiedehopf jetzt hier vorbeilaufen und seine Fußabdrücke hinterlassen würde, und es würde dann sechs Millionen Jahre lang kein Wind wehen und kein Regen fallen und auch kein Meteorit einschlagen, würde man dann auch immer noch seine Fußspuren sehen können?«, fragte ich.

Er hatte seine misstrauische, abweisende Körperhaltung jetzt gänzlich abgelegt und grinste schief.

»Theoretisch«, sagte er, ohne mich anzusehen.

Er küsste mich etwa eine halbe Stunde später. Ein schüchterner, neugieriger Kuss, voll unbeantworteter Fragen.

Ein halbes Jahr nach unserer Begegnung bekam ich eine Postkarte von ihm nach Deutschland geschickt. Mein Vater brachte sie mir vom Briefkasten mit.

»Von einem Verehrer«, sagte er und übergab sie mir grinsend.

Auf der Karte war ein Wiedehopf.

»Israels Nationalvogel, der Wiedehopf«, stand darunter.

Der Wiedehopf war inzwischen vom Aussterben bedroht, und bevor man ihn aussterben ließ, wurde ihm die Ehre des Nationalvogels zuteil.

Auf der Rückseite der Karte stand in kaum leserlicher Handschrift:

»Du warst die Erste.«

Ob die Erste, die er küsste, die Erste, die er mochte, oder die Erste, die ihm auf Deutsch vom Wiedehopf erzählte, ohne ihn an die Nazis zu erinnern, das habe ich nicht erfahren.

Kapitel 22 –
Einsamkeit

»Liebe Kitty,
versuche auch mal, wenn Du allein und unglücklich oder traurig bist, auf dem Oberboden bei so einem schönen Wetter nach draußen zu schauen. Nicht zu den Häusern und Dächern, sondern zum Himmel. Solange Du furchtlos den Himmel anschauen kannst, solange weißt Du, dass Du rein bist von innen und dass Du doch wieder glücklich werden kannst.
Anne.«

MITTWOCH, 23. FEBRUAR 1944,
ANNE FRANK, »Tagebuch«

Die Wochen nach Chanukka verlaufen gleichförmig vor sich hin. Das Jahr erreicht seine kälteste Episode, in Jerusalem fallen sogar einige Flocken Schnee, aber sie bleiben nicht liegen. Sie schmelzen in der Luft.

In Tel Aviv wäre Schnee eine Sensation. Die Zeitungen würden über nichts anderes mehr schreiben, und die Leute würden mit ungläubigen Mienen auf die Straße treten und gen Himmel blicken. Das letzte Mal geschneit hat es hier in den frühen Fünfzigerjahren.

Das ist jetzt lange her. Das Mittelmeer deckt die Stadt mit seinem warmen Atem zu und lässt sie selten frieren. Es ist, als läge ein fast ewig währender Sommer über ihr, und in Anbetracht der Temperaturen in Europa ist der Winter hier mehr eine Melancholie als ein richtiger Winter.

Ein Sommerwinter sozusagen.

Seit vorgestern ist es auch in Tel Aviv etwas kühler geworden. Nachts sinken die Temperaturen auf den unteren zweistelligen Bereich, und es regnet viele Stunden. Lange, ausgiebige, starke Regengüsse. Man kann währenddessen nicht auf die Straße gehen, ohne völlig durchnässt zu werden.

Am ersten Tag der neuen Woche, dem Sonntagmorgen, finde ich Juri im Laden in einen dicken Wollpullover eingepackt und mit einem warmen Schal um den Hals. Seine Socken sind aus Strick. Draußen scheint es wärmer als drinnen, die Tel Aviver Häuser sind so konzipiert, dass sie die kühle Luft im Sommer speichern. Pflichtbewusste *jecksche* Häuser tun es auch im Winter.

Juri sagt, dass es sich nur die reichen Leute leisten können, krank zu werden.

»Wir nicht«, sagt er und zuckt mit den Schultern.

Oben ist es nur unmerklich milder. Der Holzboden scheint bemüht, ein wenig Wärme für uns zu konservieren. Aber er ist eben auch nur ein Holzboden.

Wir arbeiten still vor uns hin, hören Musik, ich trinke meinen Kaffee, Juri trinkt seinen Tee. Es sind eintönige Tage, nur selten verirrt sich jemand in den Laden. Der Flohmarkt, auf dem Juri die schönen Tassen mit Goldrand für Galina kauft, ist bei Regen wie ausgestorben.

Er geht gar nicht erst hin und bringt auch keine Tassen mit.

Ich nehme wahr, dass Juri noch in sich gekehrter ist als sonst. Manchmal ist er ganz und gar abwesend und erledigt nur langsam seine Arbeit. Wenigstens geht er weiterhin jeden Tag zum Markt. Dort kauft er Apfelsinen, Datteln und Bananen, schneidet sie mit einem stumpfen Messer in kleine Stücke und bringt sie mir auf einem kleinen Teller nach oben. Bevor er die letzten Stufen der geschwungenen Treppe hinaufkommt, klopft er mit den Fingerknöcheln leise gegen den großen Holzschrank, der oben an der Wand lehnt. Als hätte er Sorge, mich bei etwas Geheimem zu stören. Oder, als müsste man erst um Erlaubnis bitten, um eintreten zu dürfen. Ich habe ihm schon oft gesagt, dass er das lassen soll, aber er lässt sich nicht davon abbringen.

»Damit du nicht nur Kaffee trinkst, Devushka«, sagt er, wenn er mir das Obst bringt.

Ich bin froh, dass Juri da ist. Seine Gegenwart beruhigt mich. Auch, wenn er nur unten am Schreibtisch sitzt. Und auch, wenn ich gar nicht beunruhigt bin.

Ich bin jeden Tag bis abends im Laden. Zu Hause ist es mir zu kalt, hier ist es kalt in Gesellschaft.

Unten höre ich die Ladentür aufgehen und dann jemanden meinen Namen rufen. Ich nehme meine Kaffeetasse und gehe die Treppe hinunter.

»Na, Anne Frank«, begrüßt mich Ido mit Spott in der Stimme. »Versteckst du dich wieder auf deinem Dachboden?«

Juri schaut ihn irritiert an, wie er es immer tut, wenn Ido vorbeischaut.

Ido trägt einen Regenmantel und ist ziemlich nass. Er kommt einen Schritt auf mich zu und umarmt mich überschwänglich, stützt sich dabei auf seinen Gehstock. Ich möchte vor ihm flüchten, um nicht nass zu werden, aber mein Haar klebt schon an seinem Mantel. Ich freue mich über seinen unverhofften Besuch und winde mich aus seinem Griff.

»Was bringt dich hierher?«, frage ich. »Warum bist du nicht in Jerusalem?«

Ido hat einen Auftritt in Tel Aviv. In einer Bar wird er Leonard-Cohen-Songs interpretieren, auf dem Klavier.

»Kommst du vorbei?«, fragt er mich.

Ich verspreche zu kommen.

Juri sitzt vor dem Körper einer in ihre Einzelteile zerlegten Kamera. Er hat seine Hände, in denen er das Werkzeug hält, sinken lassen und schaut Ido von der Seite an.

Ido ist kein Mensch, mit dem Juri etwas anfangen kann. Er ist ihm zu laut, zu auffällig, zu ungehobelt.

Ido denkt über vieles nach, aber nicht über die Dinge, über die Juri nachdenkt.

Als Juri meinen Blick bemerkt, nimmt er seine Arbeit wieder auf. Wie ein schuldbewusster Schuljunge, der Zerstreuung dabei suchte, aus dem Fenster zu schauen, und von seiner Lehrerin dabei ertappt wurde.

Auch Ido bemerkt meinen Blick. Er geht einen Schritt auf Juri zu und beginnt eine Spur zu laut ein Gespräch mit ihm.

»Immer arbeiten, was? Wie ist deine Meinung, Juri? Wo ist das Leben besser? In Russland, oder von wo auch immer du kommst, oder hier in Israel?«

Ich sehe Ido zu selten im Tageslicht. Meist treffen wir uns in der Dunkelheit des Techno-Clubs. Ich sehe, dass er heute in guter Verfassung ist. Groß und gut aussehend ragt er über uns hinaus. Sein rötlich-blondes Haar trägt er verwegen zerzaust. Jetzt klebt es nass auf den unzähligen Sommersprossen in seinem Gesicht. An der Stirn hat er eine Narbe von irgendeiner Schlägerei, den vorlauten Mund hat er leicht geöffnet. Wenn er raucht, sieht er aus wie James Dean. Wenn er nicht raucht, sieht er auch aus wie James Dean, aber erst auf den zweiten Blick.

Breitbeinig und mit verschränkten Armen steht er vor Juri, der nasse Stoff seines Regenmantels spannt sich über sein Kreuz und lässt langsam große Tropfen auf den Holzboden fallen. Ido ist eine Inszenierung. Er sieht sich selbst als eine Art »Ritter von der traurigen Gestalt«. Auf dem rechten Oberarm hat er eine Zeichnung von Don Quijote tätowiert. Sein altes Klavier, das in der Wohnung seines Großvaters steht, hat er *Rosinante* getauft.

In Jerusalem lässt er mich darauf spielen. Es ist lebensschwach und klapprig wie die Stute des alten Ritters.

Mit seinem Leben ist Ido nie zufrieden. Immer umgibt ihn eine Aura von Unruhe und Unvollständigkeit. Er ist wie ein Suchender, aber einer, der schon lange die Hoffnung verloren hat, irgendwann irgendwas zu finden.

Überall kennt er Leute. Mal schläft er mit Männern, mal mit Frauen. Er sagt, das gebe ihm alles nichts. Selbst die schönsten Menschen widerten ihn an. Er sagt, er sei nicht dazu bestimmt, mit jemandem glücklich zu sein.

»Diese naive Romantik macht die Menschen blind für die reale Bosheit des Lebens«, sagt er dann immer zu mir und schaut mich an mit diesem Blick, der besagt, ich würde es auch noch herausfinden.

Seit einem verstauchten Knöchel geht Ido am Stock. Er hat einen Hang zur Dramatik. Sicher ginge es inzwischen auch ohne den Stock, aber er hat sich daran gewöhnt, und außerdem findet er, Gehstöcke passen zu Menschen wie ihm.

Idos Mutter ist Malerin, sie haben nur wenig Kontakt. »Die malt schon lange keine guten Bilder mehr«, sagt er. Nur seinen Großvater kann er gut leiden. Ido wohnt in einem kleinen Zimmer bei ihm in Jerusalem, manchmal besuche ich ihn dort. »Wenn Saba stirbt, dann bekomme ich die Wohnung«, verkündete er, nicht ganz ohne Stolz. Man wird das Gefühl nicht los, dass er es vielleicht nicht erwarten kann. Ido regt sich furchtbar darüber auf, weil sein Großvater so sentimental sei und so viel alten Krempel behalte. »Alten Krempel«, nennt er die Sachen seiner Großmutter.

»Safta ist jetzt schon seit sechs Jahren tot. Und es hängen immer noch ihre Hüte an der Garderobe, ihre Schuhe stehen darunter, die Lippenstifte und ihr Schmuck liegen im Bad. Warum?«

Im großväterlichen Flur setzte er mir einmal einen ihrer altmodischen Hüte auf, zog selbst ihre weißen Netzhandschuhe an und drehte sich vor dem Spiegel hin und her.

»Ihre Sachen erinnern ihn an sie«, sagte ich beschwichtigend. »So sind Menschen nun mal.«

»Sentimentaler Unsinn«, erwiderte er spöttisch und reichte mir eine Kette mit einem eingefassten Halbedelstein.

»Hier, das glitzert, das gefällt dir doch sicher. Nimm das mit.« Er legte noch einen hübschen Silberreif und einen zierlichen Ring mit einer Perle dazu.

»Ich bin keine Elster, Ido«, sagte ich zu ihm. »Und ich kann nicht einfach den Schmuck deiner Großmutter nehmen.«

Vielleicht ist das alles, was sie je besessen hat, denke ich. Ich fühlte mich nicht wohl, die Sachen einer Toten ohne das Einverständnis des Großvaters zu nehmen.

»Doch, kannst du«, sagte Ido.

Er legte mir die Kette um den Hals, griff meine Hand und schob den Armreif über mein Handgelenk.

»Und Saba?«

»Der ist nicht da, aber er würde sich freuen, wenn er das Zeug wieder an so einem hübschen Ding wie dir sehen würde.

Vom Rumliegen wird es nicht besser. Und die Leute werden auch nicht mehr lebendig. Saba wird nichts dagegen haben. Ganz sicher nicht, das kannst du mir glauben.«

Der Schmuck war sehr alt, das konnte man sehen. Sie hatte ihn aus Europa mitgebracht.

Im Flur der Wohnung seines Großvaters hing ein schwarzweißes Porträt von der Frau, deren Schmuck ich am Arm trug. Es war in einen schlichten braunen Holzrahmen eingefasst, und die Frau darauf war etwa in meinem Alter. Sie war auf eine Art ganz schön. Und sah ansonsten gewöhnlich aus.

Sie trug kaum Schmuck, hatte kaum Rüschen an ihrem Kleid und kaum einen Gesichtsausdruck auf ihrem Gesicht.

Ich wusste nichts über sie, außer, dass sie aus Polen kam und dass sie ganz allein in Israel ankam, als sie ein junges Mädchen war. Ich trug ihren Schmuck mit Bedacht, denn jemand musste es tun.

Ido kann auch wertschätzen, aber es gehört nicht zu den Eigenschaften, die er besonders gut beherrscht. Er mag keine gewöhnlichen Dinge. Ido wertschätzt den verrückten Tel Aviver Winterregen, weil er gut für die Natur ist. Einmal sahen wir bei einem Spaziergang durch das nächtliche Jerusalem eine Eule.

»Eine richtige Eule!«, erzählte er Saba begeistert am Telefon.

Tagelang sprach er über nichts anderes.

Irgendwann traf er eine Frau, die fand er doch bemerkenswert anders als die anderen. Ihre füllige Weiblichkeit habe ihn angezogen, schön sei sie gewesen, mit blasser Haut und weißen Brüsten.

»Die war schon ziemlich fantastisch«, meinte er. »So sicher in allem und so klug. Mit der hätte ich mir wirklich was vorstellen können.«

Am Ende sah er dann doch nur das Gewöhnliche in ihr.

»Sie hat noch ein paarmal angerufen, aber ich bin nicht rangegangen. Wozu hätte ich rangehen sollen?«

Jetzt steht er abwartend vor Juri. Die Antwort auf seine Frage gibt er sich selbst.

»Ich kann's mir schon denken. In Russland, oder von wo immer du kommst, war es scheiße, und in Israel ist es auch scheiße. Aber hier ist das Wetter besser«, sagt er und grinst. »Eigentlich ist das Leben doch überall Mist. Außer in Italien vielleicht. Da haben die Leute noch richtig Kultur. Die *genießen* das Leben. Nach Italien müsste man gehen!«

Ich greife ihn am Ärmel und ziehe ihn in Richtung der Tür.

»Komm, hau ab jetzt und lass Juri in Ruhe arbeiten«, sage ich, stelle mich auf die Zehenspitzen und wische ihm das nasse Haar aus dem Gesicht. »Ich komme nachher zum Konzert.«

Er schaut mich unwillig an.

»Lass mich wenigstens im Trockenen noch eine Zigarette drehen. Deutsche und Russen, ihr kennt ja gar keine Gnade. Ihr kommt aus der Eiszeit, da kann man euch keinen Vorwurf machen. Juri dreht sich bestimmt auch im Schneesturm seine Zigaretten, dem macht das sicher gar nichts.«

»Juri raucht gar nicht«, sage ich, während Ido in einer Ecke lehnt und seine Zigarette dreht.

Er schaut mich spöttisch an.

»Na großartig. Dann wird er ja bestimmt hundertzwanzig. *Baruch HaShem,* absolut erstrebenswert. Hundertzwanzig Jahre diese irdische Scheiße hier …«

Nachdem er den Laden verlassen hat, wird es wieder still.

Juri sieht erschöpft aus, fast schon ein bisschen unglücklich. So viel Unruhe ist er nicht gewohnt. Ich lächle ihn entschuldigend an und gehe wieder nach oben an die Arbeit.

Die Stunden vergehen still. Von unten höre ich kein Geräusch. Sogar der Regen hat aufgehört. Durch das kleine Fenster sehe ich am späten Nachmittag die Sonne draußen scheinen.

Irgendwann klopft es am Schrank. Juri kommt leisen Schrittes die letzte Treppenstufe nach oben. Sein Blick geht suchend umher, in der Hand hält er einen Teller mit Orangenstücken. Ich bin froh, dass er mich jetzt besucht.

Ich nehme ihm den Teller ab und schiebe ihn auf das alte Sofa, das an der Fensterseite steht. Ein quadratisches Stück Sonnenlicht fällt gerade von draußen auf das staubige Polster. Er lässt es geschehen. Zusammengesunken sitzt er da und formt mit den Händen eine Schale in seinem Schoß, in die er den Sonnenstrahl hineingleiten lässt. Gedankenverloren beobachtet er das Sonnenlicht. Ich setze mich neben ihn, schweigend teilen wir die Orange. Als ich zu ihm hinüberschaue, bemerke ich, wie klein er aussieht. Irgendwie aufgebraucht. Er, der sonst zu allen so freundlich und in sich selbst ruhend ist.

»Juri«, sage ich leise zu ihm. »Du warst lange nicht mehr auf dem Flohmarkt. Vielleicht gehst mal wieder hin? Vielleicht findest du eine schöne Tasse. Draußen scheint die Sonne sicher noch eine Stunde.«

Er lässt sich Zeit mit der Antwort, nickt zögerlich, ohne den Blick von seinen Händen zu lösen. Schließlich schaut er auf und seufzt leise. Schwerfällig erhebt er sich vom Sofa. Er sieht ein wenig anders aus als zuvor, hat jetzt wieder etwas Haltung angenommen. Ein flüchtiges Lächeln geht über sein Gesicht.

»Ja, Devushka. So werde ich's machen.« Langsam höre ich ihn hinuntergehen. Unten legt er seine angefangene Arbeit in den Schrank. Dann nimmt er seine Jacke vom Haken und schließt die Tür hinter sich.

Als ich den Laden verlasse, ist es noch hell. Zu Idos Konzert ist es nicht weit, und ich habe noch Zeit. Ich nehme die restlichen Lebensmittel aus dem Kühlschrank, packe sie in meine Tasche und mache mich damit auf in Richtung Meer, die fast leere Allenby Street hinunter, bis ich am Ende den graublauen Streifen Wasser sehe. Als ich ihn erreiche, höre ich das dunkle Rauschen und betrete den kühlen Sand. Am Strand setze ich mich auf die Treppe eines verwaisten Wachturms, von dem im Sommer braun gebrannte Rettungsschwimmer in weißen T-Shirts die Badegäste beaufsichtigen.

Im Winter ist es hier beinahe menschenleer. Nur zwei Sammler mit Metalldetektoren suchen den Strand nach verlorenem Schmuck oder Münzen ab. Sie machen kleine Schritte und schwenken dabei ihre Suchgeräte monoton von rechts nach links und von links nach rechts. Sie tragen farblose Regenjacken, deren Reißverschlüsse bis oben hin zugezogen sind.

Ihre stoische Ruhe, Ausdauer und Beharrlichkeit machen mich neugierig. Nach einer Weile steige ich die Treppe hinab und gehe zu ihnen hinüber. Sie sprechen nur gebrochenes Hebräisch und kein Englisch. Ich verneine die Frage, ob ich Russisch spreche. Heute hätten sie noch nichts gefunden, sagen sie. Gestern auch nicht. Manchmal fänden sie tage- oder gar wochenlang nichts. Man müsse Geduld haben. Vielleicht wird die Suche irgendwann mit einem großen Schatz belohnt, vielleicht auch nicht. Vielleicht bliebe sie ein Leben lang ergebnislos. Man könne es nicht wissen.

Man müsse weitersuchen.

Ich gehe zurück auf meinen Aussichtsposten.

Es ist kühl geworden. Der Tel Aviver Abendwind hat meine Hände klamm und meinen Körper steif werden lassen. Er ist nicht wirklich kalt, der Wind, aber wenn man ganz still dasitzt, wird der Körper schutzlos.

Die Dunkelheit zieht in großen Fetzen vom Meer über die Stadt. Sie wird sie bald ganz eingenommen haben. Nur noch ein kurzes Stück, dann hat sie sie mit ihrem ständigen Lärm verschluckt. Die Stadt wird in ihr wie im Magen eines großen Tieres weiter lärmen, jedoch wird es gedämpfter klingen als bei Tageslicht, wie von weiter weg.

Die See ist rau in diesen Tagen, ein starker Wind treibt sie an. Die Wellen schlagen schäumend auf den Strand und werden wie von unsichtbarer Hand wieder zurückgezogen. Bis zum Horizont geht das so. Ein großes, lebendiges Wasserding, das niemals schläft, das niemals Ruhe gibt und an dessen letztem Zipfel die Stadtmenschen ins Grübeln kommen.

Irgendwann mache ich mich auf den Weg zu Idos Konzert. Vom Strand laufe ich die Allenby Street Richtung Süden wieder hinauf. Vorbei am Carmel-Markt, dessen verwaiste Stände zum Schlafen zugedeckt sind. Vorbei an der großen Synagoge, in der die heiligen Bücher ruhen, und vorbei am Rothschild Boulevard, auf dem heute Abend fast niemand mehr spazieren geht. Hübsche kleine bräunliche Stadttauben sitzen stattdessen müde in den Bäumen. Im Winter habe ich die Tel Aviver Straßen fast für mich allein.

Der Wind und die lauwarme Luft machen mich wagemutig. Es ist auch immer etwas von dem salzigen Meer in der Stadt. Es ist auf meiner Haut und in meinem Haar, immerzu. Es lässt sich nicht auswaschen. Wenn mich diese Unruhe überkommt, kann ich nicht anders, als draußen spazieren zu gehen. Ruhelos umherzustreunen und nach einem Abenteuer zu suchen. Immer schon war das so. Und immer schon bin ich dabei am liebsten allein. Wenn man allein ist, ist man für Abenteuer am empfänglichsten.

Kapitel 23 – Der verlorene Sohn

»Er aber antwortete und sprach zum Vater: Siehe, so viel Jahre diene ich dir und habe dein Gebot noch nie übertreten; und du hast mir nie einen Bock gegeben, daß ich mit meinen Freunden fröhlich wäre.«

GLEICHNIS VOM VERLORENEN SOHN,
LUKASEVANGELIUM 15,29

Vor dem Pub, in dem Idos Konzert stattfindet, steht ein halbes Dutzend Biertrinker. In Tel Aviv sehen die Nachtschwärmer einheitlicher aus als die Bar-Besucher in Jerusalem. Jetzt, im Winter, tragen sie gemusterte Pullover, lange Cordhosen und goldene Ohrringe. Die Frauen tragen das Gleiche, außerdem Lippenstift.

Drinnen ist es mäßig gefüllt. Ido ist noch nicht da, er kommt, so wie ich, lieber zu spät. Ich bestelle ein Goldstar an der Bar und setze mich im Schneidersitz auf eine der Kisten, die in der Ecke stehen. In meinem Körper ist eine Müdigkeit, die sich langsam auch auf meine Gedanken ausweitet. Das kühle Bier wärmt mein Inneres auf, macht alles schwer und samtig. Ich lehne meinen Kopf an die Wand und schließe für einen Moment die Augen. Die Stimmen und Geräusche um mich herum schwellen zu einem großen Rauschen an.

Irgendwann höre ich vom anderen Ende der Bar Idos Stimme und die Schläge seines Gehstocks auf dem Boden. Sie nähern sich in meine Richtung. Noch klingen sie weit entfernt, aber als ich die Augen öffne, steht er nah bei mir und begrüßt flüchtig eine Gruppe Leute. Ich setze mich auf. Als er mich erblickt, kommt er auf mich zu und umarmt mich zur Begrüßung. Sein Atem streift mich, er riecht nach Alkohol. Fahrig wandert sein Blick hin und her, unruhig, unbehaglich. Er ist nicht bei der Sache. Scheint mich gar nicht richtig wahrzunehmen.

»Bist du betrunken?« Ich schaue fragend zu ihm auf. Zynismus liegt in seinem Blick, während er die hereinströmenden Menschen beobachtet.

»Ja, unter anderem«, murmelt er abwesend.

Ich sehe, dass seine Pupillen stecknadelkopfklein sind.

Seine Hände sind kalt.

»Du musst deine Hände aufwärmen, Ido«, sage ich zu ihm. »Sonst kannst du nicht spielen.« Er entzieht sich ruckartig meiner Berührung.

»Warum sind die alle gekommen, die ganzen Leute hier?«, fragt er jetzt unwirsch.

»Um dir zuzuhören.« Ich sage es sanft, denn ich weiß, in diesem Zustand muss man behutsam mit ihm sein.

Er schnaubt verächtlich. »Das ist keine gute Idee.«

Er sagt es schroff und fast schon hasserfüllt.

Inzwischen hat sich der Raum gefüllt. Auf hölzernen Klappstühlen sitzen rauchende Leute mit Rollkragen und Hornbrillen, die erwartungsvoll in Richtung der kleinen Bühne schauen.

»Ido, du bist gut am Klavier, hast du das vergessen?«

Er sagt nichts.

Ich habe Ido schon oft zugehört. Er kann am Klavier Geschichten erzählen. Auf *Rosinante* übt er seine neusten Kompositionen und fragt mich nach meiner Meinung. Seine Stücke sind sanft und verstörend, mit aufreizendem Rhythmus, aufsässigen Motiven und kluger Monotonie. Stundenlang feilt er an wenigen Akkorden. Schlägt sie hart oder weich an, bedächtig und schnell und dreht sich nach jedem Versuch fragend zu mir um. Er macht sich lustig über gekünsteltes Ritardando und über zu vorhersehbare Melodien.

Im Jerusalemer Nachtclub haben wir die Freitagmorgen ganz für uns allein. Wenn niemand sonst dort ist, die Jerusalemer Nachtmenschen in ihren Betten liegen, nur noch der kalte Rauch der letzten Nacht im Raum hängt und Spuren von Eskalation den Boden bedecken, brühen wir uns heißen Mokka auf und erzählen dem Klavier von der Nacht.

Das betagte Instrument, das sich in der Ecke des Clubs altersschwach an die Wand lehnt, hat innere Narben vom Techno. Die ständige Erschütterung der Bässe hat es über die Jahre ganz morsch werden lassen.

Ein Klavier sollte nicht an einem solchen Ort stehen, findet Ido. Es versteht auch nichts von Techno.

»Das ist, wie einen Pfau unter grauen Stadttauben einzusperren. Die gurren den ganzen Tag. Der dreht irgendwann durch, das hält er nicht aus. Der geht ein.«

Der Veranstalter des Konzerts hat das Mikrofon ergriffen und bittet Ido nach kurzer Vorstellung auf die Bühne. Ido gehorcht, setzt mechanisch ein Bein vor das andere und findet seinen Weg. Beinahe angsterfüllt sieht er aus, aber ich weiß nicht, ob das jemand außer mir bemerkt. Das Klatschen der Leute ist ihm zu laut und zu aufdringlich, ihre wohlwollenden Blicke zu wohlwollend.

Er schraubt kurz am Klavierhocker, dann setzt er sich hin und hält kurz inne. Ich sehe, dass seine Hände zittern, als sie über der Klaviatur schweben. Nach einigen Sekunden beginnt er die ersten Akkorde zu spielen. Sie verhallen im Nichts. Er setzt ab, schüttelt den Kopf, entschuldigt sich mit einem ungelenken Blick in Richtung des Publikums. Wohlwollendes Rauschen. Dann fängt er noch einmal an.

Ich spüre seine Anspannung in meinem Bauch. Richte mich an der kalten Wand hinter mir auf, bis mir der Rücken schmerzt. Von der Seite sehe ich sein Profil. Er sieht so unnahbar aus, so fern. Seine Hände scheinen nicht mit ihm verbunden, sie wissen nicht, was sie tun. Ich kenne sie verbunden mit ihm, und es ist nicht gut, wie er jetzt spielt. Es ist, als wäre er gar nicht da.

Sein Fuß liegt wie bleiern auf dem Pedal, er lässt alle Klänge ineinander verschwimmen, Akkorde, die er vorher in so mühevoller Arbeit differenziert hat. Seine Stimme klingt böse, fast schon vorwurfsvoll, als er die erste Strophe von *You Want It Darker* singt.

»Wie Leonard«, sagt ein Typ neben mir anerkennend zu seinem Sitznachbarn.

Nicht wie Ido, denke ich.

Er spielt. Eine leere Hülle, die sich als Ido tarnt, spielt ein Stück nach dem anderen.

Es wird geklatscht, zugehört und wieder geklatscht.

Alles scheint auf eine Art zu funktionieren.

Mit den Worten *I'm out of the game* aus dem Song *Leaving the Table* schließt er die Show. Eine Zugabe spielt er nicht. Er haut einfach ab.

Ich laufe ihm nicht hinterher. Ich weiß, dass er jetzt seine Zeit braucht.

Als ich nach Hause komme, finde ich Aviv im Schneidersitz mitten auf dem Küchentisch sitzend vor. Er trägt seinen gemusterten Lieblingsschlafanzug und spricht gestikulierend mit einer imaginären Person auf der anderen Seite des Tisches. Niemand außer uns ist im Raum.

»Bist du okay?«, frage ich etwas irritiert.

»Ich übe für eine Rolle«, erwidert er und deutet auf das Manuskript in seiner Hand.

Ich atme auf.

»Wie war dein Tag? Was hast du gemacht?«, frage ich einige Augenblicke später, während ich meine Jacke ausziehe.

»Hauptsächlich masturbiert. In einem Panzer«, sagt er gähnend.

Konsterniert drehe ich mich zu ihm um und schaue ihn an. »Möchtest du erläutern, wie es dazu gekommen ist?«

Er legt sein Manuskript auf den Tisch.

»Ich habe doch die Rolle in dieser Serie bekommen, und ich soll einen Soldaten im Jom-Kippur-Krieg spielen, der an der Front ist. Der ist echt total fertig. Kann nachts nicht mehr schlafen, weil er nicht mit dem Krieg klarkommt, Soldat sein und so. Und dann diese ganzen Sachen sehen. Der ist ja auch noch total jung, weißt du. Will eigentlich nur nach Hause zu seiner Freundin. Da masturbiert der halt, um runterzukommen. Weil der sonst gar nicht mehr runterkommt.«

Aviv rollt sein Manuskript zusammen, schaut mit einem Auge hindurch, wie durch ein Fernrohr, und blickt ziellos in der Küche herum.

»Und den sollst du spielen?«, frage ich, immer noch etwas verwirrt.

»Genau«, sagt Aviv.

»Ah«, murmle ich erleichtert.

Ich habe manchmal Sorge, Aviv könnte in meiner Abwesenheit endgültig verrückt geworden sein. Ich bin froh, dass wir jetzt gerade keinen Krieg haben. Dass ich meinen Mitbewohner nicht an die Front ziehen lassen muss, wo er in einem Panzer masturbiert, nur um ein bisschen Entspannung zu finden.

Er fokussiert mich durch sein Papierfernrohr.

»Denis hat dir was gebracht. Sie hat ihren Kleiderschrank aussortiert. Hab's in dein Zimmer gelegt.«

Ich nicke. Dann schaue ich in den Kühlschrank, streue etwas Salz auf die halbe Avocado, die ich darin finde, stecke einen Löffel hinein und gehe damit in mein Zimmer. Auf meinem Bett liegt ein schlichtes schwarzes Samtkleid mit einem Kleiderbügel. Müde steige ich aus meiner Jeans, deren Loch am Knie immer größer geworden ist und ziehe mir mit einer Hand das Kleid über den Kopf, während ich in der anderen die Avocado halte und mit ihr hineinschlüpfe. Es passt perfekt, liegt wie eine zweite Haut auf meinem Körper. Am Hals ist es leicht ausgeschnitten, darunter betont es angemessen alle Erhebungen meines weiblichen Körpers.

Ich lasse das Kleid an, esse die Avocado und gehe über den Flur ins Bad, um meine zu Zähne putzen. Aviv verfolgt meinen Gang vom Küchentisch aus mit seinem Fernrohr, mit dem er immer noch herumspielt, und pfeift mir anerkennend hinterher. Grinsend schiebe ich mir im Bad die Zahnbürste in den Mund, lehne mich an das kaputte Fenster und schaue in mein Spiegelbild im fast blinden Spiegel über dem Spülbecken. Ich habe es länger nicht angesehen.

Durch das milchige Glas sieht es beinahe aus wie ein Geist.

Am nächsten Morgen bin ich schon früh wach und kann nicht mehr weiterschlafen. Ich beschließe, früh in den Laden zu fahren, denn es ist schön, die Stadt erwachen zu sehen. Die Sonne hat bereits alles aufgewärmt, und zwischen den Häusern riecht es nach Kaffee.

Juri ist noch nicht da, ich werde eine Weile für mich sein. Auch das ist manchmal schön. Gerade als ich mich oben eingerichtet habe, höre ich unten mit einem lauten Knall die Tür auffliegen. Jemand stürmt hinein, bleibt dann stehen und atmet schwer. Einen Moment lang halte ich erschrocken mit der Kaffeetasse in der Hand inne und lausche. Dann steige ich vorsichtig auf die Treppe und schaue hinunter.

Unten steht ein ungefähr zwanzigjähriger Mann. Er könnte auch jünger sein, sein Alter lässt sich schwer einschätzen. Sein blondes Haar steht in alle Richtungen. Er ist außer Atem und blickt sich hektisch im Laden um.

»Kann ich dir helfen?«, frage ich vorsichtig. Ruckartig schaut er zu mir auf.

»Draußen gab es einen Anschlag. Du musst dich in Sicherheit bringen.«

Er spricht schnell und undeutlich.

»Einen Anschlag? Wo denn?«

Er blickt mich mit weit aufgerissenen Augen an, ohne zu blinzeln. Seine Brust hebt und senkt sich in schnellen Atemzügen. Dann dreht er sich um und deutet nach draußen.

»Hier, direkt vor der Tür.«

Ich schaue nach draußen. Es ist seelenruhig. Ein Passant mit einer Einkaufstasche geht gemächlich auf der anderen Straßenseite vorbei.

»Bist du sicher?«, frage ich ihn vorsichtig.

Er nickt heftig und stolpert noch ein paar weitere Schritte ins Innere des Ladens.

Dann geht die Tür auf, und Juri kommt herein.

Für einen Moment starren die beiden sich erschrocken an.

»Mischa?«, fragt er irritiert.

»*Aba*, es hat einen Anschlag gegeben. Du bist hier nicht sicher! Wir sind alle nicht sicher. Es hat ganz laut geknallt, und dann ist das Glas gesplittert und dann …«

Juri geht auf ihn zu, schiebt ihn auf einen Stuhl und spricht leise auf Russisch auf ihn ein. Nur langsam lässt er sich beruhigen. Der Junge, der Mischa zu heißen scheint, antwortet auf Hebräisch, spricht in hektischen Fetzen, hält seine Augen dabei weit aufgerissen und seine Finger starr gespreizt. Er zittert leicht und ist unruhig.

»Du musst mir glauben, bitte. Bitte glaub mir, Aba.«

Juri schüttelt den Kopf.

Irgendwann blickt er kurz zu mir.

»Alles in Ordnung«, sagt er.

Ich gehe zur Ladentür, die immer noch offensteht, und werfe einen Blick hinaus. Dort ist nichts Außergewöhnliches zu sehen. Ich schließe sie und trete wieder hinein.

»Es hat keinen Anschlag gegeben«, sagt Juri jetzt mit ruhiger, fester Stimme an uns beide gewandt.

»Es ist alles in Ordnung.«

Seine Ruhe irritiert mich.

»Woher willst du das denn so genau wissen?«, frage ich ihn. Er macht eine abwartende Geste und spricht auf Russisch weiter zu dem, der ihn Vater nennt. Langsam wird er ruhiger. Ich verstehe die Worte »alles gut« und »nach Hause zu deiner Mutter«. Schließlich steht er auf und lässt sich von Juri zur Tür begleiten. Juri legt ihm die Hand auf die Schulter und lächelt beruhigend. Er sieht jetzt wirklich aus wie ein Vater. Dann öffnet er die Tür, und der junge Mann verlässt mit hängenden Schultern den Laden.

Juri bleibt noch einen Moment dort stehen und schaut ihm nach. Dann schließt er leise die Tür, zögert, bevor er sich umdreht. Als ich schließlich sein Gesicht sehe, ist es ganz grau. Er blickt auf den Boden, setzt sich nur langsam in Bewegung. Er sieht jetzt gar nicht mehr nach Juri aus. Auch nicht mehr nach einem Vater, und ich bin ein wenig erschrocken über diesen Anblick.

»Juri, du hast einen Sohn? Das hast du mir nie erzählt«, sage ich leise zu ihm.

Er lässt sich auf den Stuhl sinken und schweigt. Dann nickt er langsam und sammelt sich. Ich sehe, dass viele Gedanken in seinem Kopf sind.

»Er ist verrückt, weißt du«, murmelt er schließlich. »Er ist nicht normal.«

»Verrückt?«

»Ja.«

»Wieso verrückt?«

Wir schweigen beide. Dann setzt er seine Antwort fort.

»Er sieht Dinge, die gar nicht da sind. Dinge, die nicht passieren. Schon lange ist das so.«

Er macht eine resignierte Pause, hebt dann wieder an. »Er kann nicht studieren, nichts Vernünftiges arbeiten, weil er immerzu diese Dinge sieht. Paranoide Schizophrenie nennen sie es. Aber ich glaube, es kommt von früher.«

Er hat die Stirn in Falten gelegt und den Kiefer fest zusammengepresst. Dann schweigt er erneut.

»Von früher?«, frage ich schließlich in die Stille hinein. »Wie meinst du das?«

Nach einigen tiefen Atemzüge kehrt ein wenig Farbe in sein Gesicht zurück. Er schaut mich jetzt an.

»Er war als Kind in diesem Bus, mit seiner Mutter. Über fünfzehn Jahre ist das jetzt her. Sie sind ausgestiegen und dann ist der Bus – er hat nur gehört, wie es passiert ist.«

In seinen Gedanken, in seinem Inneren ist etwas, das ihn nicht aussprechen lässt, was passiert ist.

»Es gab einen Anschlag.« Ich tue es für ihn, denn ich weiß jetzt, dass es so gewesen ist.

Er nickt.

»Ihm und meiner Frau ist nichts passiert. Von außen ist ihnen nichts passiert, aber sie haben den Knall gehört, denn sie waren noch nicht weit entfernt. Später in den Nachrichten wurde gesagt, wie viele getötet wurden. Die waren völlig zerfetzt die Leute, von denen blieb nicht mehr viel übrig. Überall war Blut, und herrenlose Handtaschen lagen auf der Straße herum, das kann man nicht vergessen. Wir wollten das Land danach verlassen und in die Ukraine zurückkehren, aber wohin hätten wir denn zurückkehren können. Jetzt sind die Dinge eben so, wie sie sind.«

Es wird wieder still im Raum. Er seufzt und lässt die Schultern hängen, setzt sich an seinen Schreibtisch und stochert ziellos mit einem dünnen Schraubenzieher in einem Kameragehäuse herum. Ich koche Tee, und er trinkt ihn, müde und kraftlos.

Danach nimmt er seine Arbeit wieder auf.

»Jetzt sind die Dinge so, wie sie sind«, höre ich die Stimme meines Großvaters in meinem Kopf, als ich wieder nach oben gehe.

So viele Male habe ich diesen Satz gehört.

Mein Großvater war oft in einem kleinen Lokal an der Ben Yehuda Street in Jerusalem. Dort trafen wir seine Freunde, saßen auf alten Holzstühlen, aßen Falafel und scharfe Salate und tranken Grapefruitsaft aus Dosen, die mit lautem Zischen explodierten, wenn man sie vorher geschüttelt hatte. Die Freunde machten sich einen Scherz daraus.

An den Wänden hingen verblichene Fotografien in verstaubten Rahmen, Zeugnisse eines altertümlichen Jerusalems, ohne Autos, stattdessen mit Eseln, die Lasten trugen und der Stadt ein zeitlos biblisches Aussehen verliehen.

Während die Erwachsenen an den Tischen saßen, ging ich umher und schaute mir die Bilder an. Die Freunde meines Großvaters machten sich auch einen Spaß daraus, meiner Großmutter scharfe Peperoni unter das Essen zu mischen, ohne dass sie es bemerkte. Mordechai, der alte Ladeninhaber grinste dann zu uns herüber, wenn sie sich halb schimpfend, halb lachend, mit tränenden Augen hektisch Luft zufächelte. Mordechai brachte ihr Brot zur Linderung, er konnte ihr keine Milch bringen, denn es war ein koscheres Lokal, in dem Fleisch serviert wurde.

Über die Bilder wusste er Geschichten zu erzählen.

Mordechai konnte alle Bilder erklären, er wusste über die Osmanen Bescheid, die Briten, die Juden und die Araber.

Eines Tages war das Lokal nicht mehr da. Ein palästinensischer Selbstmordattentäter hatte sich an einem der Tische in die Luft gesprengt. Er hatte alles zerstört, die Stühle, die Bilder, die Gäste und den alten Mordechai mit seinen Geschichten. Die Hamas bekannte sich zu dem Anschlag. In Gaza war es damals schon üblich, die Straßen mit dem Porträt des Märtyrers zu plakatieren, dort feierte man einen Freudentag. Über meine Familie legte sich eine lähmende Starre.

Ich konnte damals nicht verstehen, was da geschehen war. Vor mir sah ich immer wieder die Bilder, die an den Wänden gehangen hatten. Erinnerte mich daran, dass mit ihnen ein Teil meines Jerusalem nicht mehr da war. Ich mochte auch keinen Grapefruitsaft mehr aus Dosen trinken, denn ich bekam Angst – richtige Angst –, dass die Dosen beim Öffnen explodieren könnten.

Erinnerung ist ein komisches Ding.

Irgendwann fragte ich meine Großmutter, ob wir jetzt alle Angst haben müssten. Wahrscheinlich hatte sie auch Angst, es gab ständig Anschläge in dieser Zeit.

Stattdessen sagte sie: »Nein.«

Und fügte später hinzu: »Wir bleiben einfach immer zusammen. Wenn wir in die Luft gehen, dann gehen wir alle zusammen in die Luft. Wir lassen keinen von uns alleine zurück.«

Seltsamerweise gab mir das Sicherheit.

Einige Jahre zuvor passierte etwas anderes. Wir saßen in einem Jerusalemer Taxi, es war immer noch recht warm für November, und wir fuhren irgendwohin. Ich saß mit meinem Vater vorne auf dem Beifahrersitz. Um Geld zu sparen, wurde ich als jünger ausgegeben, als ich tatsächlich war, damit ich bei jemandem auf dem Schoß sitzen konnte und wir so alle in ein Taxi passten. »Tu so, als wärst du noch ganz klein«, sagte man mir. »Und stell während der Fahrt keine klugen Fragen, die große Kinder stellen.«

Also saß ich auf dem Schoß meines Vaters, stellte keine Fragen, hörte Radio und zählte die hebräischen Wörter, die ich verstand. Irgendwann wurde der Beitrag wegen einer Eilmeldung unterbrochen. Der Taxifahrer verlangsamte seine Fahrt und drehte mit verstörtem Gesichtsausdruck das Radio lauter. Mein Großvater beugte sich im Rücksitz nach vorne, sein Gesicht verlor jeden Ausdruck.

»Was? Jitzchak Rabin wurde erschossen?«, fragte er ungläubig. »Von einem Juden?«

Es wurde ganz still im Auto.

Es wurde ganz still in der Stadt und später im ganzen Land.

Juri ist wieder an die Arbeit gegangen, und wir sprechen nicht weiter über den Vorfall. Jeder hängt in seinen eigenen Gedanken, jeder hat seine eigenen Erinnerungen, die im Alltag in Vergessenheit geraten. Dann plötzlich, beim Anblick von zerbrochenem Glas, einer zersplitterten Scheibe oder beim Geschmack von Grapefruitsaft in Dosen, kann es geschehen, dass man wieder daran denkt. An die Angst vor einem unnötigen Tod. Oder an den erschossenen Ministerpräsidenten.

Es ist Donnerstag, das Ende der Woche. Am späten Nachmittag fahre ich nach Hause, ziehe das schwarze Samtkleid von Denis an und schminke meine Lippen rot.

Dann treffe ich Aharon in der Central Bus Station und fahre mit ihm zusammen nach Jerusalem. Die Stadt ist in einen Dunst aus trübem Nieselregen getaucht, in den wir wie durch einen Vorhang eintreten, als wir aus dem Bus steigen. Wie immer verpassen wir die Straßenbahn und gehen zu Fuß.

Die orthodoxen Männer tragen einen transparenten Regenschutz über ihren Hüten, der diese schützen soll. Sie sind handgemacht, viele sind ein Vermögen wert, und es tut ihnen nicht gut, wenn sie nass werden.

Der Jaffa Street hingegen macht es nichts, im Gegenteil, sie ist vor Nässe ganz glänzend, als hätte man sie neu asphaltiert. Der Wind treibt den Regen und die Kälte vor sich her. Beim Gehen wärmen wir uns auf, teilen uns schweigend eine nasse Zigarette. Am Zionsplatz, nahe der Ben Yehuda Street, trennen wir uns wie gewohnt und jeder geht seines Weges.

Eilig koche ich das Essen im Club. Es gibt einen Stromausfall, ich brauche länger als erwartet und verpasse die halbe Stunde mit Abdallah. Ich rufe ihn an, aber sein Handy ist tot. Als ich mich auf den Weg zur Bar mache, hat der Regen stark zugenommen. Das Wasser läuft in Rinnsalen die Straße hinunter. Kaum jemand ist noch draußen unterwegs, es ist ein richtiges Jerusalemer Unwetter.

In der Bar ist Rafi dabei, die Kerzen auf den Tischen anzuzünden. Ansonsten ist es fast völlig dunkel, nur die rote Lampe am Eingang wirft ein zwielichtiges Licht in den höhlenartigen Raum.

»Rafi, die Leute draußen denken, wir sind ein Puff«, ermahne ich ihn. Er zuckt mit den Schultern und trinkt seinem Mokka.

»Ist mir egal. Sollen sie denken, was sie wollen.«

Rafi will es niemandem recht machen. Will niemandem gefallen. Er will seine rote Lampe anzünden, wie es ihm gefällt.

Ich ziehe meinen Mantel aus, und mein enges Kleid kommt darunter zum Vorschein.

»Du stehst ja nachher auch nicht im roten Schein, zapfst Bier und bekommst von den Amerikanern Telefonnummern auf Dollarscheinen, die du nicht willst«, sage ich grinsend.

Er streicht sich über seinen ergrauten Bart.

»Ist lange her«, murmelt er.

Er schaut in die Ferne auf etwas, das nur er sieht.

Dann mustert er mich von oben bis unten.

»Du siehst toll aus«, sagt er aufrichtig. »Abdallah war da und hat dir dein Huhn gebracht. Er sagt, morgen hört es auf zu regnen.«

Ich nicke. Abdallah hat immer recht, was das Wetter angeht. Er sagt, Beduinen lernen mit der Muttermilch, den Regen vorherzusagen.

Ich gehe nach oben, um die gespülten Gläser zu holen.

Als ich mit den Gläsern wieder hinunterkomme, freue ich mich darüber, dass wenigstens einer der Barhocker jetzt besetzt ist. »Wir haben Besuch«, sagt Rafi und schiebt unserem Freund und Stammgast eine Flasche Goldstar hinüber. Shlomo wird für eine Weile der einzige Gast in der Bar bleiben. Mit ihm fühlt sich das Zusammensein in der Bar nicht nach Arbeit an.

Eine Gruppe Jugendliche kommt herein. Sie drängen sich im Eingang zusammen und wollen mizrachische Karaoke-Songs singen. Rafi schmeißt sie unsanft wieder hinaus.

»So was singen wir hier nicht«, schimpft er. »Ihr könnt Songs von Shlomo Artzi singen oder von Arik Einstein. Gute *aschkenasische* Musik! Aber nicht dieses orientalische *Arsim*-Zeug.«

Shlomo, der so heißt wie Rafis Lieblingssänger, aber nach dem jüdischen König Salomon benannt ist, fängt schallend an zu lachen.

»Ein marokkanischer Jude, der keine mizrachischen Karaoke-Songs in seiner Bar duldet?« Er lacht immer lauter und hält sich dabei an seinem Bier fest. »Was bist du, ein Jecke?« Rafi schaut ihn beleidigt an.

Der Wind rüttelt an der dünnen Glastür, ein herrenloser Regenschirm fliegt laut scheppernd gegen die Scheibe. Rafi geht kopfschüttelnd hinaus, fängt den streunenden Schirm ein und wirft ihn in den Müll. »Draußen geht die Welt unter. Wahrscheinlich kommt heute überhaupt niemand mehr. Wenn, dann in Noahs Arche«, murmelt er, als er zurückkommt. »Dieses Wetter macht einen ja verrückt. Ich habe dir übrigens warme Socken gekauft«, sagt er an mich gewandt und deutet auf eine weiße Plastiktüte hinter der Bar. Rafis Fürsorge ist schroff und beständig.

Ich zapfe mir ein Bier, poliere Gläser und stelle mich zu Shlomo. Er zündet sich eine Zigarette an, die er hinter seinem

Ohr hervorzieht. Raucht eine nach der anderen. Gelegentlich reicht er sie mir, und ich nehme einen Zug. Eine Weile stehen wir schweigend da und trinken Bier.

Irgendwann bringe ich uns ein Stück von Abdallahs Huhn.

»Essen ist gut gegen die Kälte«, sagt Rafi. »Hoffentlich hat Abdallah es trocken und warm in dieser Nacht. Draußen in der Wüste ist es erbarmungslos, wenn es regnet.«

Kapitel 24 –
Jiddischkeit

»Den Orthodoxen macht der Schulchan Aruch (religiöses Regelwerk) vieles leichter, nur scheinbar schwerer: Er hat die fertige Antwort, hat die fertige Entscheidung; er weiß in jeder Stunde, was er tun soll und wie er es tun soll. Liberal zu sein, ist so viel schwerer.«

REFORM-RABBINER LEO BAECK (1873–1956)

Rafi passt sich an seine Gäste an, aber nur, wenn er will. Er kennt Trinksprüche auf sechsundzwanzig verschiedenen Sprachen, und wenn Shlomo da ist, benutzt er beiläufig auffällig viele jiddische Wörter, denn er mag Shlomo. Abdallah mag er auch.

»Die wissen sich zu benehmen«, sagt Rafi.

Shlomo bemerkt das wohl. Er aber hat sein Jiddisch abgelegt, zusammen mit seiner Kippa, seinen Pejes und seiner Vergangenheit. Shlomo schert sich nicht mehr um die *Kashrut*. Vor zehn Jahren packte er seine Zahnbürste, einen Pullover und seine Tefillin in seinen Rucksack und machte sich auf den Weg nach irgendwohin. Weit fort von seiner Familie, die er in einem Ort namens Hazor HaGlilit nahe der Stadt Safed in Galiläa zurückließ. Seitdem kommt er oft zu uns in die Bar.

Shlomo erinnert sich heute nicht mehr daran, ob er dreizehn

oder vierzehn Geschwister hat. Er war der älteste Sohn seiner chassidischen Eltern, und sie drängten auf seine Heirat, damit auch der zweitälteste Sohn heiraten konnte. Mit neunzehn hatte er schon ein ganzes Jahr vertrödelt, in dem er eine Familie hätte gründen können.

Er trödelte, denn er wollte nicht heiraten.

Shlomo sah nie das richtige Haar seiner Mutter.

Er sah wohl ihre Sheitel oder die Tücher, die sie darübertrug. Aber er sah niemals ihr echtes Haar. Er wusste nicht, von welcher Farbe es war, nicht, wie ihm ihr Gesicht mit ihrem echten Haar gefallen würde, nicht, wie sie es gern getragen hätte.

Und er wusste lange nicht, dass es Frauen gab, die nur ihr echtes Haar trugen. Das hatte ihm niemand gesagt, denn über so etwas spricht man unter Chassidim nicht. Er hatte auch niemals darüber nachgedacht, bis zu dem Tag, an dem er es *sah*.

Unreine Gedanken zogen in seinen Kopf. Er dachte über Frauen mit vollem, langem, echtem Haar nach, das jeder sehen konnte, das auf der Straße süß duftend in sein Gesicht wehte und das in der Sonne glänzte.

Shlomo dachte darüber nach, wie es wäre, Kinder zu haben, die mit dem echten Haar ihrer Mutter spielten. In seinen Träumen berührte er das Haar einer Frau und hörte sich zu ihr sagen: Das ist dein. Das ist das Haar, das zu dir gehört.

Shlomo wollte Söhne, die wussten, wie eine Frau mit echtem Haar aussieht. Und Töchter, die sich nicht unter fremdem Haar verbargen. Alle Jungen, mit denen er zur Yeshiva ging, sahen das Haar ihrer Mütter nicht. Nichts Ungewöhnliches unter Frommen.

Als er fortging, wusste er, er würde seine Mutter vielleicht nie wiedersehen. Nicht ihr Haar, nicht ihre Perücken, nicht ihr Gesicht. Vielleicht nie mehr den Klang ihrer Stimme hören.

Knapp dreitausend chassidische Juden leben heute in Hazor HaGlilit. Sie gehören der *Ger*-Dynastie an, und sie kamen aus Polen. Im Holocaust wurden fast alle ermordet, über hunderttausend Mitglieder.

Shlomo erinnert sich, dass seine Urgroßeltern in Auschwitz waren. Er erinnert sich sonst kaum an ein Detail über sie, außer dass sie eine Nummer auf dem Arm trugen. Darüber gesprochen haben sie nicht. Die Nummer hob sie hervor in einer Gemeinschaft, in der alle dieselbe Kleidung trugen, alle denselben Ritualen nachgingen und alle dieselben Dinge dachten.

Shlomos Urgroßeltern waren fromme Juden. Sie wurden in fromme Familien geboren, die ihrerseits in fromme Familien geboren wurden. Ihr Glaube überdauerte die Shoah, und sie übten ihre ganz eigene Revanche an Hitler, indem sie heirateten, Familien gründeten und Kinder zeugten, viele Kinder, die sie ihrerseits wieder fromm erzogen und ihnen sagten: Wir müssen mehr werden! So viele sind von uns gestorben, so viele sind nie geboren worden. Wir müssen mehr werden, es ist unsere Pflicht!

Shlomos Eltern suchten seine Braut aus. Achtzehnjährig und aus einer guten Familie. In einem Zimmer mit geöffneter Tür hätten sie sich kennenlernen sollen, eine halbe Stunde lang. Dann hätten sie Ja sagen können.

Sie hätten auch Nein sagen können.

Aber wer sagt schon Nein, wenn die Familie der Ausgewählten bereits mit Kuchen auf dem Weg ist.

Shlomo wollte keine von ihren Frauen. Er wollte nicht mehr einer von ihnen sein.

Er wollte auch keine Revanche an Hitler.

Als er sechzehn war, fuhr er zusammen mit anderen Söhnen chassidischer Familien in die Ukraine. Sie gingen nach Uman zum Grab von Rabbi Nachman, wie die Frommen es tun. Seine Eltern ließen ihn ziehen wie die anderen Eltern ihre Söhne, denn sie waren in dem Wissen, er fahre zum Beten, für die chassidische Erfahrung, für die Nähe zu G'tt.

Shlomo aber wollte nicht beten.

Er wollte fort.

Die Tage verbrachte er in der Synagoge, hing seinen unruhigen Gedanken nach, abends ging er alleine spazieren und trank Wein mit anderen Chassidim im Sofijiwka-Park. Ihre jugendliche Männlichkeit ließ sich nicht mehr zurückhalten, hier außerhalb der religiösen Fundamente ihrer Gesellschaft, weit fort von den Augen der Väter und Rabbiner und weit fort von der Sorge der Mütter, die so fromm waren, dass sie sich das Haar rasierten, mit einer Perücke bedeckten und ein Kind nach dem anderen gebaren, bis ihre schlanken Körper ganz ausgezehrt waren.

Im Park traf Shlomo ein Mädchen, die anderen trafen sich auch mit Mädchen. Heimlich trafen sie sich, aber im Park wusste jeder davon.

Sie war ganz schön, ganz liebreizend, ganz zutraulich.

Und sie war eine *Shickse.*

Er hatte ein klein wenig Geld. Davon kaufte er ihr ein Tretboot, nur für eine Stunde. Das gefiel ihr, und auf dem See spreizte sie die Beine für ihn. Zeigte ihm, dass dazwischen etwas war, das zu ihm passte, wie ein Gegenstück zu seinem Körper, den er schamhaft erkundet hatte und der ihm immer weniger gehorchte, jetzt, wo alles zum Greifen nah war.

Er hatte nichts davon gewusst. Er hatte nicht gewusst, dass Frauen nicht das haben, was er selbst hat, so etwas erfahren streng Orthodoxe erst kurz vor der Hochzeitsnacht.

Er sah sie an, sah ihr Gegenstück zu seinem. Er wusste nicht, dass es so schön sein konnte.

Sie ließ ihn damit spielen.

Sie ließ ihn hinein.

Sie schaute auf ihn hinab wie eine Lehrerin, und er gab sich ihr hin.

Als sie fertig war, streckte sie ihre feine weiße Hand aus, denn sie wollte ihre Bezahlung. Das Tretboot wollte sie nicht.

Er verstand sie nicht.

Er verstand diese Welt außerhalb der seinen nicht. Fand sie abstoßend.

Er wusste auch, für die alte Welt war es zu spät.

Shlomo hat seither viele Frauen gehabt. Verliebt hat er sich nie. Er sagt, er weiß nicht, was das ist.

Einmal war er mit einer im Kino verabredet. Sie kam nicht, sie hatte sich zuvor umgebracht.

»Man muss das verstehen«, sagte er. Sie war auch eine von ihnen gewesen. »Jeder kann seinen Weg selbst wählen.«

Er zuckte mit den Schultern. Später hat er dann doch geweint.

Die Zeitungen schrieben darüber.

»Die Orthodoxen«, schrieben sie. »Die Frommen. Die Gottesfürchtigen. Man muss sie vor sich selbst schützen. Sonst fürchten sich ihre eigenen Kinder vor ihnen.«

Shlomo sagt, ihre Eltern haben sie geliebt. Sie hat sich nicht vor ihnen gefürchtet.

Sie hat sich gefürchtet, ihnen nicht gerecht zu werden. G'tt nicht gerecht zu werden.

Das hat sie nicht ausgehalten.

Ein Bierglas gleitet Rafi aus der Hand, es fällt mit lautem Klirren zu Boden, zerspringt dort in hundert kleine Teile.

»Oy Gevalt!«, schimpft er auf Jiddisch und reißt die Augen auf.

»Scheiße«, murmelt Shlomo. Er mag kein Jiddisch mehr sprechen, auch wenn Rafi sich bemüht, ihm damit ein Zuhause zu geben.

Ich sammle die Scherben auf, er hilft mir dabei. Eine Scherbe schneidet in meine Hand, ein bisschen rotes Blut bleibt daran kleben.

Shlomo hat Marx gelesen. Das erste Buch, das er las, das nicht *Talmud, Thora* oder *Mischna* war, hieß: *Das kommunistische Manifest.*

Shlomo wusste nicht, wie es war, andere Bücher zu lesen.

Mit seinem Rucksack, seiner Zahnbürste, seinem Pullover und seinen Tefillin fuhr er nach Jerusalem in den Buchladen von Herrn Alterman. Dort gab es gebrauchte Bücher und ein Sofa vor dem Fenster. Auf dem Sofa konnte man sitzen und in den Büchern lesen.

Er blieb den ganzen Tag. Am Abend kam Herr Alterman zu ihm und fragte: »Du bist ein Chassid, der sein Zuhause verlassen hat, richtig? Und jetzt hast du keinen Ort zum Schlafen.«

Shlomo blieb die ganze Nacht auf dem Sofa.

Am nächsten Tag ging er zum Barbier. Der Barbier schüttelte den Kopf.

»Das kann ich nicht tun«, sagte er entschieden. »Hast du auch gut genug darüber nachgedacht?«

Shlomo hatte gut genug darüber nachgedacht.

»Ich kann es aber nicht tun«, sagte der Barbier.

Shlomo zuckte mit den Schultern.

»Dann gehe ich eben woanders hin. Es gibt genug Barbiere

in der Stadt. Wenn mir keiner den Bart und die Pejes abnimmt, dann gehe ich zu einem Araber.«

Der Barbier schnitt ihm Bart und Schläfenlocken ab, und Shlomo setzte sich auf der Jaffa Street auf eine Bank, rauchte eine Zigarette und weinte innerlich, denn äußerlich hatte er keine Tränen. Er weinte vor Einsamkeit, Furcht und vor Erleichterung.

Nachts schlief er bei Herrn Alterman auf dem Sofa und las in den Büchern. Marx, Kafka, Thomas Mann.

»Ich weiß, dass ich ein Jude bin«, sagt er heute. »Sie denken wie ich. Sie denken, wie ich denken will. Ich bin noch immer Jude. Ein chassidischer Atheist.«

Fast drei Monate lang las er jede Nacht ihre Bücher. Dann sagte Herr Alterman: »Du hast genug gelesen. Du weißt, wie man es anstellen kann, allein.«. Dann suchte er ihm ein Zimmer in der großen Stadt.

Wenn Shlomo sich heute erinnern will, dann singt er.

Er will sich nur selten erinnern.

An das Essen seiner Mutter, an die Lieder an Shabbat. Das waren die schönen Dinge. Das nennt er seine *Jiddischkeit.* Dann überlegt er, wie ihr Haar wohl heute aussehen würde.

In der Bar singt er manchmal Karaoke, er schließt die Augen dabei. Er klingt wie ein Kantor, selbst wenn er Britney Spears singt. Alle schauen zu ihm auf.

»Früher war Religion mein Opium«, sagt er und baut sich einen Joint. »Heute ist Opium mein Opium. Oder was auch immer.«

Still bläst er Rauch in den Raum.

Dann geht er auf die kleine Holzbühne, die nur aus einer einzigen Stufe besteht, nimmt das Mikrofon und singt *Wicked*

Game von Chris Isaak. Immer singt er dieses Lied, vielleicht fühlt er sich darin verstanden, denn er weiß, dass auch ihn niemand retten kann.

The world was on fire and no one could save me but you.
It's strange what desire will make foolish people do.

singt er.

Rafi poliert Gläser und hört ihm anerkennend zu. Ich sitze nur da und höre ihm zu.

Er winkt ab, als er von der Bühne kommt.

»Ich bin okay. Ich glaube, ich bin okay.«

Kapitel 25 –
Der Veteran

> *»Ich war Soldat. Ich bin hingegangen als freiwilliger Soldat. Das war 1948. Und es hat sich ergeben, dass ich als Kriegsinvalide entlassen wurde. Natürlich, du musst fragen, welcher Krieg das war. Das war der erste, 1948. Das war der Unabhängigkeitskrieg. Nachher waren so viele Kriege, tatsächlich, dass man fragen muss, welcher Krieg war das? Ja, es war der erste. Die anderen nachher habe ich nicht mehr mitgemacht, weil ich ja Invalide war.«*
>
> AUS DEN ERZÄHLUNGEN VON GROSSVATER MOSHE

Nach der Schicht in Rafis Bar mache ich mich auf den Weg in den Club. Der Regen hat nachgelassen, ich will mich beim Tanzen aufwärmen. Shlomo begleitet mich, er ist ein Einzelgänger, aber manchmal leistet er mir etwas Gesellschaft, um dann schließlich grußlos in der Menge zu verschwinden. Wir mischen wir uns unter die Feiernden, schon nach kurzer Zeit habe ich ihn aus den Augen verloren. Ich weiß, er wird irgendwann wieder auftauchen.

Ich bin außer Atem vom Tanzen, high von der wogenden Menge, die im selben Rhythmus atmet wie ich. Die Erschöpfung habe ich weggetanzt. Die müden Beine spüre ich nicht mehr und auch nicht den blutigen Schnitt in meiner Hand. Ich weiß nicht, was ich stattdessen spüre. Alles ist wie betäubt.

Ich fühle mich schön und frei, ein wenig übermütig. Der Samt auf meiner Haut gehört zu mir, hat sich mit mir verbunden. Ich bin unter dem Samt, ich bin jetzt sein warmer, leerer Inhalt. Er hält von außen alles zusammen.

Ich genieße es, mit mir allein zu sein. Die anderen, die Männer sind da, sie schauen, ich spüre ihre Blicke auf mir, auf dem Samt. Aber sie sind mir doch fern. Und ich brauche sie nicht. Alle hier sind betäubt, solange es dunkel ist. Es ist ganz gleich, wovon. Tanzen, um das Nachdenken abzulegen, Bier und Rauch in der Luft. Eine gewöhnliche Eskalation, ein gewählter Exzess. Tagsüber die Arbeit. Dann Rastlosigkeit. Gedankenlosigkeit. Unruhe. Weiter und irgendwo anders hin. Nachts eine Pause.

Die Lichteffekte im Club blitzen kurz auf, im schnellen Schein erkenne ich einen einsamen Trinker an der Bar. Es wird wieder dunkel. Noch einmal hell. Ich sehe, dass er Idos Gehstock in die Hand genommen hat. Er dreht ihn und schaut ihn an, und es wird erneut dunkel.

Ich gehe hinüber und stütze mich mit den Unterarmen auf das Holz. Will mich kurz ausruhen. Er stellt den Stock zurück an den Platz, wo er vorher lehnte, und schaut zu mir herüber. Ich spüre eine Hitze in seinem Blick, als er mich ansieht.

Groß wie ein Baum ist er, schaut von oben auf mich herab. Sein halbes Gesicht ist von einem dunklen Bart bedeckt, das Haar ist fast schwarz und lockig. Er trägt ein dunkles T-Shirt, das einen muskulösen Oberarm freilässt, und eine dunkle Cordhose mit einem dunklen Ledergürtel. Vielleicht hat er auch etwas Helles an sich, ich kann es aber im Dämmerlicht des Clubs nicht finden.

»Du bist ziemlich schön«, sagt er ohne Einleitung.

Er lächelt nicht. Schaut mich einfach an.

»Danke«, sage ich und schaue zurück. Der Samt hat mich aufmüpfig gemacht.

Er sagt nichts weiter und wendet seinen Blick wieder von mir ab. Ich spüre, wie meine Unruhe zurückkehrt.

»Willst du tanzen?«, frage ich ihn. Eine Unterhaltung kann ich jetzt nicht gebrauchen.

»Nein«, sagt er schlicht.

Er dreht sich wieder in Richtung der Bar und wartet darauf, dass Ido auf ihn aufmerksam wird. Dann bestellt er einen Gin.

»Was trinkst du?«, fragt er mich.

»Arak.«

Er bestellt noch einen Arak.

Ido zieht eine Augenbraue nach oben und wirft mir einen kurzen Blick zu. Zögernd schenkt er uns ein und der dunkel Gekleidete stößt sein Glas gegen meines, ohne mich anzusehen. Ich höre kein Klirren, alles ist laut um uns, und das leise Geräusch wird einfach verschluckt. Man kann nur sehen, dass die Gläser aneinanderschlagen, und annehmen, dass es dabei ein Geräusch gibt. Es fühlt sich an, als würde irgendetwas fehlen.

Er legt den Kopf nach hinten und kippt den Gin in sich hinein. Ich trinke meinen Arak in drei kurzen Schlucken.

»Noch mal das Gleiche«, höre ich seine Stimme neben mir. Sie ist ebenfalls dunkel.

Ido füllt den Gin nach und holt den Arak wieder aus dem Regal. Ich genieße das Brennen des zweiten Glases in meiner Kehle. Will, dass es mir langsam die Sinne raubt.

»Warum willst du nicht tanzen?«, frage ich und drehe mich in seine Richtung, da einer von der anderen Seite meinem Samtkleid unangenehm nahe kommt. Er schaut in sein Glas. »Weil ich nicht will. Ich will einfach hier sein und trinken.«

Kurz schaut er auf. »Mit dir«, fügt er hinzu.

Ido verdreht die Augen.

Im Blick des dunkel Gekleideten liegt eine scheue Ehrlichkeit. Er will mutig sein und ist es auch, denke ich.

Ido sieht nicht, was ich sehe, und wendet sich unwillig einem anderen Gast zu.

Ich drehe mich mit dem Rücken zur Bar und schaue in die tanzende Menge. Ich weiß, er wird es mir gleichtun, und er tut es auch.

Beim Drehen stützt er sich mit dem mir zugewandten Arm ab, macht einen Schritt mehr als notwendig. Eine Weile stehen wir so. Sein Arm berührt meine Schulter.

Er bestellt noch einen Gin und einen Arak, indem er zu Ido hinübernickt und den Zeige- und Mittelfinger der rechten Hand nach oben streckt. Dann stehen wir wieder Arm an Schulter. Trinken und atmen den Rauch. Spüren die Bässe peitschen wie Stromschläge, vom wummernden Boden durch unsere Körper hindurch bis in den Kopf, und von dort wieder zurück in den Boden. Ein monotoner Kreislauf.

Ich habe flüchtig bemerkt, dass seine linke Seite anders aussieht als die rechte. Die linke Schulter ist schmaler als die andere, die Muskeln am Oberarm sind stark atrophiert. Die, die mich jetzt berührt, fühlt sich nicht lebendig an. Nicht, als würde sie zu einem atmenden Körper gehören.

»Komm mit mir nach Hause«, sagt er plötzlich in den Lärm hinein.

Ich fühle meinen Körper von innen pulsieren. Der Alkohol dringt in alle Ecken und Winkel, und alles verbindet sich miteinander. Es gibt jetzt keinen Grund, damit aufzuhören.

Ich schaue ihn von der Seite an und sehe seine Ruhe.

»Ich heiße Amit«, sagt er. Seine Brust hebt und senkt sich in gelassenen Bahnen, seine Bewegungen wandern kontrolliert und langsam durch den Raum. Der Reiz des Unbekannten liegt plötzlich in der Luft.

Meine Jacke liegt hinter der Bar, und ich gehe, um sie zu holen. Ido schaut mich ungläubig an, greift mich dann sanft am Arm und zieht mich etwas näher an sich heran.

»Du gehst jetzt wirklich mit dem nach Hause?« Er muss fast schreien, um den Lärm um uns herum zu übertönen. »Wenn dir deine Seele etwas wert ist, dann denkst du noch einmal darüber nach. Du glaubst, du bist so wie er. Aber das bist du nicht. Du ziehst nur die Verrückten an wie das Licht die Motten.«

Er verstummt und lässt meinen Arm los. Um uns ist es hektisch und laut wie im Maschinenraum eines Schiffes.

»Weißt du das genau?«, brülle ich gegen den Krach zurück.

Resigniert zuckt er mit den Schultern. Ich streichle ihm flüchtig über die Wange und nehme meine Jacke.

Ich finde Amit in der gleichen Position an die Bar gelehnt, als ich zurückkehre. Er sieht mich und setzt sich steif in Bewegung. Als er die ersten Schritte geht, bemerke ich, dass er sein linkes Bein leicht nachzieht. Man merkt es kaum, und doch stört es den Rhythmus der Gewohnheit.

Wir gehen die Treppe nach oben, treten von der verrauchten Dunkelheit des Clubs in die klare Dunkelheit draußen.

Ich weiß nicht, wo er wohnt, ich weiß nichts über ihn.

»*Nachlaot*«, sagt er knapp, als wir draußen stehen, als hätte er meine Gedanken erraten. Schweigend gehen wir nebeneinanderher durch die leeren Straßen in Richtung Westteil der Stadt.

Der Samt reibt sich warm an meiner Haut, die kühle, saubere Luft strömt in meine Lungen, und ich atme sie frei vom Dunst im Club. Mein Geist wird wieder klarer. Der Rauch bleibt auf dem Weg zurück, mit jedem Schritt entfernen wir uns weiter von ihm.

Als wir schließlich vor einem alten sandfarbenen Haus stehen bleiben, bin ich schon wieder vollkommen nüchtern. Er sucht in seiner Hosentasche nach dem Schlüssel und lehnt sich dabei an die Hauswand. Er scheint nicht stabil zu stehen, wenn er mit etwas beschäftigt ist. Kurz schaut er mich an. Dann steckt er den Schlüssel ins Schloss.

Wir gehen durch das Treppenhaus, in dem viel Gerümpel liegt, in die oberste Etage, bis ganz unters Dach. Durch die unverglasten Fensteröffnungen dringt der kühle Nachtwind herein.

Amit betätigt den Lichtschalter neben der Tür, meine Augen brauchen einige Momente, um sich an die neuen Farben zu gewöhnen. Steif wie ein Zinnsoldat tritt er in die Wohnung.

Überraschenderweise ist sie sehr viel heller als er, und mein Blick fällt zuerst auf ein hübsches handgezimmertes Holzregal, auf dem Pflanzen in terrakottafarbenen Töpfen stehen. Vor dem Sofa dahinter steht ein niedriger Holztisch, auf dem ein kleiner goldfarbener Buddha thront, dessen Kopf von einem Räucherstäbchen durchbohrt ist. Daneben liegt ein Aschenbecher mit einem halb angerauchten Joint.

Über einem wintergartenähnlichen Balkon hängt eine kleine Laterne mit silbernen Beschlägen und Seitenfenstern aus buntem Glas. Sie reflektiert durch ihre verschiedenfarbigen Kammern das Licht an die Wände, wo es durch den leichten Luftstoß bunt tanzende Figuren malt. Zwischen dem Wintergarten und dem großen Zimmer steht ein weiteres Regal. Es ist aus schönem Holz gebaut und scheint sorgfältig verarbeitet. Auf den Brettern stehen viele Bücher und einige Figuren aus Messing. Ganz oben sehe ich ein kleines gerahmtes Foto. Eine schwarzhaarige Frau ist darauf, die mit strahlend weißen Zähnen in die Kamera lächelt. Um den Hals, der von einem dünnen schwarzen Rollkragenpullover bedeckt ist, trägt sie einen winzig kleinen goldenen Davidstern. Tausend kleine Lachfältchen umspielen ihre dunklen Augen, die ebenso strahlen wie ihre breiten Lippen. Sie wird von einem jungen Mann in Soldatenuniform im Arm gehalten, er überragt sie um ein ganzes Stück. Zwei breite, kräftige Schultern umrahmen die schöne Frau.

Amit kommt mit einer Flasche Wein und zwei Gläsern zurück aus der Küche.

»Hast du das selbst gebaut?«, frage ich und streiche mit der Hand über das Holz.

Er starrt für einen Moment auf das Regal, als müsste er sich vergewissern. Dann nickt er. »Ja, früher.« Er schenkt roten Wein in die Gläser.

»Ist die Frau auf dem Foto deine Mutter?«

Mit irritiertem Blick schaut er mich an und lässt das Glas sinken.

»Bist du zum Quatschen gekommen?«, fragt er unwillig.

Ich atme langsam aus und überlege.

»Vielleicht.«

Ich schaue ihn an. Er steht schief da. Die rechte Schulter ragt muskulös neben ihm auf. Die linke hängt kraftlos herunter. Sie zwingt seinen ganzen Körper in eine Asymmetrie.

Für einen Moment hält er meinem Blick stand. Dann wendet er sich ab und setzt sich mit seinem Glas auf das Sofa.

Ich gehe hinüber und setze mich neben ihn. Berühre vorsichtig mit meiner Hand sein Knie. Von irgendwo weht Musik zu uns herüber, eine Frauenstimme singt eine Art Mantra, eine monoton klagende Melodie. Immer wieder das gleiche Motiv. Ansonsten ist es still.

Er erwidert meine Berührung nicht. Entzündet stattdessen den halben Joint aus dem Aschenbecher, nimmt einen langen Zug und lehnt seinen Kopf an die kühle Wand hinter uns. Er atmet zur Decke hin aus. Für einen Moment ist alles von dichtem weißem Rauch bedeckt. Die Farben der bunten Lampe verschwimmen ineinander, lassen sich nicht mehr voneinander abgrenzen. Dann wird die Luft wieder klar. Die Musik ist verstummt.

»Ich möchte dich gerne nackt sehen«, sagt er in die Stille hinein.

Ich trinke den Wein, der samtig weich in mich hineinfließt. Irgendwann stehe ich auf, gehe ein paar Schritte und berühre mit der Hand das Windspiel, das auf der anderen Seite des Wintergartens von der Decke hängt. Es ist aus Bambusrohren gefertigt und macht einen hölzern melodischen Klang. Schön sieht es aus, wie es sich in gleichmäßigen Wellen in der Luft hin und her wiegt. Das Holz ist ganz leicht, ohne jede Last.

Langsam steht auch er auf, erhebt sich schwerfällig aus dem Polster, ich höre seine Schritte in meine Richtung kommen. Dann steht er hinter mir. Ganz dicht. Ich spüre seine Hände auf meinen Schultern. Sie sind schwer und voll. Er kommt noch näher an mich heran, drängt sich an mich, ich spüre, dass er in meinem Rücken ganz hart wird. Seine Hände fahren über mein Kleid. An den Armen herunter, über den Rücken wieder hinauf, hoch über meinen Nacken in mein Haar. Die rechte Hand führt, die linke folgt. Wie eine Marionette.

Dann bewegt sich die Rechte hinunter zu den feinen Samtknöpfen, die den Stoff am Rücken zusammenhalten. Schwerfällig nestelt sie eine Weile daran herum, doch sie erreicht nichts.

Schließlich gibt sie sich geschlagen und greift mich hart an der Hüfte. Der weiche Samt mit meinem Fleisch darunter zieht sich im Schmerz zusammen.

»Du tust mir weh«, sage ich leise.

»Ich weiß«, erwidert er und lässt von mir ab.

Ich drehe mich zu ihm um.

»Gehorchen dir die Knöpfe nicht?«

Ich stehe jetzt ganz nah vor seinem Körper. Rot, grün, blau leuchtet er im Schein der Lampe.

»Nein«, sagt er.

»Dafür kann ich nichts«, flüstere ich in sein Gesicht.

In kalter Wut steht er da. Er ist ohne jede Regung. Nur die Farben in seinem Gesicht wechseln sich schweigend ab.

»Weißt du«, sagt er plötzlich laut in die Stille, »ich war Soldat in einer Eliteeinheit. Konnte eine M16 mit verbundenen Augen auseinandernehmen und wieder zusammensetzen. Aber diese Knöpfe kriege ich nicht auf.«

Sein Bart kratzt scharf über die Innenfläche meiner Hand, als ich sein Gesicht berühre. Er lässt mich gewähren und zieht sich mit der rechten Hand das T-Shirt über den Kopf. Dann streift er es über den hängenden linken Arm und lässt es zu Boden gleiten. Mit der Hand fährt er über ein Datum, das in seine Haut gestochen ist, direkt über dem Herzen: 6. Januar 2009.

»Das auf dem Foto, das bin nicht ich«, sagt er und zeigt zum Holzregal. »Das ist mein älterer Bruder, der so aussah wie ich. Er war in der Golani-Brigade. Die Operation Gegossenes Blei hat ihn umgebracht.«

Einen Monat vor dem 6. Januar 2009 sagte mein Großvater: »Wir fliegen dieses Jahr nicht nach Israel. Es wird bald einen Krieg geben. Jetzt ist keine gute Zeit.«

Dann gab es einen Krieg.

»Weißt du, was *friendly fire* ist?«, unterbricht Amit meinen Gedanken. »Mein Bruder war in einem Gebäude, das von einem israelischen Panzer beschossen wurde. Er wurde von seinen eigenen Leuten erschossen. Weil die nicht wussten, dass da Soldaten drin waren. Friendly fire. Ist das nicht bescheuert?«

Es ist das erste Mal, dass ich ihn so viele Worte am Stück sagen höre. Sie scheinen ihn zu erschöpfen.

Der Joint ist aufgeraucht. Mit Daumen und Zeigefinger drückt er den Stumpf aus, zerquetscht ihn mit der rauen Kraft seiner gesunden Hand am Boden des Aschenbechers, bis seine Glut erlischt.

»Meine Mutter wollte sich danach umbringen. Hat die Nächte durchgeheult. Jetzt hat sie Brustkrebs. Vielleicht wird das sie umbringen.«

Ich schaue ihn an, und ich spüre eine seltsame Zuneigung. Mein Blick geht über sein Gesicht, in dem so viel Wut ist, über seinen muskulösen Hals hinunter auf seinen Arm, der taub an der Seite hängt.

»Und du?« Ich berühre ihn sanft.

Er wendet sich unwirsch von mir ab.

»Panzergranate«, erwidert er gleichgültig. »Hätte schlimmer ausgehen können. Der Nerv ist kaputt. Das Bein auch. Das wird auch nicht mehr.«

Der Rauch steht über uns und sucht nach einem Ausweg aus dem Zimmer, er dreht sich im Kreis. Ich höre nur noch Amits Atem in der Stille neben mir.

Langsam wende ich mich ihm zu. Öffne die Knöpfe an meinem Rücken. Lasse ihn den Rest erledigen. Der Samt fällt zu Boden, bleibt dort reglos liegen und stellt sich tot. Amit starrt stumm auf meinen Körper. Ich nehme seine kaputte Hand und fahre damit über meine Haut. Ich spüre, dass seine Aufmerksamkeit nun wieder mir gilt. Reglos steht er da, seine Hand macht, was ich will. Sie folgt und gehorcht meiner Führung.

»Tut es noch weh?«, frage ich ihn leise. Er schüttelt den Kopf.

»Es tut schon lange nichts mehr weh.«

Plötzlich stößt er mich auf das Sofa. Mein Körper kann dem überraschenden Angriff nicht standhalten, fällt unelegant hin. Er versucht, sich aus seiner Hose zu winden, doch es gelingt ihm nicht. Sein gesundes Bein scheint kräftig und muskulös zu sein wie sein rechter Arm. Das kaputte Bein wird von einer Schiene gestützt. Steif und tot kommt es mir nah, schlägt hart gegen mein Knie.

Ich weiß, dass ich körperlich unterlegen bin, auch wenn seine Kraft begrenzt ist. Er ist nun über mir, sein Blick fällt auf mich herunter. Ich versuche ihn von mir zu schieben und spüre sogleich den festen Griff an meinem Arm, meiner Brust und schließlich um meinen Hals. Er ist nicht fragend, ist nicht einmal verlangend oder fordernd. Er tut mir weh. Und ist ohne Ziel.

Die rechte Hand schließt sich um meine Kehle, einen Atemzug, zwei Atemzüge, einen dritten Atemzug lang lässt er mich nicht mehr Luft holen. Dann lockert er seinen Griff, ich atme gierig tief ein und aus, und er umfasst mich erneut. Es ist ein Spiel mit ungewissem Ausgang. Ich spüre Adrenalin in meinen Adern und wilden Herzschlag in meiner Brust.

Er küsst mich nicht, bewegt sich nicht, liebkost mich nicht. Ich suche nach einem Ausdruck in seinem Gesicht und finde nichts. Ich würde sein Gesicht nicht wiedererkennen, würde es mir auf der Straße begegnen. Obgleich es so schön ist.

Er könnte mich umbringen. Mich erwürgen. Ich würde zurückbleiben auf dem Sofa, kalt und starr wie sein totes Bein, und sein Spiel wäre vorbei.

»Macht dir das Angst?«, fragt er plötzlich, als hätte er erneut meine Gedanken erraten.

Ich sage nichts. Will ihm *seine* Angst nicht nehmen. Er soll sie haben, wenn er sie spürt. Ich liege jetzt ganz still. Lasse die Arme an meinem Körper ruhen, ohne sie gegen ihn zur Wehr zu setzen. Zwinge mein Herz zur Ruhe. Ich kann lange aushalten, ohne zu atmen. Er wird seines Kampfes müde werden, bevor mir der Atem versiegt. Der Atem wird nicht aufhören.

Nein, ich habe keine Angst.

Auf einer Autobahnraststätte traf ich im Sommer eine ukrainische Tramperin. Sie hatte ihr blondes Haar ganz kurz geschnitten. Die schönen blauen Augen wurden ganz groß, als sie mich sah, und die vollen roten Lippen sprachen zu mir als Frau.

»Wenn einer über dich herfällt, und du ihm nicht entkommen kannst, dann sollst du ganz still liegen. Wie wenn man schiffbrüchig wird, weißt du? Wenn man nicht ruhig bleibt, dann ertrinkt man, weil der Körper bald keine Kraft mehr hat. Du lässt ihn das nehmen, was er will. Er kann sich nur deinen Körper nehmen, nicht dein Inneres. Du brauchst keine Angst zu haben.«

Ich liege ganz still. Schaue ihm in die Augen. Er wird mich nicht umbringen, während ich ihm ruhig in die Augen schaue. Ich weiß, das wird er nicht tun.

Er wird müde, bevor ich es bin. Ich spüre keine Erektion mehr an seinem Körper. Keine Kraft und keinen Willen. Schließlich lässt er von mir ab. Erschöpft rollt er von mir herunter, legt sich auf die Seite, atmet unruhig.

Mein Körper ringt nach Luft. Das Adrenalin in mir wandelt sich in Kraft und Triumph, fast schon eine Art Übermut.

Ich bin lebendig, ich bin ganz unversehrt. Er hat mich nicht besiegt. Habe ich ihn besiegt?

»Warum machst du das?«, frage ich nach einer Weile.

Sein Atem sucht noch nach Kontrolle.

Ich nehme wieder wahr, was um mich herum geschieht. Kühl ist es geworden. Das Windspiel macht leise, verhaltene Töne. Es verhöhnt meine Gedanken in seiner ruhigen Monotonie. Ein blaues Rechteck aus Licht fliegt über meinen Körper. Es zieht über das linke Bein hinauf, über den Schoß, den Bauch zur Brust. Dort entzieht es sich meinem Blickfeld. Ein grünes folgt ihm, dann ein rotes.

Er liegt einfach so da, nur mit diesem Datum bekleidet.

Er ist schon lange nicht mehr bei mir, starrt an die Decke über uns. Irgendwann formt er seinen Mund zu einem Ausdruck und verwirft ihn sogleich wieder. Schließlich steht er auf und geht. Mit einer bunten Decke kommt er zurück, legt sie sorgfältig über mich. Fast schon pedantisch genau deckt er alles zu, versteckt alles darunter. Er deckt mich zu wie ein Vater sein Kind.

Dann setzt er sich neben mich, schaut nach draußen in die Dunkelheit. Mit der rechten Hand hält er die linke, damit sie ihm nicht entgleitet.

»Weil ich wissen will, ob ich lebe«, sagt er leise, und es klingt, als hätte er es nun verstanden.

Kapitel 26 –
Miss Holocaust Survivor und die Tauben von Bethlehem

»Die 93-jährige Tova Ringer ist in Israel zur Siegerin des Schönheitswettbewerbs ›Miss Holocaust Survivor‹ gekürt worden. […] Ringer habe ihre Eltern und andere Angehörige im Konzentrationslager Auschwitz verloren. Sie selbst sei bis Kriegsende in einem Arbeitslager gewesen. Die Siegerin der ungewöhnlichen Miss-Wahl hat zwei Söhne, fünf Enkel und elf Urenkel. Sie spielt gerne Rommé und Bridge, macht Gymnastik und geht jeden Tag mindestens zwei Kilometer zu Fuß. Ringer wünscht sich mehr Respekt für Überlebende wie sie selbst. ›Viele Menschen verstehen nicht, wie furchtbar die Dinge waren, die während des Holocaust passiert sind‹, sagt sie. ›Es gibt Leute, die glauben, Holocaust-Überlebende seien nicht ganz normal und dass sie übertreiben, was ihnen damals widerfahren ist.‹«

NZZ, OKTOBER 2018

In Tel Aviv ist der Winter Ende Februar in seinen letzten Zügen. Die Sonne scheint länger, wärmer und ausdauernder. Die Tage verbringe ich im Laden, in den Pausen ist es ein Genuss, mit Juri im Freien Kaffee zu trinken.

In Jerusalem trinkt Abdallah statt Kaffee Tee mit Salbei und trägt seine neue Kufiya, deren kräftiges Rot noch nicht von der Sonne verblichen ist wie bei der alten.

Er sagt, der Regen wird für dieses Jahr bald vorbei sein. Jetzt ist die richtige Zeit für eine neue Kufiya.

Die neue Kufiya trägt Abdallah nicht etwa, weil *Purim* ist. Purim ist in Abdallahs Jahreszyklus nicht vorgesehen.

Abdallah wünscht den Purimfeiernden *chag sameach* und betet weiterhin gen Mekka.

Die Läden auf der Jaffa Street verkaufen jetzt Kostüme und Accessoires für die Parade, die in Jerusalem in einer Woche am fünfzehnten *Adar* stattfinden wird. Vereinzelt sind bereits orthodoxe Juden mit bunten Perücken und Clownsnasen zu sehen. Man kann dieser Tage nicht sicher sein, wer ein echter Polizist, ein echter Feuerwehrmann oder ein echter Cowboy ist, und ob es sich bei dem Träger einer Kufiya tatsächlich um einen Araber oder vielleicht doch um einen Juden handelt.

Einige der schwarzen Hüte der Charedim sind bunten Kopfbedeckungen gewichen. Mancher trägt den roten türkischen Fes mit schwarzer Quaste oder eine goldene Königskrone oder gar die Mütze eines Weihnachtsmanns.

Selbst die Echtheit der Charedim ist nicht mit Sicherheit festzustellen, da in Vorbereitung auf Purim auch Perücken mit schwarzen Schläfenlocken verkauft werden.

Hamantaschen, mit Dattelmus, Pflaumenkompott oder Schokoladencreme gefüllt, liegen in den Auslagen der Bäckereien. Sie sind mit Puderzucker bestäubt und erfüllen die ganze Stadt mit dem Duft, der auf das ausgelassene Fest vorbereitet.

Die frommen Anhänger von Rabbi Nachman von Brazlaw, *Na Nachim* genannt, fahren mit wehenden Schläfenlocken auf ihren Pick-ups durch die Straßen, tanzen auf den Dächern fahrender Autos und halten dabei ihre weißen *Jarmulkes* fest. Man hört sie schon von Weitem ihre Lieder singen, die sie mit lauten Techno-Beats in die Luft schmettern.

»Na Nach Nachma Nachman Meuman. Na Nach Nachma Nachman Meuman.«

Bei den Festumzügen in Mea Shearim wird so viel getrunken, dass manch frommer Thora-Student nur schwankend und in den Armen seiner Yeshiva-Brüder den Heimweg antreten kann.

Kinder dürfen Zigaretten paffen und bekommen einen Vorgeschmack auf das Purim der Erwachsenen. *Ad lo jada!* Bis man nicht mehr weiß, was man tut.

Ganz Jerusalem ist ein einziger großer Zirkus.

Das Lieblingsfest der Nationalsozialisten war Purim nicht. Im »Tausendjährigen Reich« wurden die Feierlichkeiten oft für Pogrome auf jüdische Bürger genutzt. Zehn wurden hier gehängt, hundert dort erschossen.

Der Stürmer behauptete 1934 gar, an Purim würden Juden den Mord an Nichtjuden planen. Das war natürlich großer Unsinn, denn an Purim waren auch damals alle schon viel zu besoffen, um irgendwelche Morde zu planen.

Julius Streicher, der Herausgeber des *Stürmer*, hatte 1946 ausgestürmt, man verurteilte ihn zum Tode.

Seine letzten Worte waren: *»Heil Hitler! Das ist das Purimfest 1946. Ich gehe zu Gott. Die Bolschewisten werden eines Tages Euch auch hängen.«*

Die Bolschewisten jedoch buken weiterhin unbeirrt ihre Hamantaschen, und zu feiertäglichen Mahlzeiten sagt man heute in Israel: *Sie haben versucht, uns umzubringen, wir haben überlebt, lasst uns essen.*

Am Samstagabend trampe ich mit Yaniv, dem Fahrer eines makellos dunkelblauen BMW von Jerusalem zurück nach Tel Aviv. Er fährt nach Modi'in, das auf halber Strecke liegt, denn dort ist er zu Hause.

»Willst du was?«, fragt er mich, als er an einer Tankstelle hält.

Ich verneine.

Zurück kommt er mit zwei Bechern Latte macchiato, jeweils einer Tüte Bissli, Bamba, karamellisiertem Popcorn und drei Rollen Mentos Cola.

»Such dir was aus«, sagt er und legt alles in meinen Schoß. »Hier, Bamba«, fügt er hinzu und hält mir begeistert die Tüte mit den Erdnussflips unter die Nase. »Das gibt es nur in Israel, nirgendwo sonst auf der Welt. Ist typisch israelisch!«

Ich öffne die Tüte, und wir essen Erdnussflips.

Aus den Boxen tönt *Smooth Operator* von Sade, auf einem Bildschirm unter dem Armaturenbrett läuft das dazugehörige Musikvideo.

»Die ist heiß«, findet Yaniv und dreht die Klimaanlage auf, als hätte beides miteinander zu tun.

Er trägt ein weißes Hemd, das einen Ansatz von dichtem Brusthaar freilässt, ein Goldarmband, er riecht nach Aftershave und ist der Manager einer israelischen Sonnenstudiokette.

»Wirklich?«, frage ich überrascht. »Sonnenstudios in einem Land, in dem an mindestens dreihundert Tagen die Sonne scheint? Da könnte man genauso gut in Deutschland ein Regenstudio eröffnen.«

»Das stimmt«, bestätigt Yaniv und nickt wissend. »Wenn du eine gute Geschäftsfrau bist, dann kannst du in Deutschland ein Regenstudio eröffnen. Wenn man gut darin ist, kann man die Leute davon überzeugen, für Schwachsinn Geld zu bezahlen.«

»Und du bist gut darin?«, frage ich neugierig.

»Siehst du doch«, grinst er und zeigt mit seinem dunkel behaarten Arm auf sein Auto.

»BMW. Das Beste, was Deutschland zu bieten hat. Außer den Frauen natürlich.« Er zwinkert lässig zu mir herüber.

Dann greift er in die Bamba-Tüte, lässt dabei seine Muskeln spielen und kaut im Takt zu *Smooth Operator*.

»BMW macht tolle Autos, aber die haben einen katastrophalen Kundensupport«, fügt er nach einer Weile nachdenklich hinzu.

»Letztes Jahr war ich in München. Hab dort einen Motorradhelm gekauft, aber das Visier fällt immer runter, wenn ich schneller als 90 km/h fahre, und ich wollte ihn reklamieren, aber sie nehmen ihn nicht zurück. Kannst du für mich auf Deutsch eine Beschwerde an BMW schreiben? Vielleicht wirkt das.«

Belustigt ziehe ich mein Handy aus der Hosentasche und schreibe *Sehr geehrte Damen und Herren* an die Kundenbetreuung von BMW Deutschland.

Yaniv schickt mir den Scan des Kaufbelegs, und ich hänge ihn an die Mail.

»Schreib ihnen was richtig Böses«, bekräftigt er. »Schreib BMW, ich sorge dafür, dass die den Laden dichtmachen, wenn sie den Helm nicht umtauschen!«

Ich ändere den Ton meiner E-Mail von zurückhaltend freundlich zu nachdrücklich bestimmt.

Yaniv dreht am Radio herum. Es läuft eine Debatte über das Für und Wider einer Begnadigung von Jigal Amir, der am 4. November 1995 den israelischen Premierminister Jitzchak Rabin erschoss.

»Die Araber wollen keinen Frieden«, unterbricht Yaniv kopfschüttelnd den Radiosprecher. »Was Jigal getan hat, war nicht richtig. Aber Rabin war auch nicht der richtige Führer für unser Land. Ich wähle Bibi, weil er der Einzige ist, der sich um unsere Sicherheit schert. Aber uns Mizrachim hört ja keiner zu. Dabei müssen wir es am besten wissen, wir kommen schließlich von dort. Die Araber wollen keinen Frieden. Man macht ihnen Vorschläge, sie lehnen sie ab. Man überlässt ihnen Gaza, sie schicken Raketen. Die wollen nicht nur keinen Frieden, die *können* gar keinen Frieden. Da gibt's nur Hass und Propaganda. In Bethlehem haben sie mal zur Neujahrsfeier zweitausend weiße Friedenstauben fliegen lassen und gleichzeitig Feuerwerk entzündet, diese Idioten. Hast du davon gehört? Die Tauben wurden alle von den Raketen zerschossen und sind tot vom Himmel gefallen. Verstehst du? Die sind dort einfach nicht gemacht für den Frieden.«

Mein Handy vibriert. Empfangsbestätigung vom Kundenservice von BMW Deutschland.

Vielen Dank für Ihre Anfrage. Einer unserer Mitarbeiter wird sich zeitnah mit Ihnen in Verbindung setzen.

Ich übersetze für Yaniv.

»Die können sich auf was gefasst machen, wenn die den Helm nicht zurücknehmen. Ich werde denen das Leben zur Hölle machen. Ich brenne denen den Laden nieder!«, schimpft Yaniv.

Wir essen Bamba, Bissli und Popcorn und trinken den Latte macchiato, obwohl es dafür eigentlich schon zu spät am Tag ist.

Die Stimme im Radio berichtet, dass Jigal Amir 2006 die Erlaubnis bekam, im Gefängnis zu heiraten. Seine Frau ließ sich mit seinem Samen künstlich befruchten, und sein Sohn wurde ein Jahr später, am 4. November beschnitten.

Am zwölften Jahrestag des Attentats.

»Verrückt«, sagt Yaniv. »Das ist doch verrückt.«

In Modi'in lässt er mich an einer Abfahrt aussteigen.

»Wer besucht deine Sonnenstudios?«, frage ich zum Abschied.

Er grinst, lehnt sich lässig in meine Richtung und mustert mich von oben bis unten.

»Gelangweilte aschkenasische Mädchen wie du.«

Dann steckt er mir die Snacktüten in meine Tasche, gibt mir seine Visitenkarte und sagt, ich soll ihn bezüglich BMW auf dem Laufenden halten.

Er ist schnell verschwunden, der dunkle BMW passt nicht ins staubige Modi'in.

Es ist schon nach neun und immer noch warm. Die Dunkelheit hängt wie ein samtiger Vorhang aus Dunst um mich herum. Ich richte meinen Arm wieder auf die Straße, und bereits wenige Augenblicke später hält das nächste Auto.

Eine sorgfältig geschminkte Frau kurbelt die Scheibe ihres weißen Kleinwagens herunter.

»Tel Aviv?«, fragt sie freundlich und lächelt mich offen an.

»Genau.« Ich kann nicht anders als zurückzulächeln.

»Yalla, dann steig ein.«

Auf dem Rücksitz sitzt ein riesiger zotteliger Hund mit gutmütigem Gesichtsausdruck, der sich freudig zu meiner Tasche nach vorne beugt.

Ich ziehe die angebrochene Tüte Bamba heraus und halte sie meiner Fahrerin hin.

»Oh, Bamba! Mein Hund liebt Bamba. Das gibt's nur in Israel, weißt du.«

Ich greife in die Packung und streue dem Hund eine Handvoll Erdnussflips auf die Zunge. Er zermalmt sie zufrieden.

»Bamba, das sind ganz normale Erdnussflips«, höre ich mich sagen. Jetzt ist es heraus. Ich beiße mir sogleich auf die Zunge und bereue es. Die Israeli sind so stolz auf ihr Bamba. Dann aber denke ich, jemand muss es ihnen sagen. »So was wie Bamba, das gibt es überall auf der Welt. Das haben die Juden gar nicht erfunden.«

»Ach ja?«, fragt sie ungläubig.

Sie überlegt einen kurzen Moment, ihre kleinen, goldberingten Hände liegen ruhig auf dem Lenkrad, die akkurat gefeilten Nägel tragen pastellfarbenen Nagellack.

»Nein«, sagt sie dann lächelnd. »Bamba ist Bamba.«

Die Schöngeschminkte heißt Meitav, ist Ende dreißig und besitzt ein kleines Kosmetikstudio an der Tel Aviver Dizengoff Street. Gerade kommt sie von einem Meeting.

Sie fängt einfach an zu erzählen:

»Wir organisieren einen Schönheitswettbewerb. Genauer gesagt eine Misswahl!« Aus dem Handschuhfach zieht sie eine Mappe und reicht sie mir.

Auf der ersten Seite steht:

Stand here, smile to the people and show them, you're alive.

»Das ist etwas ganz Besonderes«, ereifert sich Meitav. »Wir suchen *Miss Holocaust Survivor.*«

Ungläubig schaue ich sie an.

Porträts von betagten Damen befinden sich im Inneren der Mappe. Ihre Gesichter gleichen Landkarten, es sind viele Linien darauf zu erkennen.

Die meisten von ihnen haben graues oder schlohweißes Haar. Wenn es nicht grau oder schlohweiß ist, ist es gefärbt, und sie tragen Ohrringe, Lippenstift und elegante Kleider dazu. Eine Misswahl eben.

Ihr Lächeln ist wie aus dem Katalog. Auf eine Art besonnen und irgendwie von weit her. Irgendetwas daran ist sehr verstörend.

»Das sind die Bewerberinnen. Sie sind sehr alt, zwischen fünfundachtzig und fünfundneunzig. Ist das nicht außergewöhnlich?«, erzählt Meitav. Ich nicke, und sie erzählt weiter.

»Es geht in diesem Wettbewerb nicht um das, was die Leute im Allgemeinen Schönheit nennen. Es geht darum, diesen Frauen zu zeigen, dass sie besonders sind. Dass sie gewürdigt werden. Die haben in ihrem Leben so viele Chancen verpasst, nicht oft genug gesagt bekommen, dass sie schön sind. Es gab so viel Stigmatisierung und Trauma, weißt du, viele Frauen haben sich die Nummer später weglasern lassen. Sie hatten das Gefühl, einen Makel zu tragen. Wir wollen ihnen zeigen, dass sie vollkommen sind, so wie sie sind. Dass sie makellos sind. Dass wir Frauen von heute, die wir so privilegiert sind, sie für all das achten, was sie durchgestanden haben.«

Meitav duftet nach Rosenöl. Hätte ich sie nur von Weitem gesehen und nicht gerochen, hätte ich erwartet, dass sie genau so riecht. Sie spricht angenehm zurückhaltend, wie eine Nachrichtensprecherin, und sie ist eine schöne Frau, eine mit akkurat lackierten Nägeln und duftenden Haaren und vollen Lippen und Lidern, auf die sie gerne Lidschatten aufträgt. Jetzt malt sie Lidschatten auf die Lider von Frauen, die weniger privilegiert waren und die heute fünfundachtzig bis fünfundneunzig Jahre alt sind.

»Es gibt Kritiker, die fragen, darf man das? Darf man daraus eine Show machen? Warum nicht, sage ich. Wir haben uns den Holocaust nicht selbst ausgesucht. Wir müssen nur damit *klarkommen.*«

Meitav fährt mich nach Hause.

In meinem Haar lässt sie eine Wolke aus Rosenduft zurück. In meinem Kopf einen Traum.

Frauen in glänzenden Kleidern, mit glitzernden Diademen und weißen Schärpen laufen auf roten Teppichen über eine Rampe. Huldvoll winken sie mit der rechten Hand.

Dann sind sie fort.

Zwei Wochen später sitzt Aviv am Küchentisch vor einem gigantisch großen Pappkarton. Er hat ihn geöffnet und isst Bamba aus einer Tüte, die er offensichtlich aus dem Karton hat. Ich trete hinzu und sehe, dass der ganze Karton bis oben hin mit Bamba-Tüten gefüllt ist.

»Du hast Post bekommen«, sagt Aviv.

»Isst du gerade meine Post?«, frage ich empört zurück.

Er nickt. In seiner Hand hält er eine Karte, mit der er gedankenverloren herumspielt.

»Ist nur Bamba drin. Und eine Mitgliedschaft fürs Sonnenstudio.«

Ich nehme ihm die Karte aus der Hand und begutachte sie. Sie enthält einen Gruß mit einem Gutschein für eine Jahresmitgliedschaft. Auf der anderen Seite steht:

»Du hast bei BMW ein Wunder bewirkt.«

Scheinbar hat Yaniv irgendwie meine Adresse herausgefunden.

Aviv hält sich die angebrochene Tüte über das Gesicht und schüttet sich den Rest der Erdnussflips in den Mund.

»Bamba«, sagt er zufrieden. »Gibt's nur in Israel.«

Kapitel 27 –
Fata Morgana

»Der Zionismus ist eine politische Bewegung, die organisch dem internationalen Imperialismus verbunden ist und im Widerstreit zu allen Aktionen der Befreiung und der progressiven Bewegung in der Welt steht. Er ist rassistischer und fanatischer Natur; seine Ziele sind aggressiv, expansionistisch und kolonialistisch; seine Methoden sind faschistisch. Israel ist das Instrument der zionistischen Bewegung und ein geographischer Stützpunkt des Weltimperialismus, strategisch inmitten des arabischen Heimatlandes gelegen, um die Hoffnungen des arabischen Volks auf Befreiung, Einheit und Fortschritt zu bekämpfen.«

PALÄSTINENSISCHE NATIONALCHARTA, ARTIKEL 22

Der israelische Winter ist mit einigen starken Regengüssen zu Ende gegangen. Er ist in den Frühling übergegangen und der Frühling in den Spätfrühling, und der Spätfrühling ist bereits sehr heiß. In den israelischen Häusern surren die Klimaanlagen, die israelischen Cafés verkaufen Eiskaffee, und die Leute lechzen nach Schatten.

Das ist *drüben* genauso.

Drüben hat Mo Geburtstag. In Tel Aviv habe ich auf der Straße eine große Traube roter Luftballons gefunden und mich daran erinnert, dass er Geburtstag hat. Ich habe sie eingefangen und mitgenommen, leicht flogen sie an meinem Fahrradgepäckträger hinter mir her.

Jetzt liegen sie bei uns zu Hause auf dem Küchentisch, und Aviv weiß nichts damit anzufangen.

Heute werde ich zu Mo fahren und sie ihm bringen. Ballons aus Tel Aviv, das wird ihm gefallen.

Aviv sagt, das ist verrückt. Mit den ganzen Ballons durch den Checkpoint und so und dann rüber zu den Palästinensern. Vielleicht kennen sie dort gar keine Ballons. Aviv war noch nie dort, er kann es nicht wissen, denn er kann nicht dorthin.

Es wird schon gehen, sage ich. Ich habe einen weiten Weg vor mir, und möglicherweise wird es einen Kollateralschaden geben.

Weiter denke ich nicht.

Mo, der ein Freund meines Großvaters war, hat diese Traurigkeit. Seit ich denken kann, hat er diese Traurigkeit, sie scheint zu ihm zu gehören. Nicht etwa, weil er einen besonders traurigen Charakter hat, auch passieren ihm nicht wesentlich traurigere Dinge als den anderen Menschen um ihn herum. Ebenso wenig könnte man Mo einen pessimistischen Schwarzmaler nennen.

Seine Traurigkeit ist auch nicht von der Art, die Psychologen veranlasst, eine Depression zu diagnostizieren. Es gibt auf der ganzen Welt kein Medikament, das Mos Traurigkeit lindern könnte.

Mo nennt sie eine »ortsgebundene Traurigkeit«.

Heimattraurigkeit sozusagen.

Sie ist schon so lange da, dass er nicht mehr weiß, wie es ohne sie war. Er hat sich an sie gewöhnt.

Mo sagt, Gehen hilft gegen die Traurigkeit, denn Gehen beruhigt den subgenualen präfrontalen Cortex. Solange man geht, ist das Gehirn mit Gehen beschäftigt, nicht mit Traurigsein.

Er kennt sich damit aus. Wenn er nicht in Bewegung ist, dann spürt er seine Traurigkeit. Deshalb geht er jeden Tag, viele Kilometer.

Mo geht. Er läuft nicht davon. Da wo er wohnt, kann man nicht sehr weit laufen.

Von Tel Aviv nach Hebron sind es vierundsechzig Kilometer Luftlinie. Eine halbe Stunde auf deutschen Autobahnen, ohne Stau und bei Tempo hundertzwanzig. Von Tel Aviv nach Hebron werde ich über vier Stunden unterwegs sein.

Von Tel Aviv bis Jerusalem will ich trampen. Von Jerusalem werde ich mit einem arabischen Minibus bis zum israelischen Checkpoint fahren und von der anderen Seite des Checkpoints mit einem anderen arabischen Minibus nach Bethlehem. Von Bethlehem mit einem dritten arabischen Minibus bis nach Hebron.

Aviv sagt, das ist verrückt. Niemand würde mich so mitnehmen mit den Ballons. Alle würden sich wundern.

Ich packe meinen deutschen Pass in meinen Rucksack und stelle mich mit den Ballons an den Autobahnzubringer an der La-Guardia-Auffahrt Richtung Südosten.

Die Truckerfahrer hupen, sie rufen *Mazal tov* und *Happy Birthday*. Es sind sehr viele Ballons. Kinder drücken ihre Nasen an den Scheiben platt, junge Paare lächeln, Hippies winken. Niemand wundert sich. Stattdessen werden sie alle ganz ausgelassen.

»Motek, heirate mich!«, ruft einer im Vorbeifahren.

Ein silberner Kombi hält nach ihm, und ein weißer Toyota fährt ihm mit leisem Knall auf die Stoßstange.

»He!«, schimpft der aussteigende Fahrer. »Bist du bescheuert?«

Die junge Frau neben ihm, die sich in den Rückspiegel blickend gerade einen Lidstrich gezogen hatte, stößt einen Fluch aus. Aus dem anderen Wagen steigt ein grau melierter Fahrer um die vierzig.

»Sorry, *achi*! Shit. Ich wollte sie mitnehmen. Sie hat Ballons dabei und ich hab Platz dafür.«

»Wir wollten sie auch mitnehmen«, sagt der mit der Frau. »Aber deswegen bin ich nicht so blöd und fahre dir auf die Stoßstange!«

Gemeinsam beschauen sie den Schaden und beschließen, dass nichts passiert ist. Dabei kommen sie ins Gespräch, ein vorbeifahrender Autofahrer schreit sie an: »Runter von der Autobahn, ihr Idioten!«

Keiner der beiden fährt nach Jerusalem, und sie blockieren meinen Platz, also schicke ich sie weg.

»Fahr vorsichtig, Bruder«, sagt der grau melierte zu dem mit der Frau.

Sie verabschieden sich mit Handschlag.

Ein älteres Ehepaar hält an und nimmt mich mit.

Er steigt aus, geht um den Wagen herum und öffnet den Kofferraum. Sie hat sich auf dem Beifahrersitz umgedreht und das Fenster heruntergekurbelt.

»Liebling, pass bitte auf mit den Ballons!«, ruft sie ihm durch das geöffnete Fenster zu. »Die gehen schnell kaputt.«

Er nickt und blickt fachmännisch zwischen Kofferraum und Ballons hin und her.

Es sind siebzehn Stück, ich habe sie zuvor gezählt. Mo wird dreißig, aber ich denke, siebzehn gehen in Ordnung.

Ein Ballon geht während der Fahrt kaputt, er zerplatzt einfach so wegen der Hitze im Kofferraum.

»Wohin fährst du damit?«, fragt mich die Frau lächelnd.

»Nach Hebron«, sage ich.

Ihr Lächeln zerfällt, und sie fasst sich erschrocken an die Brust. »Oh, das ist aber gefährlich!«

»Warum nicht«, brummt er. »Vielleicht hilft's ja. Wir sind müde von diesem Krieg. Die Politik macht den Konflikt. Nicht die Menschen.«

»Das ist doch Unsinn«, sagt sie und schüttelt den Kopf. »Die Menschen machen die Politik.«

Sie lassen mich in der Nähe der Jerusalemer Altstadt aussteigen. Ich muss in den arabischen Teil der Stadt, von dort fährt der Minibus nach Bethlehem. »Wir würden dich bis zum Bus fahren, aber das geht nicht, das verstehst du sicher. Das ist für uns zu gefährlich.«

Die Frau drückt meine Hand als ich mich freundlich verabschiede. »Aber du, du bist mutig, du gehst zu ihnen. Sag ihnen, wir wollen, dass es aufhört mit dem Krieg. Wir wollen nur Ruhe und Frieden. Bitte sag ihnen das, ja?«

Dann lässt sie mich los. Ich gehe in Richtung der Sultan Suliman Street zum arabischen Busbahnhof Bab Al Amoud.

Am Damaskustor tausche ich zwei Schekel und einen Luftballon gegen einen Pappbecher mit Kaffee. Der Kaffee ist schwarz, ich nehme zwei Löffel Zucker und trinke ihn so heiß, wie er ist, das Stehen und die Hitze haben mich müde gemacht. Danach geht es besser.

Am Busbahnhof ist es sehr laut. Händler verkaufen frei liegende, klebrige Süßigkeiten an Passanten, Kinder stehen mit großen Augen davor. Die Busse vibrieren mit laufenden Motoren in der prallen Sonne und blasen ihre Abgase in das bunte Zuckerzeug.

Vor der schmutzigen Damentoilette drückt mir eine füllige junge Frau ihr Baby in den Arm. Sie trägt einen Hijab mit sandfarbenem Burberry-Muster, fuchtelt mit einer Damenbinde vor meinem Gesicht herum und sagt mir Unverständliches auf Arabisch. Ich nicke und nehme ihr Kind, sie lächelt erleichtert und verschwindet hinter der Tür. Es schläft, und ich schaue mich nach dem Minibus Richtung Bethlehem um.

Das Kind ist als Mädchen erkennbar, es trägt ein rosa Mützchen, einen rosa Strampler und ist in ein Tuch mit rosa Herzen und der Aufschrift *I love you* gewickelt. Im arabischen Teil der Stadt bereiten Spielzeugläden auf das Erwachsenwerden in Ostjerusalem vor. Es gibt rosa Haarschmuck und Maschinengewehre aus schwarzem Plastik. Als seine Mutter zurückkommt, streift sie sich die Hände an ihrem Mantel ab, der bis zum Boden reicht und ihre Beine ganz verdeckt. Die Ärmel hat sie zum Händewaschen an den Handgelenken hochgeschoben, schnell zieht sie sie wieder darüber. Kein Knöchel ist jetzt mehr zu sehen.

»*Shukran*«, bedankt sie sich auf Arabisch.

»*Affuan,* keine Ursache«, erwidere ich in ihrer Sprache und reiche ihr das Kind.

»*Mabrouk!*« Sie grinst und deutet auf die Ballons.

Der Fahrer des gelben Minibusses verstaut meine Ballons im geräumigen Kofferraum des Wagens. Acht andere Mitfahrende müssen ihr Gepäck so hineinstellen, dass die Ballons nicht beschädigt werden. Sie stehen geduldig wartend neben dem Bus und rauchen, während der Fahrer mit ihrem Gepäck im Kofferraum Tetris spielt.

Niemand wundert sich.

Wir fahren eine Weile aus der Stadt heraus, dann durch grüne Täler und an steinigen, terrassenähnlichen Hängen vorbei. Der Fahrer hat eine Zigarette aus einem alten silbernen Zigarettenetui genommen und hält seine rauchende Hand aus dem Fenster. Im Radio läuft ein arabischer Sender, und am Rückspiegel flattert ein Papier, das mit einer Sure aus dem Koran beschriftet ist. Darunter hängt rot-schwarz-grün ein *I love Palestine*-Anhänger.

Am Checkpoint müssen wir alle aussteigen. Ich gehe hinter zwei etwa neunzehnjährigen Mädchen mit sorgfältig getuschten Wimpern, weiß gepuderten Gesichtern, langen dünnen Stoffmänteln, Sneakers und modisch gebundenen Hijabs in Richtung der Metalltore, die den Eintritt in die palästinensischen Gebiete ermöglichen. Zu meiner Linken schiebt eine Frau einen Kinderwagen mit einem quengelnden Kleinkind und zu meiner Rechten gehen drei ältere Männer in schwitzigen Hemden. Sie drehen jeder die Perlen einer *Misbaha* durch ihre Finger.

Vor dem Metallzaun stehen eine ganze Menge Araber, die den Checkpoint überqueren wollen. Gruppen von acht bis zehn Menschen werden durch die eiserne Drehtür gelassen, bevor sie wieder versperrt wird und man warten muss. Es ist ziemlich warm, die Leute treten ungeduldig von einem Bein aufs andere.

Die Hitze flirrt in der Luft. Wenn man in die Weite schaut, ganz nach hinten auf den staubigen Sandboden neben der Mauer mit den Graffiti, die von Freiheit und Veränderung erzählen wollen, sieht man eine Luftspiegelung. Es sieht aus, als wäre dort Wasser, und es flimmert trügerisch glitzernd einige Handbreit über dem Boden. So eine Fata Morgana ist gefährlich, erklärte mir mein Vater, denn man glaubt, etwas zu sehen, das nicht wirklich da ist.

Der einsame Wanderer in der Wüste sieht das rettende Wasser in einiger Ferne und folgt einer irren Illusion, die ihn verhöhnt und verspottet, solange er sich in Sicherheit wiegt. Je weiter er in Richtung Horizont läuft, desto ferner scheint sie in der Distanz. Manch einer wird deshalb verrückt.

Das dort, vor der Mauer, von der ein Porträt Arafats Free palestine! ruft, ist kein Wasser. Es ist eine Luftspiegelung. Kein wirkliches Wasser. Da ist kein Wasser vor *Fuck this wall!*.

Kein Wasser ist vor der gesprayten Friedenstaube mit kugelsicherer Weste und vor Banksy, der junge Männer Blumen auf Soldaten werfen lässt.

Kein Wasser vor dem Schriftzug *Make Hummus not walls* und vor der Leiter, die aufgemalt vom Boden der Mauer in den Himmel führt.

Kein Wasser vor dem Bild des kleinen Mädchens im rosa Kleid, das dem Soldaten – die Hände wehrlos über dem Kopf haltend – das Maschinengewehr abgenommen hat.

Kein Wasser vor den auf die Steinwand gesprühten Porträts von Leila Chaled und Ahed Tamimi. Auch kein Wasser vor dem Schriftzug *Love wins.* Kein Wasser, nur eine Luftspiegelung.

Ich bin an der Reihe. Ich strecke meinen Rücken durch, dem der Rucksack schwer geworden ist, und raffe die Ballons vor der Brust zusammen. Halte sie eng an mich gepresst, als ich die metallene Drehtür betrete. Vor mir die drei Männer mit den Misbahas und die Mädchen in Mänteln. Als sich die Frau mit dem Kinderwagen zu mir in die Drehtür schiebt, gibt es einen lauten

Knall, direkt vor meinem Gesicht. Einer der Ballons hängt in roten Fetzen an meinem Körper.

Ich spüre nichts. Alles um mich herum geschieht wie in Zeitlupe, so als wäre ich nicht wirklich beteiligt. Die Mädchen schreien, sie haben sich aneinandergeklammert. Die Mutter mit dem Kleinkind versucht panisch mit ihrem Kinderwagen aus der Drehtür zu kommen, die bereits durch die Sicherheitsvorkehrung verschlossen ist.

»Runter!«, brüllt der Mann vor mir. Er fuchtelt wild mit den Armen und hält seine Misbaha dabei fest in der Hand.

Einige Sekunden lang passiert nichts. Es ist totenstill. Jeder horcht, hält den eigenen Atem an. Nur das Baby schreit.

Plötzlich verstehe ich, dass ich geschossen habe. Ich bin mit den anderen erstarrt.

Ein gutes Dutzend israelische Soldaten in olivgrünen Uniformen mit Maschinengewehren im Anschlag rennen im Gleichschritt auf uns zu.

Ich zeige auf die Ballons, schnell zeige ich darauf, damit alle es gleich verstehen.

Es ist nichts geschehen! Alhamdulillah.

Es ist nichts geschehen! Baruch HaShem.

Die Ballons müssen in die Durchleuchtungsmaschine. Zweimal müssen sie hinein, um wirklich sicherzugehen.

»Na, du hast Nerven«, sagt einer der Soldaten und macht mit seinem Handy ein Foto von den Ballons in der Durchleuchtungsmaschine. »Schade, dass es nicht immer nur Ballons sind, wenn es knallt. Ich brauche unbedingt ein Foto davon. Ich möchte mich an den Tag erinnern, an dem wir uns vor so einem Blödsinn gefürchtet haben.«

Vierzehn rote Ballons schaffen es von Israel in die palästinensischen Gebiete. Vierzehn von siebzehn. Der Kollateralschaden ist vergleichsweise gering.

Mo ist Arzt in der Neurologie.

Über die Jahre hat er sein schwarz gelocktes Haar lang wachsen lassen. Er hasst die konservativen Leute in Hebron. Er mag ihre Lieder nicht, er verabscheut ihre Floskeln, die sie seit Jahrzehnten wiederholen, er hasst ihre Redundanz, ihren Stillstand, ihr Kreisen um das Negative und ihre immer gleichen Kleider. Besonders hasst er ihre Blicke auf seine Andersartigkeit. Sein Haar hat er auf dem Kopf zu einem Knoten zusammengebunden. Er trägt eine Mütze darüber, immer trägt er diese Mütze, damit niemand es sehen kann. Nur er weiß, dass das Haar darunter lang ist. Es ist nur für ihn selbst, als Beweis seines Ausbruchs, der zu einem inneren Aufbruch geworden ist. Selbst wenn er seine Eltern besucht, nimmt er die Mütze nicht ab. Sie würden die langen Haare nicht verstehen. Er liebt seine Eltern.

Mo heißt eigentlich Mohammad. Er mag diesen Namen nicht.

Würden sich Mo, der Neurologe aus Hebron, und Mohammad, der DJ aus Jerusalem einmal begegnen, dann würden sie womöglich feststellen, dass sie irgendetwas gemeinsam haben. Vielleicht auch nicht. Mo, der Palästinenser, Mohammad, der arabische Israeli, sie tragen nur zufällig den gleichen Namen.

Gemeinsam haben sie vielleicht die Heimattraurigkeit, denn Heimat liegt zerstückelt um sie herum, fliegt in ihren Köpfen herum, als Utopie, als Trugbild, als fremdbestimmtes Joch, von innen, von außen und von überall sonst. Ihre Heimattraurigkeit hat eine lange Tradition.

Ihre Urgroßväter wurden unter osmanischer Besatzung geboren. Ihre Großväter unter britischer Besatzung.

Ihre Väter unter jordanischer Besatzung.

Mo und Mohammad wurden unter israelischer Besatzung geboren.

Mo sagt, die nächste Besatzung wird womöglich eine palästinensische sein, und vergräbt sein Stück Freiheit unter seiner Mütze.

Heute will ich ihn von der Arbeit abholen, durch die lärmenden Straßen der *Souks* laufe ich in seine Richtung. Vor dem Krankenhaus helfen zwei junge Männer einer alten Frau, die Treppe hinaufzusteigen. Sie geht langsam und schafft die letzten Stufen nicht. Der Größere von den beiden stemmt sie kurzerhand hoch und trägt sie nach oben. Sie schimpft und stöhnt in der Hitze, ihr weißer Altfrauenhijab ist verrutscht und lässt etwas ergrautes Haar frei.

Ich gehe durch die Eingangshalle, schaue nach links und nach rechts, denn ich weiß nie genau, wo ich Mo finde. Im Krankenhaus funktioniert mein Handyempfang nicht, überhaupt funktioniert er in den palästinensischen Gebieten nur mäßig.

Die Neurologie teilt sich ein Stockwerk mit der HNO-Abteilung. Ich steige eine Treppe nach oben, vorbei an einem riesigen Konterfei von Jassir Arafat, und stehe in einem Wartesaal. Es ist Nachmittag, der Saal ist jetzt leer, Behandlungen finden hier nur am Vormittag statt.

Neben den einzelnen Behandlungszimmern, die von der großen Halle abgehen, ist eine offene Tür, hinter der ich Männerstimmen und Gelächter vernehme. Ich gehe in ihre Richtung. In einem kleinen Aufenthaltsraum sitzen vier weiß gekleidete HNO-Ärzte und rauchen. Dichter Rauch steht im Raum, vor ihnen auf dem Tisch steht ein prall gefüllter Aschenbecher. Drei von ihnen haben dunkles Haar und einen Bart. Einer trägt eine Brille und ist glatt rasiert. Er hat ein Stethoskop um den Hals gelegt, wie HNO-Ärzte es überall auf der Welt tun. Die rauchenden Männer erscheinen mir seltsam angepasst an das altmodische Inventar des Krankenhauses, das wie die Requisiten eines Films in den Gängen steht.

Auf einem niedrigen Holztisch vor den Männern stehen vier Gläser mit türkischem Kaffee. Vier Augenpaare richten sich auf mich.

»Salam Aleikum, die Dame. Wie können wir helfen? Kaffee? Zigarette? Ein Antiallergikum?«, lacht einer von ihnen über meinen suchenden Blick. »Oder willst du deine Mandeln loswerden. Machen wir alles hier«, sagt ein anderer grinsend.

»Ich suche Mohammad«, sage ich und versuche auszumachen, ob ich einen der Ärzte schon einmal mit ihm gesehen habe.

»Ich bin Mohammad«, sagen zwei von ihnen gleichzeitig.

»Mein Vater ist Mohammad«, feixt der dritte.

»Mohammad aus der Neurologie«, sage ich und übergehe geflissentlich, dass sie sich über mich lustig machen.

»Ah, der. Hat gleich Feierabend. Wir rufen ihn an und sagen ihm, dass du da bist, *aywa*? Woher sind die Ballons?«

»Aus einem Geschäft hier um die Ecke, lüge ich. Nur vorsichtshalber.«

Er nickt. »Und woher kommst du?«

»Aus Deutschland.«

»Oh, Deutschland, walla! Du kommst aus dem Paradies! Inshallah wird mein Sohn in Deutschland studieren, er wird Business studieren! Meine Schwester lebt in Dortmund, seit der Ersten Intifada. In Deutschland ist alles Wichtige umsonst. Studieren ist umsonst, und die Studenten lernen da richtig was. Deutschland ist das beste Land auf der Welt! Trinkst du Kaffee?«

Ich würde gerne einen Kaffee trinken und ein wenig ausruhen, also setze ich mich zu ihnen.

Ein weißer Plastikstuhl wird hinter der Tür hervorgeholt, einer der beiden, die sich als Mohammad vorgestellt haben, wischt mit der Hand kurz darüber, holt mir ein Kissen und macht dann eine einladende Geste. Ich setze mich, trinke Kaffee und lasse mir ebenfalls eine Zigarette anstecken. Die beiden anderen Ärzte stellen sich als Khaled und Mahmoud vor.

»Die offizielle Sprechstunde ist vorbei. Deswegen sitzen wir hier. Vormittags ist es so voll, da ist kaum ein Durchkommen möglich«, erklärt Mahmoud. Ich nicke und denke an vorherige Besuche hier an Vormittagen, wenn stöhnende Männer mit Kufiyas und Frauen mit langen Gewändern und Hijabs in den Gängen sitzen, Krücken und Rollstühle den Weg versperren und mich Kinder in Micky-Maus-T-Shirts mit den Gesichtsausdrücken Erwachsener ungläubig anstarren.

Mahmoud legt sein Stethoskop auf den Tisch und steckt sich ebenfalls eine Zigarette an. Erleichtert nehme ich wahr, dass sich unser Gespräch noch nicht um Politik dreht, sondern sich in angenehmen Unverfänglichkeiten bewegt. Wir sprechen übers Studieren.

»Wenn mein Sohn es nicht nach Deutschland auf die Universität schafft, dann wird er in Ungarn studieren. Ungarn ist auch ein gutes Land, ich habe dort studiert. Khaled in der Ukraine, Mohammad in der Türkei und Mahmoud in Russland«, erzählt Mohammad.

Khaled, der andere Mohammad und Mahmoud nicken zustimmend in meine Richtung.

»In Palästina ist studieren schwierig«, fügt Khaled hinzu und macht eine vage Handbewegung. »Deswegen haben wir im Ausland studiert. Für unser Land.«

Khaled und Mahmoud erzählen, dass sie für ihr Studium Russisch gelernt haben, Mohammad und Mohammad haben in der Türkei und in Ungarn auf Englisch studiert.

»Die anderen Europäer behaupten, Ungarn ist ein rassistisches Land. Aber das stimmt nicht«, sagt Mohammad und verzieht das Gesicht. »In Ungarn lassen sie viele Ausländer studieren.«

Sie trinken Kaffee und Mahmoud sucht mit den Blicken nach der Zigarettenpackung.

»Rassismus ist eine israelische Erfindung«, fügt er hinzu. »Israel ist in Wirklichkeit ein rassistisches Land. Vielleicht ist Israel das einzige *wirklich* rassistische Land auf der Welt.«

Er greift nach der Packung. Ich lasse mir eine zweite anstecken, um nicht reden zu müssen. Kaffee wird nachgeschenkt. Er ist stark, und ich bin jetzt schon wacher, als es mir guttut.

»Die Türkei hat eine starke Führung und Russland auch. Die geben acht auf ihre Leute, da kann man sagen, was man will. Die Juden sagen, Israel geht es um Sicherheit, aber in Wirklichkeit wollen sie nur alles an sich reißen.«

Der Rauch im Aufenthaltsraum der HNO-Abteilung ist inzwischen so undurchsichtig geworden, dass es sinnvoll scheint, einen Lungenfacharzt hinzuzuziehen.

»Es wird nie Frieden mit ihnen geben, denn sie handeln immer nur in ihrem eigenen Interesse«, ereifert sich Khaled. Er rollt das *r* in einer interessanten Mischung aus arabischem und russischem Akzent. »Sie verbreiten Propaganda, während sie genüsslich an ihren Atomwaffen bauen. Jedes Kind weiß doch, dass das mit den sechs Millionen damals in Europa eine Übertreibung war. Ich meine, da wurden wahrscheinlich schon welche umgebracht, ist alles nicht optimal gelaufen, eine Million waren das vielleicht oder eine halbe. Vielleicht auch nur ein paar Tausend. Das weiß ja niemand so genau, den Zahlen kann man nicht trauen. Aber jeder hier weiß, dass das mit den sechs Millionen eine grandiose Übertreibung ist. *Drüben*, da denken die Zionisten, selbst die Gebildetsten unter ihnen, dass damals sechs Millionen von ihnen umgebracht wurden. Das kann ja nicht gut gehen, wenn ihr Staat schon auf einer Lüge aufgebaut wurde.«

Der Tabak ist stark, und ich spüre, wie eine Mischung aus Nikotin und der raschen Wendung des Gesprächs meinen Herzschlag antreibt.

An der Wand zu meiner Rechten hängt das ikonische Porträt von Jassir Arafat mit seiner schwarz-weißen Kufiya, dem »Palästinensertuch«, das sie zu einem internationalen Symbol des Widerstandes gemacht hat. Daneben eines von Mahmoud Abbas im Anzug. Abbas, der in seiner Doktorarbeit über die »Wahrheit zum Holocaust« schwadronierte. Der jüdische Rabbiner beschuldigte, zur Vergiftung palästinensischen Leitungswassers aufgerufen zu haben. Und der vor der UN-Generalversammlung behauptete, die Ursache des Holocaust sei nicht Antisemitismus, sondern das soziale Verhalten der Juden gewesen.

Mahmoud, Khaled, Mohammad und Mohammad schauen meinem Blick hinterher. Ich blicke zur anderen Wand. Dort hängen Bilder von jungen Männern. Sie sehen aus wie die bunten Werbeplakate von Popstars, bevor sie auf Tour gehen. Bis auf die Tatsache, dass sie Maschinengewehre tragen. Und dass sie alle tot sind.

»Das sind unsere *Schahids*«, sagt Khaled stolz. »Sie sind im Kampf für Palästina gestorben. Mögen sie bei Allah selig sein.«

Plötzlich steht Mo in der Tür. Ich habe ihn nicht kommen hören.

»Salam Aleikum«, sagt er leise und gibt den vier weiß Gekleideten die Hand. Zu mir gewandt sagt er: »Wie ich sehe, bist du in Gesellschaft.« Aufmerksam schaut er in mein Gesicht.

Mahmoud und Mohammad rücken auf dem Sofa zusammen, sie machen Platz für Mo, der müde aussieht. Mahmoud reicht ihm Kaffee in einem kleinen weißen Plastikbecher.

Khaled nimmt das Gespräch wieder auf. »Sie ist aus Deutschland«, sagt er zu Mo, mit Anerkennung in der Stimme, als hätte er uns gerade einander vorgestellt.

»Ich weiß«, sagt Mo lächelnd.

»Die Deutschen machen sich fertig wegen Hitler«, fährt Khaled zusammenhangslos fort. »Das war schon ein charismatischer Führer. War natürlich vieles nicht gut, was der gemacht hat. Ihr redet in Deutschland immer noch viel darüber, nicht wahr? Ich finde, die Deutschen haben sich da heute im Prinzip nichts mehr vorzuwerfen. So ein tolles Land.«

Khaleds Redefluss versiegt in einer weiteren Zigarette.

Mos Lächeln ist einer bewegungslosen Gedankenlosigkeit gewichen. Ich kann jetzt die Furchen und Linien seiner Heimattraurigkeit auf seinem Gesicht erkennen.

Er trinkt noch einen Schluck Kaffee und stellt den Becher dann zurück auf den Tisch.

»Warst du schon mal in Tel Aviv? Wie ist es da? Wie sind die Leute? Hast du mit jemandem gesprochen? Was sagen sie über uns?«, fragt Khaled an mich gewandt.

Ich denke an die Autofahrt mit dem älteren Ehepaar. Ich soll ihnen von der Frau ausrichten, dass sie den Krieg nicht möchte. *Die Menschen machen die Politik*, hat sie gesagt.

Ich sage nichts.

Eine dritte Zigarette lehne ich dankend ab.

Mahmoud grinst.

»*Khalas*? Hast du genug?«, fragt er an mich gewandt.

Ich habe genug.

»Gut, dass sie aus Deutschland ist«, sagt er lachend zu Mo. »Mit einer Jüdin aus Tel Aviv würde ich niemals eine Zigarette rauchen.«

Mo steht auf. »Wir müssen jetzt gehen«, sagt er zu den vieren und gibt ihnen erneut die Hand. Richtet Grüße an die Familien aus. Er bedankt sich für den Kaffee.

Mir nicken sie höflich zu.

»*Ahlan wa sahlan*«, sagt Khaled lächelnd zum Abschied.

»Willkommen in Palästina.«

Kapitel 28 –
Abschied von der alten Welt

»Meine Mutter stammte aus einem assimilierten Hause. Sie hatte vor dem Ersten Weltkrieg bei sich zu Hause immer den schönsten Weihnachtsbaum der ganzen jüdischen Schule stehen. ›Fromm sein, heißt gut sein.‹ Das hat sie gesagt. Und damit hat sie keine Konfession gemeint. Ich wurde durch Hitler zum Juden. Im Krieg haben mich die Deutschen zum Juden gemacht, und dann bin ich nach Israel gegangen. Ein gebürtiger Jude gewesen zu sein, ohne eigentlich zu wissen, was Judentum ist. Heute bin ich ein bewusster Jude. Und so ist halt das Leben eines Menschen.«

ERINNERUNGEN VON GROSSVATER MOSHE

Einmal kam mein Großvater in die achte Klasse meines Hamburger Gymnasiums.

Er legte seine braune Aktentasche auf einen Stuhl und stellte seine goldene *Menorah* mit dem Davidstern auf das Lehrerpult.

»Ich bin ein Jude«, sagte er.

Dann setzte er sich seine Kippa auf den Kopf.

»Was wollt ihr wissen?«

Wir nahmen die fünf Weltreligionen durch. An diesem Tag

wurde das Judentum behandelt, und er wurde eingeladen, etwas darüber zu erzählen. Man war froh, dass er zugesagt hatte, denn es gab nicht mehr sonderlich viel Auswahl.

Normalerweise stand er um diese Uhrzeit in einem Hörsaal voller Studenten an der Universität und redete über Feinmechanik. »Das hier ist wichtig«, sagte er. »Man muss auch mit den Jungen sprechen.«

Die Jungen wussten nicht, was sie fragen sollten.

Juden fragte man normalerweise nichts, denn Juden gab es nicht mehr. Es gab schwarz-weiße Juden in Büchern. In Farbe gab es eigentlich keine.

Man hatte sie darauf vorbereitet. Dieser Jude ist echt, hatte man ihnen gesagt, und man darf ihn alles fragen.

Nur zu! Eure Großväter haben die Juden nichts gefragt, eure Väter haben sie nichts gefragt. Nun müsst ihr fragen!

Damit ihr alles versteht.

»Tragen Sie das, äh, Leuchterding immer bei sich?«, fragte der Erste.

»Mein Vater sagt, die Juden haben Jesus getötet«, fragte der Zweite, aber eigentlich sagte er es.

»Gibt es noch Juden in Deutschland?«, fragte die Dritte. Sie klang ganz zaghaft. Und wie es sich so lebte, wollte sie noch wissen, aber ihre Stimme verhallte irgendwo im Raum.

Ich saß ganz still. Schaute ihn an, meinen Großvater. Und schaute sie an.

Mein Großvater hieß Aba.

Er trug das Leuchterding nur mit sich herum, wenn er vom Gymnasium eingeladen wurde, über das Judentum zu sprechen, und einmal in der Nacht, in der er dachte, einen Einbrecher gehört zu haben.

Jesus hatte er nicht getötet.

Er lebte wieder hier, also gab es wieder Juden in Deutschland.

Mein Großvater hatte viele Namen.

Meine Mutter, die seine Tochter war, nannte ihn Aba. Aba heißt Vater auf Hebräisch.

Geboren wurde er als Fritz Shalom.

Hitler nannte ihn Fritz Shalom Israel.

Als Hitler vorbei war, wanderte mein Großvater nach Israel aus. Dort nannte er sich Moshe. In seinem deutschen Pass hieß er Fritz und in seinem israelischen Pass Moshe.

Ich nannte ihn Aba. Meine Großmutter, die seine Frau war, nannte ihn Aba, und mein Vater nannte ihn Aba. Die Freunde nannten ihn Aba, die jüdischen und die deutschen und sein persischer Freund, der Ingenieur. Die Freundinnen meiner Mutter nannten ihn Aba und meine Freunde aus der Schule. Der türkische Gemüsehändler und die Nachbarin mit dem Dackel hörten es und nannten ihn so. Ihr Vater war ein Nazi gewesen, ein *bewusster Nazi*. Dem hätte das nicht gefallen.

In Buchenwald war Großvater Aba ein Jahr.

Er hatte einen Onkel, der hieß Erich und war *Schammasch* in der Synagoge gewesen. In der Nacht vom 9. auf den 10. November 1938 zog er mit der Synagoge nach Buchenwald um.

Shammes sagt man im Jiddischen.

»Mädchen für alles in der Synagoge«, sagte mein Großvater.

In Buchenwald war Onkel Erich auch ein Jahr.

Vor Buchenwald und vor dem Shammes war er Ansager im Varieté gewesen. Das konnte er gut, er war ein heiterer Mensch mit einer lauten Stimme, und die Leute lachten ausgelassen über seine Witze.

In Buchenwald gab es kein Varieté.

Kahl geschoren und unruhig kehrte er von dort zurück, die Augen unstet, und er erzählte von nichts. Er wurde auch nie wieder Shammes oder Varieté-Ansager.

Großvater Aba wurde nie Shammes. Wilhelm Tell wurde er auch nicht. Er wurde aber beinahe einmal der Walter Fürst. Mein Großvater Aba, der Walter Fürst.

Nur beinahe, denn die Lehrerkonferenz entschied, dass ein Bauernführer nicht von einem Juden gespielt werden darf.

»Also, hör mal zu, Fritz, wir müssen den Rütlischwur absagen«, sagten sie.

»Warum?«, fragte er.

»Es gibt Lehrer in der Konferenz, die nicht wollen, dass du den Walter Fürst spielst.«

Und er hat noch gefragt: »Warum denn nicht?«

»Weil deine Mutter Jüdin ist.«

Die Wissenschaft wusste damals schon viel, sie wusste, wer den Walter Fürst spielen durfte und wer nicht. Mein Großvater durfte nicht, und als Beweis dafür wurde im Fach Rassenkunde sein Schädel vermessen.

Klassifikation Typ Nordisch 2, fand das Messgerät heraus.

Der Lehrer runzelte die Stirn und maß noch einmal.

Seltsam. *Klassifikation Typ Nordisch 2*. Kein Zweifel.

Vielleicht war beim Walter Fürst doch ein Fehler unterlaufen?

Mein Großvater Aba, nordischer Typ 2 und Sohn einer jüdischen Mutter, wurde am 19. April 1926 geboren.

Der 19. April war eigentlich nicht weiter erwähnenswert, wenn am nächsten Tag nicht der *Führergeburtstag* gewesen wäre. »Ich hab's gewusst«, sagte mein Großvater immer. »Ganze zwölf Jahre lang hab ich's gewusst, dass ich eine bedeutende Person bin, denn am Abend meines Geburtstags war ja die ganze Stadt geflaggt!«

Großvater Aba hatte auch selbst einen Großvater, der Abteilungsleiter im Berliner KaDeWe war. 1933 wurde das KaDeWe arisiert und Großvater Abas Großvater, Kriegsinvalide aus dem Ersten Weltkrieg, Volk und Vaterland und so weiter, wurde wegarisiert, obwohl er das Eiserne Kreuz zweiter Klasse trug. Der Wert von Trophäen ändert sich mit den gesellschaftlichen Begebenheiten.

Onkel Erich starb ein Jahr nach dem Krieg. Zuvor nahm er den Nachtzug von Paris und übersiedelte von dort nach Bolivien, um möglichst weit weg von seiner untreuen Heimat zu sterben. Ein Ozean dazwischen war kaum genug. In Bolivien lernte er noch etwas Spanisch, aber eigentlich war er schon viel zu müde.

Das Israel meiner Kindheit war deutschsprachig.

Mein Großvater Fritz Moshe Shalom Israel Aba sprach Deutsch, außerdem der Untergrundkämpfer Hans-Joachim-Jitzchak und Eva und Zwi Goldberg, die Trümmerdeutschland den Rücken gekehrt hatten.

Ein Teil von Deutschland war nach Israel gezogen.

Zur deutschsprachigen Entourage meines Großvaters gehörten noch Gisi, Erich, Nettie, Pauli und Chaim, der früher einmal Heinz-Günter hieß.

In den Fünfzigerjahren trafen sie sich an Shabbat in Jerusalem und sprachen auf Deutsch über die Vergangenheit und auf Hebräisch über die Zukunft.

Gisi war von allen die Klügste, und sie hatte sich einen Ehemann ausgesucht, der ihr viel Zeit zum Lesen und zum Nachdenken ließ. Sie war Holländerin und sprach neben Niederländisch die deutsche Sprache akzentfrei, außerdem Englisch, Hebräisch, Französisch und etwas Italienisch. Sie liebte Paris, und sie liebte die Kunst, und sie wäre gern auf die Pariser Kunsthochschule gegangen, wäre der Faschismus nicht dazwischengekommen.

Die großen Klassiker hatte sie dreisprachig in ihren Regalen stehen. *Der alte Mann und das Meer. The old man and the sea. Hazaken Vehayam.* Sie liebte das Meer, aber irgendwann wurde sie alt und fuhr nur noch selten hin.

Erich, Nettie und Pauli lebten zu dritt in einer nostalgischen Dreizimmerwohnung im Stadtteil Rechavia, dem jeckschen Einwandererherzen Jerusalems. Mindestens zwei von ihnen waren miteinander liiert. Zusammen hatten sie mehr Bücher als alle anderen, und die meisten waren auf Deutsch. Der Teppichboden in ihrer Wohnung war so sauber wie der Strand nach der Flut, die weiße Tischdecke auf dem Kaffeetisch aus deutschem Eichenholz war mit kleinen rosa Rosen bestickt und an den Rändern fein verklöppelt. Zum Abendessen wurde der Tisch mit gutem Porzellan bedeckt, die Servietten waren aus Stoff, und sie wurden von silbernen Serviettenringen in ihrer steifen Position gehalten. Der Löffel für die Suppe lag links, rechts Gabel und Messer, niemals mit der scharfen Seite nach außen. Nie wurde etwas verwechselt.

Sie hörten gerne Schubert und Mahler, jedoch nicht zu den Mahlzeiten, denn beim Essen konnten sie sich nicht ganz darauf konzentrieren, und Schubert und Mahler erforderten ihre ganze Aufmerksamkeit.

Über dem gepolsterten Sofa mit den Sofakissen, auf die Pauli europäische Singvögel gestickt hatte, hing ein Holzschnitt von einer Karawane, die durch heißen Wüstensand schritt. Auf dem alten Röhrenfernseher, in welchem sie die israelischen Nachrichten sahen, um im umständlichen Hebräisch der alten deutschen Einwanderer darüber zu diskutieren, stand ein hölzernes Kamel, das zwei Tragekörbe auf dem Rücken hatte, die mit einem winzigen bunten Stoff bespannt waren. Ihr Leben hatte sich so sehr verändert. Wer hätte gedacht, dass Kamele darin einmal eine Rolle spielen würden.

Chaim, der einmal Heinz-Günter hieß, war Komponist. Er arbeitete als Professor für Komposition am Konservatorium, hatte unruhige Pianistenhände und immer viel zu tun. Außerdem hatte er einen Freund, der nach Amerika gegangen war und dort Albert Einstein und Hannah Arendt begegnete, sodass Chaim manchmal bedauerte, nicht auch gegangen zu sein. Er aber wollte nicht noch einmal auswandern, nicht noch einmal alles zurücklassen und von vorn beginnen, und so blieb er in Israel.

Als er siebenundneunzig Jahre alt war, besuchte ich ihn zum letzten Mal in seiner Wohnung, und wir spielten *Yerushalayim schel zahav* mit unseren vier Händen auf seinem Klavier.

Die Luft der Berge ist klar wie Wein
Und der Duft der Pinien
Schwebt auf dem Abendhauch
Und mit ihm, der Klang der Glocken.

Und im Schlummer von Baum und Stein,
Gefangen in ihrem Traum,
Liegt die vereinsamte Stadt
Und in ihrem Herzen eine Mauer.

Jerusalem aus Gold
Und aus Kupfer und aus Licht,
Lass mich doch, für all deine Lieder
Die Geige sein.

Eine philippinische Metapelet stützte ihn beim Gang mit dem Rollator zu seinem Instrument. Dort brauchte er sie nicht mehr, denn seine alten Hände waren noch flink und fanden allein ihren Weg, sie hatten es ein Leben lang geübt. Seine Augen glänzten, und er war voller Kraft, wenn er spielte.

Draußen in Jerusalem aber war eine Mauer, gebaut aus dem Zorn der Gegenwart. Es gab Luftalarm, die Operation Wolkensäule war in vollem Gange. Zum ersten Mal seit dem Zweiten Golfkrieg gab es wieder Luftalarm in Jerusalem, und er seufzte und sagte, er wünschte, er müsste das nicht mehr hören.

Drei Monate später war er tot. Er starb in seinem Bett, im friedlichen Schlaf, und das war gut so, denn es fielen noch viele Bomben, und es gab viele Tote, und er hatte genug gesehen.

Ich sang ihm ein deutsches Schlaflied. Dort, wo er 1915 in Berlin zur Welt kam, sang man deutsche Schlaflieder.

Gisi fuhr in diesem Jahr nicht mehr ans Meer. Auch am Meer gab es Luftalarm, und sie konnte die Luftschutzbunker nicht mehr schnell genug erreichen, alte Damen brauchten auch damals schon länger als die dafür vorgesehenen fünfzehn Sekunden.

Sie fuhr auch nicht mehr in die Altstadt zu Ibrahim dem Instrumentenbauer, den sie einen Freund nannte und dessen Frau, in bodenlange, bestickte Kleider gehüllt und nach Gebäck duftend, süße *Knafe* mit Tee servierte.

»Das ist nicht mehr mein Israel«, sagte sie. Sie wurde traurig und taub.

Der Ohrenarzt sagte, sie könne ein Hörgerät bekommen, aber sie sagte, sie wolle nichts mehr von dem hören, was draußen vor sich ging.

Chaja, ihre Katze, die in Katzenjahren genauso alt war wie Gisi in Menschenjahren, blieb bei ihr. Irgendwann war Chaja auch taub, aber sie konnte noch springen und schnurren wie eine gesunde Katze.

»Du bist ein feines Tier«, sagte Gisi zu ihr, und die Katze schnurrte in ihre Hand, und sie waren sich beide genug. Gemeinsam saßen sie auf dem Sofa, vor dem das alte Holzregal stand, in dem staubig die dreisprachigen Klassiker ruhten. Sie konnte sie nicht mehr lesen, aber sie gehörten zu ihr wie die Muscheln, die darauf lagen, fein säuberlich aneinandergereiht sahen sie aus wie Hoffnungsmuscheln, die sie mitnahm von dem Strand, über dessen Meer sie gekommen war. Sie waren das Erste, was ihre Finger in Freiheit berührten. Damals schaute sie auf den Horizont und warf ihre Haare in den Wind und dachte an Europa, wo Mutter und Vater gestorben waren.

In ihrem Zimmer war noch Jahrzehnte später alles so wie 1949, als sie es mit ihrem Mann bezog. Und draußen war wieder Krieg.

Neben den Hoffnungsmuscheln stand der Teddybär. Er war vielleicht gerade einen Kopf größer als ein Fingerhut, und er hatte kein Fell mehr, an den Ohren war er etwas verkohlt und ganz nackt. Er stand vor einem Porträt von dem Mann, den sie geliebt und geheiratet hatte, der Ernst geheißen und ernst gewesen war. Ein standhafter Mann, und er konnte auch eine Fröhlichkeit haben, wenn Gäste kamen.

Man sagte, er starb am Kummer. Es gibt nur eine bestimmte Menge Kummer, die ein jeder Mensch ertragen kann. Er hatte seine überschritten.

Der Teddybär hatte verkohlte Ohren, denn sie hatte ihn aus einem brennenden Haus gerettet. Alles war zersplittert, und ihn hatte sie gerettet, denn er hatte sie immer getröstet.

»Kristallnacht«, sagte sie zu mir, und aus ihrem Mund klang es wie ein märchenhafter Maskenball.

An ihrem fünfundsiebzigsten Geburtstag schenkte sie mir den Teddybär. »Hier mein Kind, den *Dubi* sollst du haben«, sagte sie. Ich sah, dass ihre Augen feucht waren, und alle anderen Erwachsenen wurden ganz still und hatten auch feuchte Augen, und ich verstand nicht, warum. Der Teddybär sollte es gut bei mir haben.

Gisi schrieb in den Dreißigerjahren Tagebuch. Die Museen wollten Tagebücher von Menschen wie ihr ausstellen und auch den Teddybär. Sie suchten im ganzen Land nach Dingen dieser Art, aber Gisi schenkte ihn mir und behielt ihre Tagebücher für sich, denn dies war der einzige Teil ihrer Vergangenheit, über den sie selbst bestimmen konnte.

Mein Großvater Aba kehrte nach dreißig Jahren zurück nach Deutschland. Ein wieder eingewanderter Auswanderer.

Er ging nach Hamburg, und irgendwann fing er an, Dinge zu vergessen.

»Das ist gut so«, sagte meine Großmutter seufzend. »Da kann er alles vergessen, was nicht gut war.«

Zuerst vergaß er den Wiedehopf. Dann vergaß er die Namen von Straßen, dann die Namen von Leuten und schließlich die Entscheidungen, die weniger als dreißig Minuten in der Vergangenheit lagen.

Mich vergaß er nie.

»Guten Tag, mein Schatzelchen«, sagte er jedes Mal, wenn er

mich sah. Manchmal sagte er »Guten Tag mein Schatzelchen« zwölfmal an einem Tag.

»Das ist gut, da kann er sich jedes Mal wieder freuen«, sagte meine Großmutter, die ein bisschen Angst hatte, aber immer nur die Liebe gesehen hat.

Mit seinen Freunden, dem Rabbi und dessen Partner, die heute verheiratet sind, ging er immer noch gerne Kaffee trinken. Sie waren junge Leute, von den alten Freunden waren schon viele gestorben, und die jungen waren sehr nachsichtig mit ihm, als er auch ihre Namen vergaß. Sie trafen sich im Hamburger Grindelviertel, wo früher einmal die Synagoge gestanden hatte.

An einem Freitagnachmittag im Juli ging der Geist meines Großvaters zurück nach Jerusalem.

Draußen war es kochend heiß, und ich saß mit meiner Großmutter auf dem Hamburger Balkon.

Wir schälten Kartoffeln, und sie erzählte von früher.

Er machte sich auf den Weg und kam niemals an.

Der Rabbi rief an, er suchte nach meinem Großvater, denn er war nicht gekommen. Sie waren sehr besorgt.

Meine Großmutter zerfurchte ihr Gesicht, und ich wollte nicht, dass sie es noch mehr zerfurchte, also suchte auch ich nach ihm.

Durch das kühle Treppenhaus ging ich nach draußen und trat in die Hitze hinein, wie durch einen Vorhang.

Mein Großvater saß still auf einer Parkbank, direkt vor dem schönen Haus. Er hatte die Hände im Schoß gefaltet und sich vier Knoten in sein Taschentuch geknotet, wie früher.

Ich setzte mich neben ihn.

»Schatzelchen«, sagte er. »Ich war dort. Ich habe überall

nachgesehen, aber es sieht alles anders aus. Die Synagoge ist nicht mehr da. Wohin ist sie gegangen?«

Die Sonne brannte auf meine Haut, obwohl es schon später Nachmittag war. Die Straße war laut, und es waren viele unterwegs, um sich mit Eis und Limonade abzukühlen.

Ich nahm ihn bei der Hand, und wir gingen nach Hause.

Auf dem Weg blieb er noch einmal stehen. »Wo sind alle? Wohin sind alle gegangen? Es ist so heiß wie damals, und es war immerzu Krieg seitdem. Die Jaffa Street haben sie auch umbenannt und die … Dings-Straße, da fahren jetzt überall Autos. Wo bin ich zu Hause?«

Ich führte ihn nach oben in seine Wohnung, all die Stufen hinauf. Er ging langsam, als müsste er erst noch über all das nachdenken.

Oben öffnete meine Großmutter die Tür, er berührte die Mesusa am Türrahmen und schaute auf das Schild, auf dem Shalom, Willkommen stand.

Meine Großmutter zog ihn in die Arme.

»Hier bist du zu Hause«, sagte sie.

Epilog – Deutschland

> *»Zur freundschaftlichen Erinnerung für den einzigen, mit dem man sich unterhalten konnte. Wenn Du es vergisst, so schau auf das Bild und erinnere Dich Deines Freundes.*
> *Dein M., Jerusalem 1948.«*
>
> FOTO MIT WIDMUNG,
> GESCHENK AN GROSSVATER MOSHE

Es ist Herbst, und der letzte Freund meines Großvaters ist gestorben. Er starb in den USA, weit fort von Deutschland und weit fort von Israel. Im Fotoalbum meines Großvaters ist ein Bild von ihm. Sechsundzwanzig Jahre alt, mit Seitenscheitel und akkurat gewelltem Haar. Sein Mund ist so schön wie seine Augen, und damals war er ganz allein auf der Welt.

Er hieß Morris, und dreimal hätte er sterben sollen.

Morris hatte sechs Geschwister. Sechs starben im Holocaust. Sie hießen Menachem, Ossip, Rubin, Rivka, Israel und Shoylem.

Morris hieß nie wirklich Morris, aber er trug eine Nummer auf dem Arm, die ihn jeden Tag an die sechs erinnerte, die nicht mehr da waren. So nahm Morris die Anfangsbuchstaben ihrer

Namen, setzte sie zu einem Wort zusammen und gab sich einen neuen Namen.

M-O-R-R-I-S.

Morris sollte sterben in Theresienstadt, Auschwitz und auf dem Todesmarsch nach Buchenwald.

Morris starb nicht. Bis gestern.

Er sah viele sterben, und einmal sah er einen Mann einen anderen Mann essen. Später dann erzählte er es den Jungen. Er sagte, wir müssen es den Jungen erzählen, denn sie müssen es wissen.

Jetzt ist Morris tot. Morris und alle anderen. Alle von früher.

Ich besuche meine Mutter in der Hamburger Vorstadt. Die Dinge sind hier enger geworden. Im Kino läuft ein Dokumentarfilm über den Nationalsozialismus. *So viel Hitler war noch nie,* steht auf der Werbetafel vor dem Kino.

In ihrer Straße ist es ruhig. Nur das Kaninchen der Nachbarin, das darf nicht mehr in den Gemeinschaftsgarten, es zerstöre die *Homogenität der Rasenflächen,* schreibt die Hausverwaltung. Rasenflächen und Kaninchen müssen in Deutschland homogen sein.

Das ist nicht gut, sagt der Nachbar und lädt zum Kaffee. Er ist so alt, dass er noch weiß, wie es früher war. Er erzählt gern von früher. Sogar von ganz früher.

Ganz früher, sagt er, da war alles homogen. Kaninchen und Rasenflächen und alles andere.

Er mag es gerne, wenn die Geranien auf seinem Balkon rot blühen. Das erinnert ihn an früher. Er sagt, es war nicht alles schlecht, damals. Da waren die Mädchen, mit denen ging er gerne tanzen. Einmal hat er eine geküsst. Das war nicht schlecht. Dann das *Café Kaisers.* Die hatten die besten Sahnetorten, die waren auch nicht schlecht. Und natürlich die Frau Mama, die war die Beste. Alle gingen zur Hitlerjugend, und das wollte er auch. Da gab sie ihm eine Ohrfeige.

Das war von allem das Wichtigste.

»Vieles war damals ziemlich misslungen«, sagt der Nachbar.

Er gießt seine Geranien, denn man tut, was man kann.

Eine neue Familie ist oben eingezogen, und er hat sie eingeladen. Sie sprechen kein Deutsch. Es wird schon gehen, sagt er.

»Die trägt ein Kopftuch«, fügt er hinzu. »Dann essen die ja gar kein Schweinefleisch?« Also hat er Kuchen gebacken.

»Schön siehst du aus, wie von der Sonne geküsst!« sagt er zu mir. Er sagt, wir jungen Leute müssen es heute besser machen, und er meint mich und sich.

Als das Telefon klingelt, geht er langsam hinüber, denn er ist schon sehr alt. Er nimmt ab und sagt »Guten Tag«, dann legt er die Hand über den Hörer.

»Der Dolf ist dran«, sagt er, und ich weiß, das kann dauern. Dolf hieß mal Adolf. Das war früher.

»Aber so kann man den ja heute nicht mehr nennen«, sagt der Nachbar.

Er hat mir sein altes Fahrrad geliehen. Er ist es lange nicht gefahren, und eigentlich braucht er es nicht mehr. Ich fahre hinaus auf die Felder, hinaus in den deutschen Herbst, vorbei an melancholischen Zugvögeln, die rastlos umherstreifen. Flugvagabunden. Wandervögel, sozusagen. Gesellige Einzelgänger.

Als wüssten sie nicht, wohin mit sich. Im Sommer sind sie hier und im Winter dort. Manche leben so. Manche gehören nirgendwohin.

Manche halten das aus.

Nachwort

An einem kalten Tag Anfang Dezember 2023 trifft sich eine Gruppe Aktivist*innen in Berlin-Charlottenburg, um einer Zeitzeugin zuzuhören. Der israelische Verein Zikaron BaSalon (hebr. »Erinnerung im Salon«), zu deren Netzwerk ich gehöre, hat es sich zur Aufgabe gemacht, Überlebenden der Shoah einen Raum für ihre Erlebnisse und Erinnerungen zu geben. In Wohnzimmern und anderen privaten Räumlichkeiten treffen sich Menschen, um ihnen zuzuhören. Sie haben sich Elie Wiesels Worte zu eigen gemacht: »Wenn du einem Zeugen zuhörst, wirst du selbst zu einem Zeugen.« Der 2016 verstorbene rumänisch-amerikanische Schriftsteller, Publizist und Überlebende des Holocaust sagte auch: »Darüber zu sprechen, ist unmöglich, darüber zu schweigen, verboten.«

Das Treffen an diesem Dezembertag ist anders als all die bisherigen Salon-Gespräche von Zikaron BaSalon. Denn es ist keine Überlebende der Shoah, die heute spricht, sondern eine junge Israelin, kaum älter als ich. Normalerweise arbeitet sie in einer Gedenkstätte, in deren Auftrag sie aber an diesem Tag nicht hier ist.

Stattdessen erzählt sie ihre Geschichte: Am 7. Oktober 2023 liegt sie zwanzig Stunden lang unter ihrem Bett und versteckt sich. Im Schutzraum ihrer Wohnung hört sie, wie ihre Nachbar*innen in den Wohnungen um sie herum von Hamas-Terroristen erschossen und entführt werden. Als sie von israelischen Soldat*innen befreit wird, gleicht der Kibbuz Kfar Aza, in dem sie geboren und aufgewachsen ist, einem Friedhof.

Wir sind an diesem Vormittag hier, um eine Zeitzeugin anzuhören. Wir hören eine Überlebende des Massakers vom 7. Oktober und werden zu Zeug*innen ihrer Geschichte. Etwas, über das man unmöglich sprechen kann, aber über das man auch nicht schweigen darf.

Das Land, das ich dir zeigen will ist zu diesem Zeitpunkt bereits seit über einem Jahr fertig geschrieben, das Manuskript liegt beim Verlag und wartet auf sein Erscheinen. An diesem Dezembertag kommt es mir in den Sinn, dass auch mein Buch zu einem Zeitzeugnis geworden ist. Es sind die gestrigen Erzählungen eines Landes, das sich heute im Krieg befindet.

***

In den letzten Wochen erreichen mich Nachrichten mit dem Inhalt, dass mir das in Nahost bestimmt nahegehen muss. Sei ich nicht schließlich »irgendwie involviert«?

Währenddessen gibt es einen Brandanschlag auf eine Berliner Synagoge. Auf dem jüdischen Teil des Wiener Zentralfriedhofs wird Feuer gelegt, die Zeremonienhalle wird mit Hakenkreuzen beschmiert. Es gibt Angriffe auf Juden und Jüdinnen in europäischen Städten, israelische Flaggen werden verbrannt. Häuser, in denen Israelis wohnen, werden im bürgerlichen Prenzlauer Berg mit Davidsternen markiert. Mahnmale, die an den Holocaust erinnern sollen, werden beschädigt. Es wird gedroht, verhöhnt und relativiert, auf Hauswänden und im Internet. Überall dort, wo Menschen sich in ihrem Hass sicher fühlen. Und dann geschieht etwas, das zugleich nachvollziehbar und so verstörend ist: Israel spricht eine Reisewarnung für Deutschland und andere europäische Länder aus. Knapp achtzig Jahre nach der Shoah empfiehlt der nationale Sicherheitsstab, Israelis sollen ihre Reiseziele »mit Bedacht wählen«. Es wird empfohlen, jüdische Symbole und Identität nicht offen zu zeigen. Israelische Holocaustüberlebende mahnen ihre in Berlin lebenden Enkel, nach Hause zurückzukehren.

In diesen Tagen denke ich viel an die Figuren in meinem Roman. Ich stelle mir vor, wie Großvater Moshe sagt:

»Die Deutschen haben Angst, dass es irgendwann keine jüdischen Zeitzeugen mehr gibt, die ihnen von damals erzählen können. Dabei könnten sie doch ihre Großeltern fragen. Die waren alle dabei.«

Ich denke an all die Leute, die in Berlin neben einer Synagoge oder in Wien neben einem jüdischen Friedhof wohnen. An jeden, der gerade sieht, was passiert. Und ich frage mich:

Sind wir nicht alle »irgendwie involviert«?

***

Als Fotografin habe ich Krieg gesehen und festgehalten. Bei meiner Arbeit im Museum für Fotografie versuche ich, den Besucher*innen Aspekte des Holocaust zu erklären. Die Rolle der Fotografie als Propagandainstrument, Bilder als Beweis, Berichte als Dokument. Eine Realität, die so absurd ist, dass man sie unmöglich erklären und doch nicht darüber schweigen kann.

Die amerikanische Autorin und Fototheoretikerin Susan Sontag schreibt in ihrem viel beachteten Essay »Über Fotografie« über die Wirkung von Bildern aus befreiten Konzentrationslagern auf sich selbst: »Nichts, was ich jemals gesehen habe – ob auf Fotos oder in der Realität –, hat mich so jäh, so tief, so unmittelbar getroffen. Und seither erschien es mir ganz selbstverständlich, mein Leben in zwei Abschnitte einzuteilen: in die Zeit, bevor ich diese Fotos sah – und in die Zeit danach.«

Seit dem 7. Oktober gibt es in Israel und in der jüdischen Diaspora ein neues Davor und Danach. Die Achsen, in denen sich Susan Sontag gedanklich bewegte – sie haben sich verschoben. Es ist ein neuer und tiefer Graben hinzugekommen, die Bilder vom 7. Oktober sind seitdem wie dunkle Kindheitsängste an mir haften geblieben. Es ist ein Trauma in Farbe, das Trauma dieser Generation, achtzig Jahre nach dem Trauma von Großvater Moshe.

Auch zehntausende palästinensische Familien erleben dieser Tage ein erneutes Trauma. Sie erfahren Tod, Verzweiflung und Verlust. Das Dahinschwinden einer Perspektive, die wahrscheinlich schon lange keine mehr ist.

Ich bin im Mikrokosmos einer Utopie aufgewachsen, in der Jüd*innen, Christ*innen und Muslim*innen zusammen Shabbat, Weihnachten und das Fastenbrechen feiern können. Etwas unrealistisch Heiles und gleichsam Logisches lag darin. Ich glaube daran, dass es gesellschaftliche Räume gibt, wo so etwas möglich ist.

An Frieden als etwas Absolutes glaube ich nicht, nicht in der Realität, die mich umgibt.

Stattdessen glaube ich daran, der scheinbar unüberwindbaren Diskrepanz zwischen Utopie und Realität etwas entgegenzusetzen.

Mein Vater lebte eine Zeit lang im Kibbuz Or haNer (hebr. »Licht der Kerze«) etwa sechzehn Kilometer vom Kibbuz Kfar Aza entfernt und ebenfalls in unmittelbarer Nähe zum Gazastreifen. Mein Großvater überlebte den Holocaust in Berlin. Sie haben den Figuren im Roman ihre Stimmen geliehen und irgendwie glaubten sie an den Frieden. Ihnen ist dieses Buch gewidmet.

In diesem Nachwort möchte ich noch eine weitere Widmung aussprechen: Den 364 Raver*innen des Supernova-Musikfestivals, die dort am 7. Oktober von der Hamas ermordet wurden. Sie haben dem Techno-Club im Roman ihre Stimmen geliehen.

***

Susan Sontag schreibt in ihrem Essay »Das Leiden anderer betrachten«: »Quälende Fotos verlieren nicht unbedingt ihre Kraft zu schockieren. Aber wenn es darum geht, etwas zu begreifen, helfen sie kaum weiter. Erzählungen können uns etwas verständlich machen.«

Die beeindruckende Margot Friedländer, die seit dem 7. Oktober so viele Termine hat wie wahrscheinlich keine andere 102-Jährige auf der Welt, sagte kürzlich in einem Interview der *ZEIT*: »Ihr helft mir, wenn ihr mir zuhört.«

Das Zuhören, es ist ein schwacher Trost.

Im Hebräischen ist das Wort Verantwortung (Achra'iyuth) mit »der Andere« (Acher) verwandt. Um Verantwortung zu übernehmen, hilft es vielleicht, den anderen zuzuhören.

Dank

Dieses Buch zu schreiben war eine Reise. Nicht immer leicht.

Ich danke denen, die vor mir da waren und schon gegangen sind: meinem Vater und meinen Großeltern. Ihr werdet nie vergessen sein.

Ich danke meiner Mutter für Zuversicht in der Gegenwart.

Dank an Joe Poppyseed für Feedback auf deiner Schreibmaschine.

Ich danke Abdallah für ein Zuhause in der Wüste und Debbie für ein Zuhause in der Stadt. Auch ihr seid Familie.

Ich danke meinen Freund*innen für das Lesen, eure Kritik und Begleitung: Christian & Christian, ihr wart die Ersten. David für alles. Franzi und Frauke, Philipp, Jonas, Rebekka, Betty, Madita & Makaria, Tom, Frieda, Sebastian, Henning, Anabel und Max. Shlomo und Muhammad für Streiten und Nachdenken an Jerusalemer Winternachmittagen im Sira Cafe. Ich danke Ben vom Rudi Weissenstein Archive in Tel Aviv dafür, dass ich dort meine Nachmittage verbringen und mich in der Vergangenheit verlieren durfte.

Ich danke Dr. Ulrike Schneider sowie Rabbiner Gábor Lengyel für fachliche Expertise.

Meinem Literaturagenten Dr. Martin Brinkmann danke ich für das Vertrauen in mein Buch, die ersten Schritte und den Weg zum Verlag.

Ganz besonderer Dank gilt meinen wunderbaren Lektorinnen Magdalena Heer und Verena Simon für die Arbeit am Manuskript, für eure persönliche Begleitung und Empathie.

Zuletzt danke ich Rafael Seligmann für ein denkwürdiges Kaffeetrinken in Tel Aviv und den Impuls, diesen Roman zu schreiben.

Glossar

Achi – hebr. für Bruder

Adar – der sechste Monat im jüdischen (Mond-)Kalender

Aleph Beth – das hebräische Alphabet

Aliyah – die jüdische Einwanderung nach Israel (hebr. »Hinaufsteigen«)

Arsim – abfällig gemeinter hebräischer Slangbegriff (wörtlich aus dem arabischen Wort für Zuhälter abgeleitet). Der Begriff wird verwendet, um ein bestimmtes ethnisches Stereotyp zu bezeichnen: Männer der unteren Klasse mit Mizrachi-Herkunft, die sich mit einer bestimmten Macho-Subkultur verbinden

Arak – Anisschnaps

Aschkenasim – Bezeichnung für die mittel-, nord- und osteuropäischen Juden und Jüdinnen und ihre Nachfahren. Ursprünglich seit dem Mittelalter zunächst für die Juden aus dem deutschsprachigen Raum (Jehudei Aschkenas) verwendet, bezeichnet der Begriff im Gegensatz zu den Sephardim (Juden spanisch-portugiesischer Herkunft) alle Juden und Jüdinnen Mittel- und Osteuropas

Baruch HaShem – hebräischer Ausspruch (wörtlich: Gesegnet sei der Name des Ewigen)

Brit Mila – die jüdische Beschneidung von Jungen am achten Tag nach der Geburt, die als Grundgebot im Judentum den Eintritt in den Bund (hebr. »Brit«) und das Treueverhältnis zwischen Gott und dem Einzelnen sowie dem Volk Israel begründet

Britisches Mandatsgebiet Palästina – das im Ersten Weltkrieg durch britische Truppen eroberte Gebiet, auf welchem später die Staaten Israel und Jordanien sowie die Gebiete des Gazastreifens und des Westjordanlands entstanden

Bracha – Segensspruch

Chabadnik – (männlicher) Anhänger der jüdischen chassidisch-mystischen Chabad-Lubawitsch-Gruppierung, die von Rabbiner Schneur Salman von Ljadi im heutigen Belarus im 18. Jh. begründet wurde

Challa – geflochtenes Brot, das in aschkenasischer Tradition vor Shabbat oder zu Feiertagen gebacken wird

Chanukkia – achtarmiger Leuchter, dessen Kerzen zu Chanukka entzündet werden (eine Kerze an jedem Tag)

Charedim – Anhänger des ultra- oder strengorthodoxen Judentums. Das charedische Judentum grenzt sich nach Eigenempfinden zu anderen Auslegungen und Strömungen des Judentums dadurch ab, dass Anhänger eine strenge Auslegung der Halacha (jüdische Gesetze und Gebote) befolgen und Normen und Werte der Moderne und der jüdischen Aufklärung (Haskala) ablehnen

Chassidim – Anhänger einer jüdisch religiös-mystischen Strömung, die Teil des charedischen Judentums ist (abgeleitet von hebr. Chassid, »der Fromme«)

Chuppa – Baldachin auf einer jüdischen Hochzeitsfeier, symbolisch für das neu entstehende Heim

Daesh – Bezeichnung für den islamischen Staat

DP-Camp – Einrichtung zur vorübergehenden Unterbringung von sogenannten *displaced persons* nach dem Zweiten Weltkrieg

Erez Israel – traditionelle hebräische Bezeichnung für das Land (in der Tora meist Land Kanaans genannt) in dem die Israeliten nach biblischer Darstellung sesshaft wurden (wörtlich: Land Israel)

Erev Shabbat – der Vorabend des Shabbat

Golani-Brigade – Spezialeinheit der israelischen Armee

G'tt – vermeidende Schreibweise gläubiger Juden, die darauf abzielt, den Namen Gottes JHWH nicht in eine Form zu bringen, in der er beschmutzt oder zerstört werden kann. Als weitere Alternativen haben sich die Wörter Adonaj (Herr), Elohim (der Mächtigste, der Höchste) oder HaShem (der Name des Ewigen) für den Gottesnamen etabliert

Hachschara – (hebr. »Vorbereitung«) bezeichnet Kurse und Trainings der zionistischen Jugendbewegung zur Vorbereitung von Juden und Jüdinnen auf die Aliyah und damit Besiedlung Palästinas (vor allem in den 1920er- und 1930er-Jahren)

HaTikva – die israelische Nationalhymne (hebr. »Die Hoffnung«)

Intifada – (arab. »sich erheben, loswerden, abschütteln«) bezeichnet die zwei palästinensischen Aufstände (1987–1993, 2000–2005) gegen Israel

Jarmulke – jüdische Kopfbedeckung

Jeruschalajim shel zahav – populäres israelisches Lied von Naomi Schemer aus dem Jahr 1967 (hebr. »Jerusalem aus Gold«). In Israel erlangte das Lied besondere Beachtung im Libanonkrieg, in Deutschland durch den Film *Schindlers Liste*

Judäa & Samaria – die biblische Bezeichnung für das Westjordanland

Kaddish – (aram. »Heilung«) eines der wichtigsten Gebete im Judentum, es wird unter anderem zum Totengedenken gesprochen

Kashrut – jüdische Speisegesetze

Kiddush – (hebr. »Heiligung«) Segensspruch, mit dem der Shabbat und Feiertage eingeleitet werden

Knesset – das israelische Parlament (wörtlich: »Versammlung«)

Kufiya – ein von Männern getragenes und in arabischen Ländern weit verbreitetes Baumwolltuch (in Deutschland durch den Nahostkonflikt umgangssprachlich auch bekannt unter der Bezeichnung »Palästinensertuch«)

Latkes – Kartoffelpuffer, zu Chanukka traditionell in Öl zubereitet

Mansaf – traditionelles arabisches Gericht, bestehend aus Lamm und Reis

Mea Shearim – eines der ältesten Stadtviertel Jerusalems (außerhalb der Altstadt). Es wird überwiegend von strengorthodox praktizierenden Juden und Jüdinnen bewohnt

Menora – siebenarmiger Leuchter (symbolisch für die sieben Tage der Schöpfung)

Mesusa – Schriftkapsel am Türrahmen, in der das Schema-Gebet aus der Tora enthalten ist

Metapelet – eine Betreuungsperson (früher Erzieherin im Kibbuz, heute vorwiegend in der Pflege von Senioren eingesetzt)

Midnadevet – Freiwillige (z. B. in einer sozialen Einrichtung)

Misbaha – islamische Gebetskette

Mischna – (hebr. »Wiederholung, Lehre«) die größere Niederschrift der mündlichen Tora und eine der wichtigsten Sammlungen religionsgesetzlicher Überlieferungen des Judentums (Mischna und Gemara zusammen bilden den Talmud)

Mizrachim – Bezeichnung für die Juden und Jüdinnen der arabischen Welt und anderer muslimischer Länder wie die persischen, bucharischen, kurdischen Juden sowie die indischen

Juden, die Bergjuden aus dem Kaukasus und Juden und Jüdinnen aus Georgien

Mohel – entsprechend ausgebildeter Spezialist, der die Brit Mila (die männliche Beschneidung nach jüdischer Sitte) vollzieht. Der biblischen Geschichte der Zippora folgend und im Rahmen von Emanzipationsbewegungen im Judentum ist es mittlerweile u. a. in der amerikanischen Reformbewegung geläufig, dass auch Frauen, als Mohelot (pl. fem. von Mohel) die Brit Mila vollziehen können

Moschav – genossenschaftlich organisierte ländliche Siedlung (ähnlich wie ein Kibbuz), deren Güter sich teils in Kollektiv-, teils in Privateigentum befinden

Motek – hebr. Slang für »Süße«

Motza'ei Shabbat – (hebr. »das Ende des Shabbat«) bezeichnet den Zeitpunkt, an dem der Shabbat endet und die am Wochentag erlaubten und am Shabbat verbotenen Tätigkeiten wieder aufgenommen werden können (Samstagnacht). Der Zeitpunkt fällt auf den Samstagabend, sobald drei Sterne am Abendhimmel zu erkennen sind

Nakba – (arab. »Katastrophe«) im arabischen Sprachgebrauch die Flucht und Vertreibung von etwa 700000 arabischen Palästinensern aus dem früheren britischen Mandatsgebiet Palästina

Noblesse – billigste israelische Zigarettenmarke mit dem höchsten Teergehalt

Nun Sofit – Buchstabe des hebräischen Alphabets (am Wortende)

Pejes – jiddische Bezeichnung für Schläfenlocken

Porajmos – (romanes »das Verschlingen«) bezeichnet den Völkermord an den europäischen Roma im Nationalsozialismus

Rambam – rabbinisches Akronym für Rabbi Mosche Ben Maimon (Moses Maimonides). Maimonides war ein jüdischer Philosoph, Rechtsgelehrter, Theologe und Arzt und gilt als einer der bedeutendsten Gelehrten des Mittelalters

Rote Garde – bewaffnete Arbeitermiliz der russischen Bolschewiki

Sabre – (hebr. »Kaktusfeige«, davon abgeleitet als Metapher für das verwurzelt sein in der »Heimaterde«) eine in Israel geborene jüdische Person

Sephardim – Bezeichnung für die ursprünglich von der Iberischen Halbinsel stammenden Juden und Jüdinnen, die sich nach ihrer Vertreibung im 15. Jahrhundert im Osmanischen Reich und in Nordwestafrika niederließen

Shavua tov – (hebr. für »gute Woche«) Ausspruch für das Ende des Shabbat und des Beginns einer neuen Woche

Schadchan – Heiratsvermittler

Shakshuka – (arab. »Mischung«) nordafrikanische Eierspeise und beliebtes Gericht in Israel

Shmok – jiddische Bezeichnung für einen Trottel/Tölpel (umgangssprachlich: Penis)

Shikse – in der Regel abfällig gemeinte jiddische Bezeichnung für ein nichtjüdisches Mädchen

Shulchan Aruch – (hebr. »der gedeckte Tisch«) Zusammenfassung religiöser Vorschriften des Judentums

Schtetl – jiddische Bezeichnung für Siedlungen mit hohem jüdischem Bevölkerungsanteil im Siedlungsbereich von Juden und Jüdinnen in Osteuropa vor dem Zweiten Weltkrieg

Schidduch – (hebr. »vorstellen, einführen, verhandeln«) ursprünglich eine Bezeichnung für ein arrangiertes Treffen zweier Personen im Sinne einer Heiratsvermittlung (im modernen Sinne auch »matchmaking«, als jemanden verkuppeln gedacht)

Scheitl – Perücke orthodoxer Jüdinnen

Souk – arabische Bezeichnung für einen Markt/Basar

Schahid – Märtyrer im Islam

Schammasch/Shammes – Synagogendiener/in (auch die »Dienerkerze« auf der Chanukkia)

Tefillin – Gebetsriemen

Tallit – jüdischer Gebetsschal

Tallit katan – religiöse Unterbekleidung jüdischer Männer (wörtlich: kleiner Tallit)

Talmud – (hebr. »Belehrung, Studium«) ist neben der hebräischen Bibel das bedeutendste jüdische Schriftwerk, in welchem die Mischna (die mündlich überlieferte, praktische Lehre des Judentums) diskutiert wird und durch niedergeschriebene Diskussionen, Kommentare, Analysen und Dialoge, rabbinische Lehrmeinungen festhält

Takke – islamische Gebetskappe

Weiße Stadt – Bezeichnung für knapp 4000 Häuser, die ab 1930 im heutigen Zentrum Tel Avivs errichtet wurden. Das UNESCO-Weltkulturerbe trägt den Namen aufgrund der weiß getünchten Fassaden der überwiegend in Anlehnung an den Bauhausstil errichteten Gebäude, die vor der Hitze im heißen Sommer schützen soll. Die Architekten waren größtenteils jüdische Vertriebene aus Deutschland und anderen europäischen Ländern

Yeshiva – jüdische Schule zum Studium der Tora und des Talmud

Yom HaShoah – israelischer (und weltweit jüdischer) Holocaustgedenktag

Songs

Zohar Argov – בדד (Badad)
Shlomo Gronich – באב אל וואד (Bab el Wad)
Pink Floyd – High Hopes
Israel Philharmonic Orchestra – התקווה (HaTikva)
Bee Gees – Stayin' Alive
Hindi Zahra – Beautiful Tango
Queen – Somebody to Love
Beethoven – Streichquartett Nr. 14 cis-Moll op. 131
Chris Isaak – Wicked Game
Leonard Cohen – You Want It Darker
Leonard Cohen – Leaving the Table
Shlomo Artzi – בגרמניה לפני המלחמה (BeGermania Lifney HaMilchama)
Arik Einstein – אני ואתה (Ani ve ata)
Sade – Smooth Operator
Naomi Shemer – ירושלים של זהב (Yerushalayim shel zahav)

Quellenverzeichnis

Das Motto des Romans stammt aus 1. Mose 12,1, Lutherbibel 2017, online: https://www.die-bibel.de/bibeln/online-bibeln/lesen/LU17/GEN.12/1.-Mose-12.

Zitat auf S. 65 stammt aus Adolf Hitler: *Mein Kampf*, Franz Eher Nachf. Verlag, München 1933.

Zitat auf S. 86 stammt aus Haim Gouri: *Bab el Wad*. Die Übersetzung stammt von der Autorin.

Zitat auf S. 105 stammt aus Mahmud Darwish: »Wir haben ein Land aus Worten«, in: Stefan Weidner (Hrsg.): *Wir haben ein Land aus Worten: Eine Studie zum Werk von Mahmud Darwish und ausgewählte Gedichte*, CreateSpace Independent Publishing Platform, North Charleston 2014.

Zitat auf S. 115 stammt aus Prof. Dr. Menachem Klein: »20 Jahre nach Oslo – Was ist geblieben?«, in: *Rosa Luxemburg Stiftung*, 09.2013, online: https://www.rosalux.de/fileadmin/rls_uploads/pdfs/sonst_publikationen/20_Jahre_nach_Oslo_M_Klein.pdf.

Zitat auf S. 123 stammt aus »Tel Aviv: 17 Tote beim blutigsten Anschlag seit vier Jahren«, in: *Der Spiegel*, 02.06.2001, online: https://www.spiegel.de/politik/ausland/tel-aviv-17-tote-beim-blutigsten-anschlag-seit-vier-jahren-a-137621.html.

Zitat auf S. 147 stammt aus Immanuel Kant: *Kritik der reinen Vernunft, Kritik der praktischen Vernunft, Kritik der Urteils-*

kraft, Phillip Reclam Verlag, Stuttgart 1966.

Zitat auf S. 164 stammt aus Natan P. F. Kellermann: *Holocaust Trauma: Psychological Effects and Treatments*, iUniverse 2009. Die Übersetzung stammt von der Autorin.

Zitat auf S. 182 stammt aus Mascha Kaléko: »Heimweh wonach?«, in: *Mein Lied geht weiter*, dtv Verlag, München 2007. Mit freundlicher Genehmigung von der dtv Verlagsgesellschaft mbH & Co. Kg.

Zitat auf S. 214 stammt aus »Das Geschäft mit den brennenden Fahnen«, in: *Israelnetz*, 09.02.2006, online: https://www.israelnetz.com/das-geschaeft-mit-brennenden-fahnen/.

Zitat auf S. 222 stammt aus Hermann Hesse: *Narziß und Goldmund*, Suhrkamp Verlag, Frankfurt am Main 2012. Alle Rechte bei- und vorbehalten durch Suhrkamp. Mit freundlicher Genehmigung vom Suhrkamp Verlag.

Zitat auf S. 237 stammt aus Toi Staff: »Bodies of three kidnapped teens found; Netanyahu calls families«, in: *The Times of Israel*, 30.06.2014, online: https://www.timesofisrael.com/bodies-of-three-kidnapped-teens-found/. Die Übersetzung stammt von der Autorin.

Zitat auf S. 250 stammt aus Andrea Livnat: »Zwischen Berlin und Tel Aviv – Zur Erinnerung an Alexander Levy«, in: *haGalil.com*, 21.04.2020, online: https://www.hagalil.com/2020/04/alexander-levy/.

Zitat auf S. 287 stammt aus Anne Frank: *Das Tagebuch der Anne Frank*, in der Übersetzung von Mirjam Pressler, in Überarbeitung von Otto H. Frank, S. Fischer Verlag, Frankfurt am Main 2001.

Zitat auf S. 298 stammt aus Lukas 15,29, Lutherbibel 2017, online: https://www.die-bibel.de/bibeln/online-bibeln/lesen/LU17/LUK.15/Lukas-15.

Zitat aus S. 335 stammt aus »Die 93-jährige Tova Ringer ist «Miss

Holocaust Survivor»«, in: *Neue Zürcher Zeitung*, 15.10.2018, online: https://www.nzz.ch/panorama/93-jaehrige-tova-ringer-ist-miss-holocaust-survivor-ld.1428336.